改訂

会社非訟
申立ての実務
＋
申立書式集

弁護士
池田浩一郎／田伏　岳人
西谷　昌樹／深山　徹／本井　克樹
著

日本加除出版

改訂版 はしがき

　平成23年5月，当事者等の参加制度の新設や会社非訟における必要的審問事件の制定等，当事者等の手続保障を図る制度を拡充するとともに，専門委員制度や和解制度の導入等，当事者の利便性の向上を図る制度を導入することなどを見直しの骨子とした，新しい「非訟事件手続法」（平成23年5月25日法律第51号）の制定及び「非訟事件手続法及び家事事件手続法の施行に伴う関係法律の整備等に関する法律」（平成23年5月25日法律第53号）による会社法第7編第3章「非訟」等の規定の改正がなされました。

　本書は，平成25年1月1日にこれらの法律が施行され，新しい手続に則って処理されることになったのに伴い，会社非訟手続を利用する法律実務家の便宜を図るべく刊行されました。

　その後，「会社法の一部を改正する法律」（平成26法律第90号），「会社法の一部を改正する法律の施行に伴う関係法律の整備等に関する法律」（平成26年法律第91号），及び「会社法施行規則等の一部を改正する省令」（平成27年法務省令第6号）などが成立し，平成27年5月から施行されました。

　改正法では，機動的なキャッシュアウトの手段としての特別支配株主による株式等売渡請求権が新たに導入され，同請求に際しての売渡株式等の売買価格決定制度が創設されたほか，株式併合につき，これがMBOなどに使われる可能性に鑑み，事前事後の情報開示の要求や差止め制度と合わせ，種類株式の取得に端数が生じる場合の反対株主の株式買取請求権が新たに導入され，同請求に際しての買取価格決定申立事件が創設されました。

　さらに，全部取得条項付種類株式の全部取得について取得価格決定の申立期間が変更され，また，組織再編に伴う株式等の買取請求に際して，買取口座が創設されるとともに，株券等の提出が要求され，あるいは株主名簿の名義書換をすることができなくなるなどの改正も行われました。

　改訂版では，これらに関する解説や書式を新たに加えるとともに，全体にわたり改めて内容をチェックし，必要な補正を加えました。本書の特色であ

改訂版　はしがき

　るすべての会社非訟事件を網羅することはそのまま維持し，また，初版では旧非訟事件手続法から新非訟事件手続法への改正に関して各所に設けていた「改正のポイント」を，「手続（手続上）のポイント」あるいは「審理のポイント」等として，初版の内容を残しつつ内容を補充しました。

　他方で，初版同様，今後の実務の運用を待たなければならない部分があることや，利用頻度の低い会社非訟事件については研究不足な面があることも否めません。引き続き，今後の実務の運用を注視していくとともに，読者の皆様のご指摘ご鞭撻を賜りながら検討を重ね，逐次必要な修正を行っていく所存です。

　本書が，引き続き会社非訟手続に関する指標として広く法律実務家のお役に立つものとなれば望外の喜びです。

　最後になりましたが，本書の刊行にあたって多大なるご尽力をいただいた日本加除出版株式会社の山口礼奈氏に心より感謝申し上げます。

平成30年3月

著　者　一　同

凡　例

［法　令］

文中の（　）に掲げる場合の法令については，主に次の略記法を用いた。

会社	→	会社法
旧会社	→	会社法（平成17年法律第86号）
会社規	→	会社法施行規則
会社非訟規	→	会社非訟事件等手続規則
非訟	→	非訟事件手続法
非訟規	→	非訟事件手続規則
整備法	→	非訟事件手続法及び家事事件手続法の施行に伴う関係法律の整備等に関する法律
民訴	→	民事訴訟法
民訴費	→	民事訴訟費用等に関する法律
民保	→	民事保全法
社債株式振替	→	社債，株式等の振替に関する法律
社債株式振替施行令	→	社債，株式等の振替に関する法律施行令
商登規	→	商業登記規則
計算規	→	会社計算規則

［判　例］

判例・出典等については，主に次の略記法を用いた。

最高裁判所第一小法廷　平成18年９月28日　決定　最高裁判所民事判例集第60巻第７号2634頁
　　　→　最一小決平成18年９月28日民集60巻７号2634頁

民集	→	最高裁判所民事判例集
裁判集民	→	最高裁判所集民事
判タ	→	判例タイムズ

凡 例

　　判時　　→　判例時報
　　金判　　→　金融・商事判例
　　金法　　→　金融法務事情

[文献等]
以下の文献・資料については，次のとおり略記した。
「類型別会社非訟」
　→東京地方裁判所商事研究会編『類型別会社非訟』（判例タイムズ社，2009年）
「中間試案補足説明」
　→非訟事件手続法及び家事審判法の見直しに関する中間試案の補足説明（法務省民事局参事官室，2010年8月）
「要綱案」
　→非訟事件手続に関する要綱案（案）（非訟事件手続法・家事審判法部会資料33-1）
「要綱案補足説明」
　→非訟事件手続に関する要綱案（案）の補足説明（非訟事件手続法・家事審判法部会資料33-2）
「新・会社非訟」
　→大阪商事研究会著『実務ガイド 新・会社非訟 会社非訟事件の実務と展望』（きんざい，増補改訂版，2016年）
「会社訴訟非訟」
　→山口和雄編『会社訴訟非訟の実務』（新日本法規，改訂版，2004年）
「注解非訟事件手続法」
　→伊東乾＝三井哲夫編『注解非訟事件手続法』（青林書院，改訂版，1995年）

目 次

第1章 総 論

第1節 非訟事件手続及び会社非訟事件手続に関する見直し……3
第1 新法及び整備法の成立……3
第2 見直しの概要……4
1 非訟事件手続法……4
2 整備法による会社法の改正……4

第2節 非訟事件手続法の具体的な変更点……5
第1 当事者の手続保障を図るための制度……5
1 参加制度（非訟20条，21条）……5
　(1) 当事者参加（非訟20条）……5
　(2) 利害関係参加（非訟21条）……5
2 審理手続……6
　(1) 記録の閲覧謄写等（許可申立て）の制度（非訟32条）……6
　(2) 調書の作成等（非訟31条）……7
3 事実の調査及び証拠調べ……7
　(1) 証拠調べの申立権（非訟49条1項）……7
　(2) 事実の調査の通知（非訟52条）……8
4 終局決定の取消し・変更時の陳述聴取（非訟59条3項）……8
5 抗告裁判所による抗告状の写しの送付，陳述の聴取（非訟69条，70条）……8

第2 当事者の利便性の向上を図るための制度……9
1 専門委員の制度（非訟33条）……9
2 電話会議，テレビ会議システム等の導入（非訟47条）……9
3 和解，調停の制度（非訟65条）……10

第3 手続の基本的事項に関する規定の整備……11
1 当事者の責務（非訟4条，49条2項）……11
2 証拠調べ（非訟53条）……12

目次

    3　裁判（非訟54条〜62条），裁判によらない非訟事件の終了（非訟63条〜65条） ··· 12

    4　不服申立て（非訟66条〜82条） ··· 13

      (1)　終局決定に対する不服申立て（非訟67条〜78条） ····················· 13

        ア　即時抗告（非訟67条〜74条） ··· 13

        イ　特別抗告（非訟75条，76条），許可抗告（非訟77条，78条） ··· 13

      (2)　終局決定以外の裁判に対する不服申立て（非訟79条〜82条） ····· 13

第3節　整備法による会社法の一部改正及び平成26年会社法改正 ············ 15

 第1　会社法における会社非訟事件の手続関係の整備 ······························· 15

    1　手続規定の整備 ··· 15

    2　手続保障の実効化 ··· 15

    3　平成26年会社法改正による事件類型の追加等 ································· 15

 第2　陳述の聴取（会社870条1項・2項） ··· 17

    1　事件類型ごとの再検討 ·· 17

    2　陳述聴取が義務付けられる場合 ··· 17

      (1)　陳述を聴くことが必要とされる事件類型（会社870条1項）の概略及び陳述聴取をする相手方 ··· 17

      (2)　審問期日を開いて陳述を聴くことが必要とされる事件類型（会社870条2項）の概略及び陳述聴取をする相手方 ···························· 18

    3　必要的審問とされた事件類型における手続保障のための各種制度 ······· 19

      (1)　申立書の写しの送付（会社870条の2第1項） ······························ 19

      (2)　審理の終結（会社870条の2第5項） ··· 19

      (3)　裁判をする日の告知（会社870条の2第6項） ····························· 19

      (4)　抗告審の手続（会社872条の2第2項，870条の2第5項・6項） ··· 19

    4　会社法870条に列挙された以外の事件類型 ······································· 20

      (1)　密行性の要請がある事件類型 ··· 20

      (2)　特定の者からの陳述聴取が事実上不可能な事件類型 ··················· 20

      (3)　裁判所に広い裁量が認められる事件類型 ····································· 20

 第3　会社非訟事件についてのそのほかの規定について ··························· 22

    1　管　轄（会社868条） ·· 22

    2　疎　明（会社869条） ·· 22

      (1)　疎明の方法 ·· 22

      (2)　許可申立事件の種類 ··· 23

3　理由の付記（会社871条，875条関係）……………………………………24
　　4　即時抗告権者の整理（会社872条関係）……………………………………24

第2章　会社設立に関する事件

（以下，第8章まで（　）に掲げたものは，根拠となる会社法の条文）

第1節　検査役選任申立事件（変態設立）（33条1項）…………………27
　1　制度の趣旨・目的………………………………………………………………27
　　(1)　少額特例………………………………………………………………………27
　　(2)　有価証券特例…………………………………………………………………27
　　(3)　財産価額証明特例……………………………………………………………28
　2　申立て……………………………………………………………………………28
　　(1)　管　轄…………………………………………………………………………28
　　(2)　申立人…………………………………………………………………………28
　　(3)　申立ての方式，申立書の記載事項…………………………………………28
　　(4)　申立手数料，予納金等………………………………………………………29
　　(5)　申立ての趣旨…………………………………………………………………29
　　(6)　添付書類ほか（会社非訟規3条，4条）…………………………………29
　3　手続のポイント…………………………………………………………………30
　　(1)　審　理…………………………………………………………………………30
　　(2)　裁　判…………………………………………………………………………30
　　(3)　報　酬…………………………………………………………………………30
　　(4)　検査役選任後の手続等………………………………………………………30
　4　書式例……………………………………………………………………………32
　　【書式1】検査役選任申立書（現物出資の場合）………………………………32
　　【書式2】検査役選任申立書（財産引受の場合）………………………………34
　　【書式3】検査役選任申立書（発起人の報酬・特別利益の場合）……………35
　　【書式4】検査役選任申立書（設立費用の場合）………………………………36

目次

第3章　業務及び財産の調査に関する事件

第1節　閲覧等に関する事件 …………………………………………… 39
第1　株主の取締役会議事録閲覧謄写許可申立事件 (371条3項) …… 39
  1　制度の趣旨・目的 …………………………………………………… 39
  2　申立て ………………………………………………………………… 39
  　(1)　管　轄 ……………………………………………………………… 39
  　(2)　申立人 ……………………………………………………………… 40
  　(3)　申立ての方式 ……………………………………………………… 40
  　(4)　申立ての要件 ……………………………………………………… 40
  　　ア　権利行使の必要性 ……………………………………………… 40
  　　イ　閲覧謄写の対象の特定及び範囲 ……………………………… 40
  　(5)　裁判所の許可 ……………………………………………………… 40
  　(6)　添付書類 …………………………………………………………… 41
  3　手続上のポイント …………………………………………………… 41
  4　書式例 ………………………………………………………………… 42
  　【書式5】取締役会議事録の閲覧謄写許可申立書 ………………… 42
第2　債権者の取締役会議事録閲覧謄写許可申立事件 (371条4項) … 44
  1　制度の趣旨・目的 …………………………………………………… 44
  2　申立て ………………………………………………………………… 44
  　(1)　管　轄 ……………………………………………………………… 44
  　(2)　申立人 ……………………………………………………………… 44
  　(3)　申立ての方式 ……………………………………………………… 44
  　(4)　申立ての要件等 …………………………………………………… 44
  　　ア　役員又は執行役の責任を追及するために必要であること …… 44
  　　イ　閲覧謄写の対象の特定及び範囲 ……………………………… 45
  　(5)　裁判所の許可 ……………………………………………………… 45
  　(6)　添付書類 …………………………………………………………… 45
  3　手続のポイント ……………………………………………………… 45
  4　書式例 ………………………………………………………………… 46
  　【書式6】債権者による取締役会議事録の閲覧謄写許可申立書 … 46
第3　親会社社員の取締役会議事録閲覧謄写許可申立事件 (371条5項) …… 48
  1　制度の趣旨・目的 …………………………………………………… 48

2　申立て……………………………………………………………………………48
　　　(1)　管　轄……………………………………………………………………48
　　　(2)　申立人……………………………………………………………………48
　　　(3)　申立ての方式……………………………………………………………48
　　　(4)　申立ての要件……………………………………………………………49
　　　　ア　権利行使と閲覧謄写の必要性………………………………………49
　　　　イ　閲覧謄写の対象の特定及び範囲……………………………………49
　　　(5)　裁判所の許可……………………………………………………………49
　　　(6)　添付書類…………………………………………………………………49
　　3　手続のポイント………………………………………………………………50
　　4　書式例…………………………………………………………………………50
　　　【書式7】親会社株主による取締役会議事録の閲覧謄写許可申立書………50
第4　株主の監査役会議事録閲覧謄写許可申立事件（394条2項）……………52
　　1　制度の趣旨・目的……………………………………………………………52
　　2　申立て等その他の要件………………………………………………………52
第5　債権者，親会社社員の監査役会議事録閲覧謄写許可申立事件（394条
　　3項）………………………………………………………………………………53
　　1　制度の趣旨・目的……………………………………………………………53
　　2　申立て等その他の要件………………………………………………………53
第6　株主の各委員会議事録閲覧謄写許可申立事件（指名委員会等設置会社）
　　（413条3項）……………………………………………………………………54
　　1　制度の趣旨・目的……………………………………………………………54
　　2　申立て等その他の要件………………………………………………………54
　　3　書式例…………………………………………………………………………55
　　　【書式8】株主による委員会議事録の閲覧謄写許可申立書…………………55
第7　債権者，親会社社員の各委員会議事録閲覧謄写許可申立事件（指名
　　委員会等設置会社）（413条4項）……………………………………………57
　　1　制度の趣旨・目的……………………………………………………………57
　　2　申立て等その他の要件………………………………………………………57
　　　(1)　申立人……………………………………………………………………57
　　　(2)　申立ての要件……………………………………………………………57
　　　　ア　権利行使の必要性……………………………………………………57
　　　　イ　閲覧謄写の対象の特定及び範囲……………………………………58

目 次

　　　(3) 裁判所の許可 58
　　　(4) その他の要件 58
第8　株主，債権者の清算人会議事録閲覧謄写許可申立事件（490条5項） 59
　1　制度の趣旨・目的 59
　2　申立て 59
　　(1) 管　轄 59
　　(2) 申立人 60
　　(3) 申立ての方式 60
　　(4) 申立ての要件 60
　　　ア　権利行使の必要性 60
　　　イ　閲覧謄写の対象の特定及び範囲 60
　　(5) 裁判所の許可 60
　　(6) 添付書類 61
　3　手続のポイント 61
　4　書式例 62
　　【書式9】債権者の清算人会議事録の閲覧謄写許可申立書 62
第9　親会社社員の会計帳簿等閲覧謄写許可申立事件（433条3項） 64
　1　制度の趣旨・目的 64
　2　申立て 64
　　(1) 管　轄 64
　　(2) 申立人 65
　　(3) 申立ての方式 65
　　(4) 申立ての要件 66
　　　ア　閲覧対象 66
　　　イ　権利行使の必要性 66
　　　ウ　請求の理由の明示 66
　　　エ　対象の特定 67
　　(5) 裁判所の許可 67
　　(6) 添付書類 68
　3　手続のポイント 69
　4　書式例 70
　　【書式10】会計帳簿等の閲覧謄写許可申立書 70
第10　親会社社員の計算書類等閲覧及び謄抄本交付許可申立事件（442条4項） 73

1	制度の趣旨・目的	73
2	申立て等その他の要件	74

第11 親会社社員による会計参与計算書類の閲覧及び謄抄本交付請求許可申立事件（378条3項） ……75
- 1 制度の趣旨・目的 ……75
- 2 申立て等その他の要件 ……76

第12 親会社社員の清算事務年度貸借対照表の閲覧及び謄抄本交付許可申立事件（496条3項） ……77
- 1 制度の趣旨・目的 ……77
- 2 申立て ……77
  - (1) 管　轄 ……77
  - (2) 申立人 ……77
  - (3) 申立ての方式 ……78
  - (4) 申立ての要件 ……78
  - (5) 裁判所の許可 ……78
  - (6) 添付書類 ……78
- 3 手続のポイント ……78
- 4 書式例 ……79
  - 【書式11】親会社株主による清算事業年度貸借対照表等の閲覧及び謄抄本交付請求許可申立書 ……79

第13 親会社社員の定款閲覧及び謄抄本交付許可申立事件（31条3項） ……81
- 1 制度の趣旨・目的 ……81
- 2 申立て ……81
  - (1) 管　轄 ……81
  - (2) 申立人 ……81
  - (3) 申立ての方式 ……81
  - (4) 申立ての要件 ……82
  - (5) 裁判所の許可 ……82
  - (6) 添付書類 ……82
- 3 手続のポイント ……82

第14 親会社社員の株主総会議事録閲覧謄写許可申立事件（318条5項） ……83
- 1 制度の趣旨・目的 ……83
- 2 申立て ……83

目　次

　　　(1)　管　轄 …………………………………………………………………… 83
　　　(2)　申立人 …………………………………………………………………… 84
　　　(3)　申立ての方式 …………………………………………………………… 84
　　　(4)　申立ての要件 …………………………………………………………… 84
　　　　ア　権利行使の必要性 …………………………………………………… 84
　　　　イ　閲覧謄写の対象の特定及び範囲 …………………………………… 84
　　　(5)　裁判所の許可 …………………………………………………………… 84
　　　(6)　添付書類 ………………………………………………………………… 84
　　3　手続のポイント ……………………………………………………………… 85
第15　親会社社員の株主総会決議省略同意書面の閲覧謄写許可申立事件
　　（319条4項）……………………………………………………………………… 86
　　1　制度の趣旨・目的 …………………………………………………………… 86
　　2　申立てその他の要件 ………………………………………………………… 86
第16　親会社社員の創立総会議事録閲覧謄写許可申立事件（81条4項）……… 87
　　1　制度の趣旨・目的 …………………………………………………………… 87
　　2　申立てその他の要件 ………………………………………………………… 87
第17　親会社社員の創立総会決議省略同意書面の閲覧謄写許可申立事件
　　（82条4項）……………………………………………………………………… 88
　　1　制度の趣旨・目的 …………………………………………………………… 88
　　2　申立てその他の要件 ………………………………………………………… 88
第18　親会社社員の株主名簿閲覧謄写許可申立事件（125条4項）…………… 89
　　1　制度の趣旨・目的 …………………………………………………………… 89
　　2　申立て ………………………………………………………………………… 89
　　　(1)　管　轄 …………………………………………………………………… 89
　　　(2)　申立人 …………………………………………………………………… 90
　　　(3)　申立ての方式 …………………………………………………………… 90
　　　(4)　申立ての要件 …………………………………………………………… 90
　　　　ア　権利行使のための閲覧等の必要性 ………………………………… 90
　　　　イ　請求の理由の明示 …………………………………………………… 90
　　　(5)　裁判所の許可 …………………………………………………………… 91
　　　(6)　添付書類 ………………………………………………………………… 92
　　3　手続のポイント ……………………………………………………………… 92
第19　親会社社員の新株予約権原簿閲覧謄写許可申立事件（252条4項）…… 93

xii

1　制度の趣旨・目的 ……………………………………………………………… 93
   2　申立て等その他の要件 ………………………………………………………… 93
 第20　親会社社員の社債原簿閲覧謄写許可申立事件（684条4項）……………… 95
   1　制度の趣旨・目的 ……………………………………………………………… 95
   2　管轄等その他の要件 …………………………………………………………… 95
    (1)　申立人 ……………………………………………………………………… 95
    (2)　請求の理由の明示 ………………………………………………………… 95
    (3)　拒否事由 …………………………………………………………………… 96
    (4)　その他 ……………………………………………………………………… 96
第2節　業務及び財産状況に関する検査役選任申立事件（358条1項）…………… 97
   1　制度の趣旨・目的 ……………………………………………………………… 97
   2　申立て …………………………………………………………………………… 97
    (1)　管　轄 ……………………………………………………………………… 97
    (2)　申立人 ……………………………………………………………………… 97
    (3)　申立ての方式，申立書の記載事項 ……………………………………… 98
    (4)　申立手数料，予納金等 …………………………………………………… 99
    (5)　申立ての趣旨 ……………………………………………………………… 99
    (6)　申立ての要件 ……………………………………………………………… 99
    (7)　添付書類ほか（会社非訟規3条，4条）……………………………… 99
   3　手続のポイント ………………………………………………………………… 99
    (1)　審　理 ……………………………………………………………………… 99
    (2)　裁　判 ……………………………………………………………………… 99
    (3)　報　酬 ……………………………………………………………………… 100
    (4)　検査役選任後の手続等 …………………………………………………… 100
   4　書式例 …………………………………………………………………………… 101
    【書式12】検査役選任申立書 ………………………………………………… 101
第3節　持分差押債権者の保全処分申立事件（609条3項）………………………… 104
   1　制度の趣旨・目的 ……………………………………………………………… 104
   2　申立て …………………………………………………………………………… 104
    (1)　管　轄 ……………………………………………………………………… 104
    (2)　申立人 ……………………………………………………………………… 104
    (3)　申立ての方式，申立書の記載事項 ……………………………………… 104
    (4)　申立手数料，予納金等 …………………………………………………… 105

目　次

　　(5)　申立ての趣旨 ………………………………………………………… 105
　　(6)　申立ての要件 ………………………………………………………… 105
　　(7)　添付書類ほか（会社非訟規3条，4条）………………………… 105
　3　手続のポイント ……………………………………………………………… 106
　　(1)　審　理 …………………………………………………………………… 106
　　(2)　裁　判 …………………………………………………………………… 106
　4　書式例 ………………………………………………………………………… 107
　　【書式13】保全処分申立書 …………………………………………… 107

第4章　総会に関する事件

第1節　少数株主による株主総会招集許可申立事件（297条4項）…… 111
　1　制度の趣旨・目的 …………………………………………………………… 111
　2　申立て ………………………………………………………………………… 111
　　(1)　管　轄 …………………………………………………………………… 111
　　(2)　申立人 …………………………………………………………………… 111
　　　ア　議決権数（公開会社の場合は議決権数と株式保有期間）の要件を満た
　　　　すこと ……………………………………………………………………… 112
　　　イ　適法な株主総会の招集請求をした株主であること ……………… 112
　　(3)　申立ての方式 ………………………………………………………… 113
　　(4)　申立ての要件 ………………………………………………………… 113
　　(5)　裁判所の許可（濫用的な申立てでないこと）……………………… 114
　　(6)　添付書類 ……………………………………………………………… 114
　　　ア　登記事項証明書 ………………………………………………………… 114
　　　イ　定　款 …………………………………………………………………… 114
　　　ウ　議決権数の要件についての疎明資料 ……………………………… 114
　　　エ　株主総会招集請求書（配達証明書付内容証明郵便による。）…… 114
　　　オ　取締役が株主総会の招集をしないこと等の疎明資料 …………… 114
　3　手続上のポイント …………………………………………………………… 114
　4　書式例 ………………………………………………………………………… 116
　　【書式14】株主総会招集許可申立書 ……………………………………… 116
　　【書式15】少数株主の株主総会招集請求書 …………………………… 118
第2節　総会検査役選任申立事件（306条1項）……………………… 119

1　制度の趣旨・目的 119
　　2　申立て 119
　　　(1)　管　轄 119
　　　(2)　申立人 119
　　　(3)　申立ての方式，申立書の記載事項 120
　　　(4)　申立手数料，予納金等 121
　　　(5)　申立ての趣旨 121
　　　(6)　提出書類 121
　　　(7)　添付書類ほか（会社非訟規3条，4条） 121
　　3　手続のポイント 122
　　　(1)　審　理 122
　　　(2)　裁　判 122
　　　(3)　報　酬 122
　　　(4)　検査役選任後の手続等 123
　　4　書式例 124
　　　【書式16】総会検査役選任申立書 124

第5章　株式に関する事件

第1節　検査役選任申立事件（現物出資による募集株式の発行，現物出資による新株予約権の行使）（207条1項，284条1項） 129

　　1　制度の趣旨・目的 129
　　　(1)　現物出資による募集株式の発行 129
　　　(2)　現物出資による新株予約権の行使 129
　　2　申立て 131
　　　(1)　管　轄 131
　　　(2)　申立人 131
　　　(3)　申立ての方式，申立書の記載事項 131
　　　(4)　申立手数料，予納金等 132
　　　(5)　申立ての趣旨 132
　　　(6)　添付書類ほか（会社非訟規3条，4条） 132
　　　　ア　募集株式の発行の場合 132
　　　　イ　新株予約権行使の場合 132

目　次

　　3　手続のポイント ··· 133
　　　(1)　審　理 ··· 133
　　　(2)　裁　判 ··· 133
　　　(3)　報　酬 ··· 133
　　　(4)　検査役選任後の手続等 ··· 133
　　4　書式例 ·· 135
　　　【書式17】検査役選任申立書 ··· 135
第2節　株式の売却許可申立事件 ··· 137
　第1　所在不明株主の株式売却許可申立事件（197条2項） ··············· 137
　　1　制度の趣旨・目的 ·· 137
　　2　申立て ·· 137
　　　(1)　管　轄 ··· 137
　　　(2)　申立人 ··· 137
　　　(3)　申立ての方式 ·· 138
　　　(4)　申立手数料など ··· 138
　　　(5)　申立ての趣旨 ·· 138
　　　(6)　申立ての要件 ·· 138
　　　(7)　添付書類 ·· 139
　　3　申立前の手続その他のポイント ··· 139
　　4　審理のポイント ··· 141
　　5　書式例 ·· 141
　　　【書式18】所在不明株主の株式売却許可申立書 ···················· 141
　　　【書式19】所在不明株主の株式売却に関する異議申述の公告 ···· 144
　第2　端数相当株式任意売却許可申立事件（234条2項，235条2項） ····· 145
　　1　制度の趣旨・目的 ·· 145
　　2　申立て ·· 146
　　　(1)　管　轄 ··· 146
　　　(2)　申立人 ··· 146
　　　(3)　申立ての方式 ·· 146
　　　(4)　申立手数料，予納金等 ··· 146
　　　(5)　申立ての趣旨 ·· 146
　　　(6)　申立ての要件 ·· 146
　　　(7)　添付書類 ·· 146
　　3　申立てを準備するに当たってのポイント ···························· 147

4　専門委員制度 …………………………………………………………… 148
　　5　書式例 ……………………………………………………………………… 149
　　　【書式20】端数相当株式任意売却許可申立書 …………………………… 149
　　　【書式21】取締役会議事録（株式分割）………………………………… 151
　　　【書式22】会社法124条3項にかかる公告 ……………………………… 152
第3節　株式価格の決定に関する事件 ………………………………………… 153
　第1　一定の定款変更等に反対する株主の買取請求に際しての株式買取価
　　　格の決定申立事件（117条2項）…………………………………………… 153
　　1　制度の趣旨・目的 ……………………………………………………… 153
　　2　申立て …………………………………………………………………… 154
　　　(1)　管　轄 ……………………………………………………………… 154
　　　(2)　申立人 ……………………………………………………………… 154
　　　(3)　申立ての方式 ……………………………………………………… 154
　　　(4)　申立ての要件 ……………………………………………………… 154
　　　(5)　添付書類 …………………………………………………………… 155
　　3　審理・手続のポイント ………………………………………………… 155
　　4　書式例 …………………………………………………………………… 156
　　　【書式23】株式買取価格決定申立書（株式譲渡制限を付す定款変更）… 156
　　　【書式24】反対通知書 …………………………………………………… 158
　　　【書式25】株式買取通知書 ……………………………………………… 159
　第2　事業譲渡等に反対する株主の買取請求に際しての株式買取価格の決
　　　定申立事件（470条2項）………………………………………………… 160
　　1　制度の趣旨・目的 ……………………………………………………… 160
　　2　申立て …………………………………………………………………… 160
　　　(1)　管　轄 ……………………………………………………………… 160
　　　(2)　申立人 ……………………………………………………………… 160
　　　(3)　申立ての方式 ……………………………………………………… 160
　　　(4)　申立ての要件 ……………………………………………………… 160
　　　(5)　添付書類 …………………………………………………………… 161
　　3　審理・手続のポイント ………………………………………………… 161
　　4　書式例 …………………………………………………………………… 162
　　　【書式26】株式買取価格決定申立書（事業譲渡）……………………… 162

目　次

第3　組織再編行為に反対する株主の買取請求に際しての株式買取価格の
　　　決定申立事件（786条2項，798条2項，807条2項）·············· 165
　　1　制度の趣旨・目的··· 165
　　2　申立て··· 165
　　　(1)　管　轄··· 165
　　　(2)　申立人··· 165
　　　(3)　申立ての方式··· 165
　　　(4)　申立ての要件··· 165
　　　(5)　添付書類··· 166
　　3　審理・手続のポイント······································· 166
　　4　書式例··· 167
　　【書式27】株式買取価格決定申立書（吸収合併）·················· 167
第4　一定の定款変更の場合における新株予約権者の買取請求に際しての
　　　新株予約権買取価格の決定申立事件（119条2項）·············· 170
　　1　制度の趣旨・目的··· 170
　　2　申立て··· 170
　　　(1)　管　轄··· 170
　　　(2)　申立人··· 170
　　　(3)　申立ての方式··· 170
　　　(4)　申立ての要件··· 170
　　　(5)　添付書類··· 171
　　3　審理・手続のポイント······································· 171
　　4　書式例··· 172
　　【書式28】新株予約権買取価格決定申立書（株式譲渡制限を付す定款変更）······ 172
第5　組織再編行為の場合における新株予約権者の買取請求に際しての新
　　　株予約権買取価格の決定申立事件（778条2項，788条2項，809条2項）·············· 174
　　1　制度の趣旨・目的··· 174
　　2　申立て··· 174
　　　(1)　管　轄··· 174
　　　(2)　申立人··· 174
　　　(3)　申立ての方式··· 174
　　　(4)　申立ての要件··· 174
　　　(5)　添付書類··· 175

3　審理・手続のポイント ･････････････････････････････････････ 175
　　4　書式例 ･･ 176
　　　【書式29】新株予約権買取価格決定申立書（吸収合併）･････････ 176
第6　全部取得条項付種類株式を会社が取得することを決定した場合の株
　　式価格の決定申立事件（172条1項）･････････････････････････････ 178
　　1　制度の趣旨・目的 ･･ 178
　　2　申立て ･･ 178
　　　(1)　管　轄 ･･･ 178
　　　(2)　申立人 ･･･ 178
　　　(3)　申立ての方式 ･･･････････････････････････････････････ 178
　　　(4)　申立ての要件（上記(2)の申立人に関するものを除く。）･･･ 178
　　　(5)　添付書類 ･･･ 178
　　3　審理・手続のポイント ････････････････････････････････････ 179
　　4　書式例 ･･ 179
　　　【書式30】株式取得価格決定申立書 ･････････････････････････ 179
第7　単元未満株式の株主の買取請求・売渡請求権行使に際しての株式価
　　格の決定申立事件（193条2項, 194条4項）･････････････････････ 182
　　1　制度の趣旨・目的 ･･ 182
　　2　申立て ･･ 182
　　　(1)　管　轄 ･･･ 182
　　　(2)　申立人 ･･･ 182
　　　(3)　申立ての方式 ･･･････････････････････････････････････ 182
　　　(4)　申立ての要件 ･･･････････････････････････････････････ 182
　　　(5)　添付書類 ･･･ 182
　　3　審理・手続のポイント ････････････････････････････････････ 182
　　4　書式例 ･･ 183
　　　【書式31】株式取得価格決定申立書 ･････････････････････････ 183
第8　株式併合による端数株式について反対する株主からの買取請求権行
　　使に際しての株式買取価格の決定申立事件（182条の5第2項）････ 185
　　1　制度の趣旨・目的 ･･ 185
　　2　申立て ･･ 185
　　　(1)　管　轄 ･･･ 185
　　　(2)　申立人 ･･･ 185

目 次

　　(3) 申立ての方式 ··· 185
　　(4) 申立ての要件 ··· 185
　　(5) 添付書類 ··· 186
　3 審理・手続のポイント ··· 186
　4 書式例 ··· 187
　　【書式32】株式買取価格決定申立書（株式併合による端数株式）········ 187
第9 譲渡不承認株式の売買価格決定申立事件（144条2項・7項）········ 189
　1 制度の趣旨・目的 ·· 189
　2 申立て ··· 189
　　(1) 管 轄 ·· 189
　　(2) 申立人 ·· 189
　　(3) 申立ての方式 ··· 189
　　(4) 申立手数料，予納金 ··· 189
　　(5) 申立ての趣旨 ··· 190
　　(6) 申立ての要件 ··· 190
　　(7) 添付書類 ··· 190
　3 申立前の手続その他のポイント ···································· 190
　　(1) 売買価格決定申立前に必要な手続が所定の期間内に行われている
　　　　 こと ··· 190
　　　ア 譲渡等承認請求 ·· 190
　　　イ 譲渡等不承認決定の通知（会社139条）······················ 191
　　　ウ 株式会社又は指定買取人による買取りの通知 ·········· 192
　　　エ 株券供託証明について ··· 194
　　(2) 売買価格決定申立てが申立期間内に行われていること ······· 194
　　(3) 自己株式取得に関する規制との関係 ························ 195
　4 審理のポイント ·· 196
　5 書式例 ··· 198
　　【書式33】株式売買価格決定申立書（申立人株主，相手方指定買取人の場合）····· 198
　　【書式34】株式売買価格決定申立書（申立人会社，相手方株主の場合）················ 200
　　【書式35】株式譲渡承認並びに買取請求書 ······················ 203
　　【書式36】取締役会議事録 ··· 203
　　【書式37】株式譲渡承認並びに指定買取人通知書 ············ 204
　　【書式38】買取通知書 ·· 205
　　【書式39】株主総会議事録 ··· 205

【書式40】株式買取通知書 ································· 207
第10　相続人等に対する売渡しの請求（177条2項） ················· 208
　1　制度の趣旨・目的 ······································· 208
　2　申立て ··· 208
　　(1)　管　轄 ·· 208
　　(2)　申立人 ·· 208
　　(3)　申立ての方式 ·· 208
　　(4)　申立手数料，予納金等 ································ 208
　　(5)　申立ての趣旨 ·· 209
　　(6)　申立ての要件 ·· 209
　　(7)　添付書類 ·· 209
　3　申立前の手続のポイント ································· 209
　　(1)　売買価格決定申立前に必要な手続が所定の期間内に行われている
　　　　こと ·· 209
　　(2)　売買価格決定申立てが申立期間内に行われていること ···· 210
　　(3)　自己株式取得に関する規制との関係 ···················· 210
　4　審理のポイント ··· 210
　5　書式例 ··· 211
　　【書式41】株式売買価格決定申立書 ······················· 211
　　【書式42】売渡請求の決定を行う株主総会議事録該当部分 ··· 213
　　【書式43】売渡しの請求を行う請求書 ····················· 213
第11　特別支配株主の株式等売渡請求に際しての売渡株式等の売買価格の
　　決定の申立事件（179条の8第1項） ························· 215
　1　制度の趣旨・目的 ······································· 215
　2　申立て ··· 215
　　(1)　管　轄 ·· 215
　　(2)　申立人 ·· 215
　　(3)　申立ての方式 ·· 215
　　(4)　申立手数料 ·· 215
　　(5)　申立ての要件 ·· 215
　　　ア　特別支配株主から対象会社への通知（会社179条の3第1項） ··· 215
　　　イ　対象会社による承認（会社179条の3第1項） ············ 216
　　　ウ　対象会社から売渡株主等への通知（会社179条の4第1項） ··· 216
　　　エ　所定期間内であること（会社179条の8第1項） ·········· 217

(6)　添付書類 ··· 217
　　3　審理のポイント ··· 217
　　4　書式例 ··· 218
　　　【書式44】株式売渡請求の通知 ·· 218
　　　【書式45】株式売渡請求の承認に関する通知 ·· 219
　　　【書式46】株式売渡請求に関する事前開示事項 ·· 221
　　　【書式47】売買価格決定申立書 ··· 223

第4節　無効判決による払戻金増額申立事件 ··· 227
　第1　新株発行，自己株式の処分，新株予約権の無効判決による払戻金増
　　　　減の申立事件（840条2項，841条2項，842条2項） ······················· 227
　　1　制度の趣旨・目的 ··· 227
　　2　申立て ··· 227
　　　(1)　管　轄 ··· 227
　　　(2)　申立人 ··· 227
　　　(3)　申立ての方式 ··· 228
　　　(4)　申立手数料，予納金等 ·· 228
　　　(5)　申立ての趣旨 ··· 228
　　　(6)　申立ての要件 ··· 228
　　　(7)　添付書類 ·· 228
　　3　審理のポイント ··· 228
　　4　書式例 ··· 229
　　　【書式48】新株発行の無効判決による払戻金増額申立書 ······················· 229

第6章　社債に関する事件

第1節　社債管理者に関する事件 ·· 235
　第1　社債管理者による発行会社の業務及び財産の状況調査許可申立事件
　　　　（705条4項，706条4項） ··· 235
　　1　制度の趣旨・目的 ··· 235
　　2　申立て ··· 235
　　　(1)　管　轄 ··· 235
　　　(2)　申立人 ··· 235

xxii

		(3) 申立ての方式	235
		(4) 申立ての要件	236
		(5) 添付書類	236
	3	書式例	236
		【書式49】社債管理者による発行会社の業務及び財産状況調査許可申立書	236

第2　社債権者と社債管理者との利益が相反する場合の特別代理人の選任申立事件（707条）……238

 1　制度の趣旨・目的……238
 2　申立て……238
  (1)　管　轄……238
  (2)　申立人……238
  (3)　申立ての方式……238
  (4)　申立ての要件……238
  (5)　添付書類……238
 3　書式例……239
  【書式50】特別代理人選任申立書……239

第3　社債管理者の辞任許可申立事件（711条3項）……241

 1　制度の趣旨・目的……241
 2　申立て……241
  (1)　管　轄……241
  (2)　申立人……241
  (3)　申立ての方式……241
  (4)　申立ての要件……241
  (5)　添付書類……241
 3　書式例……242
  【書式51】社債管理者辞任許可申立書……242

第4　社債管理者の解任請求申立事件（713条）……244

 1　制度の趣旨・目的……244
 2　申立て……244
  (1)　管　轄……244
  (2)　申立人……244
  (3)　申立ての方式……244
  (4)　申立ての要件……244

目　次

　　　(5)　添付書類 ………………………………………………………………… 244
　　3　書式例 …………………………………………………………………………… 245
　　　【書式52】社債管理者解任請求申立書 …………………………………… 245
第5　社債管理者の承継社債管理者選任許可（選任）申立事件（714条1項・
　　3項） …………………………………………………………………………………… 247
　　1　制度の趣旨・目的 …………………………………………………………… 247
　　2　申立て ………………………………………………………………………… 247
　　　(1)　管　轄 ………………………………………………………………… 247
　　　(2)　申立人 ………………………………………………………………… 247
　　　(3)　申立ての方式 ………………………………………………………… 247
　　　(4)　申立ての要件 ………………………………………………………… 247
　　　(5)　添付書類 ……………………………………………………………… 248
　　3　書式例 ………………………………………………………………………… 248
　　　【書式53】社債管理者の承継社債管理者選任許可申立書 …………… 248
第6　社債管理者等に対する報酬及び事務処理費用の負担許可申立事件
　　（741条1項） ………………………………………………………………………… 250
　　1　制度の趣旨・目的 …………………………………………………………… 250
　　2　申立て ………………………………………………………………………… 250
　　　(1)　管　轄 ………………………………………………………………… 250
　　　(2)　申立人 ………………………………………………………………… 250
　　　(3)　申立ての方式 ………………………………………………………… 250
　　　(4)　申立ての要件 ………………………………………………………… 250
　　　(5)　添付書類 ……………………………………………………………… 250
　　3　書式例 ………………………………………………………………………… 251
　　　【書式54】社債管理者に対する報酬及び費用の負担許可申立書 …… 251
第2節　社債権者集会に関する事件 ……………………………………………………… 253
　第1　社債権者集会の招集許可申立事件（718条3項） ……………………… 253
　　1　制度の趣旨・目的 …………………………………………………………… 253
　　2　申立て ………………………………………………………………………… 253
　　　(1)　管　轄 ………………………………………………………………… 253
　　　(2)　申立人 ………………………………………………………………… 253
　　　(3)　申立ての方式 ………………………………………………………… 253
　　　(4)　申立ての要件 ………………………………………………………… 254

	(5)	添付書類	254
	3	書式例	254
		【書式55】社債権者集会招集許可申立書	254
第2	社債権者集会決議認可申立事件（732条）		256
	1	制度の趣旨・目的	256
	2	申立て	256
		(1) 管　　轄	256
		(2) 申立人	256
		(3) 申立ての方式	256
		(4) 申立ての要件	256
		(5) 添付書類	256
		(6) 費用の負担	256
	3	書式例	257
		【書式56】社債権者集会決議認可申立書	257
第3	社債権者異議期間伸張申立事件（740条）		259
	1	制度の趣旨・目的	259
	2	申立て	259
		(1) 管　　轄	259
		(2) 申立人	259
		(3) 申立ての方式	259
		(4) 申立ての要件	259
		(5) 添付書類	259
	3	書式例	260
		【書式57】社債権者異議期間伸張申立書	260

第7章　会社組織に関する事件

第1節　合併及び会社分割に関する事件 … 265

第1　合併無効判決確定による債務負担部分及び財産持分の決定申立事件（843条4項） … 265

1　制度の趣旨・目的 … 265

2　申立て … 265

目　次

　　　(1)　管　轄 ··· 265
　　　(2)　申立人 ··· 265
　　　(3)　申立ての方式 ··· 265
　　　(4)　申立ての要件 ··· 265
　　　(5)　添付書類 ··· 266
　　3　書式例 ··· 266
　　【書式58】合併無効による負担部分及び共有持分決定申立書 ··········· 266
　第2　会社分割無効判決確定による債務負担部分及び財産持分の決定申立
　　　事件（843条4項）··· 268
　　1　制度の趣旨・目的 ··· 268
　　2　申立て ··· 268
　　　(1)　管　轄 ··· 268
　　　(2)　申立人 ··· 268
　　　(3)　申立ての方式 ··· 268
　　　(4)　申立ての要件 ··· 268
　　　(5)　添付書類 ··· 268
　　3　書式例 ··· 269
　　【書式59】会社分割無効による負担部分及び共有持分決定申立書 ······ 269
第2節　仮役員等に関する事件 ··· 271
　第1　仮取締役・仮監査役・仮会計参与選任申立て，仮清算人選任申立事
　　　件（346条2項，479条4項）··· 271
　　1　制度の趣旨・目的 ··· 271
　　2　申立て ··· 271
　　　(1)　管　轄 ··· 271
　　　(2)　申立人 ··· 271
　　　(3)　申立ての方式 ··· 272
　　　(4)　申立ての要件 ··· 272
　　　(5)　添付書類 ··· 272
　　　(6)　事後の手続等 ··· 272
　　　　ア　登記嘱託 ··· 272
　　　　イ　任務終了と報酬決定等 ·· 272
　　3　書式例 ··· 273
　　【書式60】仮取締役選任申立書 ·· 273
　　【書式61】仮清算人選任申立書 ·· 275

目 次

第2 仮代表取締役選任，仮代表清算人選任申立事件（351条2項，483条6項） ... 277
1 制度の趣旨・目的 ... 277
2 申立て ... 277
(1) 管　轄 ... 277
(2) 申立人 ... 277
(3) 申立ての方式 ... 277
(4) 申立ての要件 ... 277
(5) 添付書類 ... 278
(6) 事後の手続 ... 278
ア 登記嘱託 ... 278
イ 任務終了と報酬決定等 ... 278
ウ 特別代理人選任との関係 ... 278
3 書式例 ... 279
【書式62】仮代表取締役選任申立書 ... 279
【書式63】仮代表清算人選任申立書 ... 281

第3 仮委員選任申立て，仮執行役選任申立て，仮代表執行役選任申立事件（401条3項，403条3項，420条3項） ... 283
1 制度の趣旨・目的 ... 283
2 申立て ... 283
(1) 管　轄 ... 283
(2) 申立人 ... 283
(3) 申立ての方式 ... 283
(4) 申立ての要件 ... 283
(5) 添付書類 ... 284
(6) 事後の手続 ... 284
ア 登記嘱託 ... 284
イ 任務終了と報酬決定等 ... 284
3 書式例 ... 285
【書式64】仮委員選任申立書 ... 285

第3節 職務代行者に関する事件 ... 287
第1 職務代行役員等の常務外行為許可申立事件（352条1項，420条3項，483条6項） ... 287
1 制度の趣旨・目的 ... 287

xxvii

2　申立て··287
　　　(1)　管　轄··287
　　　(2)　申立人··287
　　　(3)　申立ての方式··287
　　　(4)　申立ての要件（会社352条1項）··························288
　　　(5)　添付書類··288
　　3　書式例··288
　　　【書式65】常務外行為許可申立書（株主総会の招集）············288
　　　【書式66】常務外行為許可申立書（重要な財産の処分）··········290
　　　【書式67】常務外行為許可申立書（和解）······················292
第2　職務代行者の常務外行為許可申立事件（603条1項）················294
　1　制度の趣旨・目的··294
　2　申立て··294
　　　(1)　管　轄··294
　　　(2)　申立人··294
　　　(3)　申立ての方式··294
　　　(4)　申立ての要件（会社603条1項）··························294
　　　(5)　添付書類··294
　3　書式例··295
　　　【書式68】常務外行為許可申立書······························295

第8章　清算に関する事件

第1節　清算人等の選任・解任に関する事件·····························299
第1　株式会社の清算人選任申立事件（478条2項〜4項）··················299
　1　制度の趣旨・目的··299
　　　(1)　清　算··299
　　　(2)　清算人の就任··300
　　　　ア　解散の場合（後記イの事由による解散を除く。）··········300
　　　　イ　解散を命ずる裁判による解散の場合······················300
　　　　ウ　設立無効の訴え等の場合································300
　2　申立て··300

        (1) 管　轄 300
        (2) 申立人等 300
        (3) 申立ての方式，申立書の記載事項 301
        (4) 申立手数料，予納金等 302
        (5) 申立ての趣旨 302
        (6) 申立ての要件 302
        (7) 添付書類ほか（会社非訟規3条，4条） 302
    3　手続のポイント 304
        (1) 審　理 304
        (2) 裁　判 304
        (3) 報　酬 305
    4　書式例 306
        【書式69】清算人選任申立書（破産財団放棄不動産処理の場合） 306
        【書式70】清算人選任申立書（解散判決の場合） 308
 第2　持分会社の清算人選任申立事件（647条） 309
    1　制度の趣旨・目的 309
        (1) 清　算 309
        (2) 清算人の就任 309
            ア　解散の場合（後記イの事由による解散を除く。） 309
            イ　社員が欠けた場合又は解散を命ずる裁判による解散の場合 310
            ウ　設立無効の訴え又は設立の取消しの訴えの場合 310
    2　申立て 310
        (1) 管　轄 310
        (2) 申立人等 310
        (3) 申立ての方式，申立書の記載事項 310
        (4) 申立手数料，予納金等 311
        (5) 申立ての趣旨 311
        (6) 申立ての要件 311
        (7) 添付書類ほか（会社非訟規3条，4条） 312
    3　手続のポイント 313
        (1) 審　理 313
        (2) 裁　判 313
        (3) 報　酬 314
    4　書式例 314
        【書式71】清算人選任申立書（社員が欠けた場合） 314

目 次

第3 株式会社の清算人解任申立事件 (479条2項) ……………… 316
 1 制度の趣旨・目的 ……………………………………… 316
 2 申立て …………………………………………………… 316
  (1) 管　轄 ………………………………………………… 316
  (2) 申立人等 ……………………………………………… 316
  (3) 申立ての方式，申立書の記載事項 ………………… 317
  (4) 申立手数料，予納金等 ……………………………… 317
  (5) 申立ての趣旨 ………………………………………… 317
  (6) 添付書類ほか (会社非訟規3条，4条) …………… 318
 3 手続のポイント ………………………………………… 318
  (1) 審　理 ………………………………………………… 318
  (2) 裁　判 ………………………………………………… 318
  (3) 仮清算人 ……………………………………………… 318
 4 書式例 …………………………………………………… 319
  【書式72】清算人解任申立書 ………………………… 319
第4 持分会社の清算人解任申立事件 (648条) …………………… 321
 1 制度の趣旨・目的等 …………………………………… 321
 2 申立て …………………………………………………… 321
  (1) 管　轄 ………………………………………………… 321
  (2) 申立人等 ……………………………………………… 321
  (3) 申立ての方式，申立書の記載事項 ………………… 321
  (4) 申立手数料，予納金等 ……………………………… 322
  (5) 申立ての趣旨 ………………………………………… 322
  (6) 添付書類ほか (会社非訟規3条，4条) …………… 322
 3 手続のポイント ………………………………………… 322
  (1) 審　理 ………………………………………………… 322
  (2) 裁　判 ………………………………………………… 323
第5 株式会社の仮清算人選任申立事件 (479条4項) …………… 324
第6 株式会社の仮代表清算人選任申立事件 (483条6項) ……… 324
第7 株式会社の清算人等の職務代行者の常務外行為許可申立事件 (483条6項) ……………………………………………………… 324

第2節 債権評価の鑑定人選任申立事件 (510条1項，662条1項) ……… 325
 1 制度の趣旨・目的 ……………………………………… 325

2　申立て ··· 325
　　　(1)　管　轄 ·· 325
　　　(2)　申立人 ·· 325
　　　(3)　申立ての方式，申立書の記載事項 ······················· 325
　　　(4)　申立手数料，予納金等 ·· 326
　　　(5)　申立ての趣旨 ·· 326
　　　(6)　添付書類ほか（会社非訟規3条，4条）··················· 326
　　3　手続のポイント ·· 326
　　4　書式例 ··· 327
　　【書式73】債権評価のための鑑定人選任申立書 ············ 327
第3節　少額債権等弁済許可申立事件（株式会社又は合同会社）（500条
　　　2項，661条2項）·· 329
　　1　制度の趣旨・目的 ··· 329
　　2　申立て ··· 329
　　　(1)　管　轄 ·· 329
　　　(2)　申立人 ·· 329
　　　(3)　申立ての方式，申立書の記載事項 ······················· 329
　　　(4)　申立手数料，予納金等 ·· 330
　　　(5)　申立ての趣旨 ·· 330
　　　(6)　申立ての要件 ·· 330
　　　(7)　添付書類ほか（会社非訟規3条，4条）··················· 331
　　3　手続のポイント ·· 331
　　4　書式例 ··· 332
　　【書式74】債務弁済許可申立書 ··································· 332
第4節　帳簿資料保存者選任申立事件（508条2項，672条3項）············ 335
　　1　制度の趣旨・目的 ··· 335
　　2　申立て ··· 335
　　　(1)　管　轄 ·· 335
　　　(2)　申立人 ·· 335
　　　(3)　申立ての方式，申立書の記載事項 ······················· 335
　　　(4)　申立手数料，予納金等 ·· 336
　　　(5)　申立ての趣旨 ·· 336
　　　(6)　申立ての要件 ·· 336
　　　(7)　添付書類ほか（会社非訟規3条，4条）··················· 337

      3　手続のポイント 338
        (1)　審　理 338
        (2)　裁　判 338
      4　書式例 339
        【書式75】帳簿資料保存者選任申立書 339
        【書式76】就任承諾書 340

第5節　会社解散命令申立事件 (824条) 342
    1　制度の趣旨・目的等 342
        (1)　趣旨・目的 342
        (2)　保全処分 342
    2　申立て 343
        (1)　管　轄 343
        (2)　申立人 343
        (3)　申立ての方式，申立書の記載事項 343
        (4)　申立手数料，予納金等 344
        (5)　申立ての要件 344
        (6)　申立ての趣旨 344
        (7)　添付書類ほか（会社非訟規3条，4条） 344
    3　手続のポイント 344
        (1)　法務大臣に対する通知 344
        (2)　立担保 345
        (3)　審　理 345
        (4)　裁　判 345
    4　書式例 346
        【書式77】会社解散命令申立書 346
        【書式78】担保提供の申立書 348

第6節　外国会社に関する事件 350
  第1　外国会社の取引継続禁止又は営業所閉鎖の命令（827条） 350
    1　制度の趣旨・目的等 350
        (1)　趣旨・目的 350
        (2)　保全処分 350
    2　申立て 351
        (1)　管　轄 351
        (2)　申立人 351

(3) 申立ての方式，申立書の記載事項 ………………………………… 351
　　　(4) 申立手数料，予納金等 ……………………………………………… 352
　　　(5) 申立ての要件 ………………………………………………………… 352
　　　(6) 添付書類ほか（会社非訟規3条，4条） ………………………… 352
　3　手続のポイント ……………………………………………………………… 353
　　　(1) 法務大臣に対する通知 ……………………………………………… 353
　　　(2) 立担保 ………………………………………………………………… 353
　　　(3) 審　理 ………………………………………………………………… 353
　　　(4) 裁　判 ………………………………………………………………… 353
　4　書式例 ………………………………………………………………………… 354
　　【書式79】外国会社の営業所閉鎖命令申立書 ……………………………… 354
第2　**外国会社の在日財産の清算命令事件**（822条1項・2項） ……………… 356
　1　制度の趣旨・目的 …………………………………………………………… 356
　2　申立て ………………………………………………………………………… 356
　　　(1) 管　轄 ………………………………………………………………… 356
　　　(2) 申立人 ………………………………………………………………… 356
　　　(3) 申立ての方式，申立書の記載事項 ………………………………… 356
　　　(4) 申立手数料，予納金等 ……………………………………………… 357
　　　(5) 申立ての要件 ………………………………………………………… 357
　　　(6) 添付書類ほか（会社非訟規3条，4条） ………………………… 357
　3　書式例 ………………………………………………………………………… 358
　　【書式80】外国会社の在日財産の清算開始・清算人選任申立書 ……… 358

事項索引 …………………………………………………………………………… 361

サンプル書式の無料ダウンロードについて ………………………………… 365

第1章 総論

第1節　非訟事件手続及び会社非訟事件手続に関する見直し

第1　新法及び整備法の成立

　平成23年5月19日に新しい非訟事件手続法，家事事件手続法及びそれらの施行に伴う（会社法等）関係法律の整備法が成立し（同年5月25日公布），平成25年1月1日施行された（平成24年7月19日政令第196号）。これにより，非訟事件手続法の抜本的な見直しがなされた。

　明治31年に制定された旧非訟事件手続法は，主に紛争性のない事件を想定していた。しかし，今日，会社非訟事件に代表されるように非訟事件が複雑多様化し，紛争性のある事件にも非訟事件手続がますます利用されるようになった。このため当事者及び利害関係人の手続保障を拡充する必要性が指摘されており，実務においても手続保障の観点から運用上の工夫がなされてきた。

　このような状況の下，非訟事件の手続の通則を定める非訟事件手続法（特に第1編（総則））を抜本的に見直すとともに，これに伴う関係法律（計133）の整備等（実質改正を含む。）のための法律が制定された。

第2 見直しの概要

1 非訟事件手続法

　旧非訟事件手続法については，特に第1編を抜本的に見直して旧法の改正ではなく，新法の制定という形式がとられている。非訟事件手続法案の提出理由において，「管轄，当事者及び代理人，審理及び裁判の手続，不服申立て等の手続の基本的事項に関する規定を整備し，参加，記録の閲覧謄写，電話会議システム等による手続，和解等の当事者等の手続保障の拡充とその利便性の向上を図るための諸制度を創設する」とされているとおり，①手続保障を図るための制度の拡充，②当事者の利便性の向上を図るための制度の新設，③手続の基本的事項に関する規定の整備が新法制定の目的である。

2 整備法による会社法の改正

　整備法による会社法の改正については，非訟事件手続法の見直しにより，利害関係人の手続保障が拡充されたことに伴い，一定の会社非訟事件について利害関係を有する者の手続保障をより実効的なものにするための規定（会社870条2項，870条の2，872条の2等）が新設されている。

第2節 非訟事件手続法の具体的な変更点

第1 当事者の手続保障を図るための制度

　当事者や裁判の結果に影響を受ける者の手続保障を図るため，参加制度，記録の閲覧謄写等の制度，事実の調査の通知制度を新設し，終局決定を取消し又は変更する際に当事者等の陳述聴取を義務付けるなどした。

1　参加制度（非訟20条，21条）
　裁判の結果に一定の利害関係をもつ者が手続に主体的に関与することを認め，主張，反論の機会を保障するための制度として当事者参加制度と利害関係人参加制度を新設した。
　(1)　**当事者参加**（非訟20条）
　　「当事者となる資格を有する者」が申出により当事者として手続に参加できる。参加の申出は，参加の趣旨及び理由を記載した書面で行う（その申出が却下された場合は，即時抗告できる。）。当事者参加人は，当事者として扱われ，従前の申立人がした申立ての取下げ等を除く手続行為をすることができる。「当事者となる資格を有する者」の例として，申立人以外に複数の申立権者がある場合の他の申立権者，当事者の地位を基礎づける権利又は義務の特定承継人などが挙げられる。
　(2)　**利害関係参加**（非訟21条）
　　①　「裁判を受ける者となるべき者」は申出により手続に参加できる（その申出が却下された場合は，即時抗告できる。）。
　　　非訟事件では裁判を受ける者が当事者として手続に関与しているとは限らないため，参加制度を新設して手続への関与を認めたものであ

る。株主，債権者その他の利害関係人の申立てにより会社の解散を命じる裁判（会社824条）がなされた場合の当該会社がその例である[1]。
② 裁判を受ける者となるべき者以外の者であっても「裁判の結果により直接の影響を受けるもの」又は「当事者となる資格を有するもの」が裁判所の許可を得て，手続に参加できる。

利害関係参加人は，当事者に準ずる利害関係を有する者であるから，民事訴訟法上の補助参加人と異なり，当事者と矛盾する行為をすることも可能であり，従前の申立人がした申立ての取下げや変更など，性質上，申立人しかすることができないものを除き，当事者がなし得る手続行為をすることができる[2]。「裁判の結果により直接の影響を受けるもの」の具体的な例としては，新株発行無効判決確定後の払戻金増減命令事件（会社840条2項）において，所定期間内に申立てをしなかった株主（会社878条1項参照）などが挙げられている[3]。

2 審理手続

(1) 記録の閲覧謄写等（許可申立て）の制度（非訟32条）

当事者又は利害関係を疎明した第三者が主張，反論する機会を保障するために裁判資料（記録）を閲覧や謄写，正本・謄本等の交付等を請求する制度を新設した。

裁判所は，「当事者」から閲覧等許可の申立てがなされた場合には，当事者又は第三者に著しい損害を及ぼすおそれがあると認められる場合を除き，閲覧等を許可しなければならない。当事者については，特に資料の提出など手続追行の機会を保障する必要性が高いが，資料を公開することで秘密の漏えいなどの弊害が生じることに配慮して一定の制限を設けたものである[4]。これに対して，「利害関係を疎明した第三者」からの申立てにつ

---

[1] 「中間試案補足説明」第1部第1の6参照
[2] 「中間試案補足説明」第1部第1の6(2)イ参照
[3] 「中間試案補足説明」第1部第1の6(2)ア参照
[4] 「中間試案補足説明」第1部第1の10(3)参照

いては，当該第三者に手続追行の必要性の要請はないから，裁判所が相当と認めるときは，閲覧等を許可することができると規定するに留めている。なお，裁判資料を提出する者が事前に閲覧等を制限する申立てをする制度（民訴92条参照）を設けることも検討されたが，申立てが多くなり，かえって手続の遅延・混乱を招くのではないかとの懸念から制度化されていない。資料提出者は，適宜上申書を提出することなどで裁判所の適正な判断が期待できると考えられた模様である[5]。

(2) **調書の作成等**（非訟31条）

記録の閲覧等を実質的に保障するため，手続の期日について原則として調書を作成する必要がある。ただし，証拠調べの期日を除いては，裁判長が必要ないと判断した場合に限り，経過の要領を記録上明らかにすることで足りるとして，簡易迅速性と効率性の要請にも配慮がなされている。旧法では，証人及び鑑定人の尋問についてだけ調書の作成が必要とされるにすぎなかったが，これを改めたものであり，審問の期日（裁判所が事実の調査として当事者等から口頭によりその陳述を聴取すること）についても，この規律が適用される[6]。これに対して，事実の調査については，どのような調査がなされたかを明確にするため，その要旨を記録上明らかにする必要がある（会社非訟規44条）[7]。

3　事実の調査及び証拠調べ

(1) **証拠調べの申立権**（非訟49条1項）

裁判所は，職権で事実の調査をし，かつ，申立てにより又は職権で，必要と認める証拠調べをしなければならない。非訟事件では，原則として職権探知主義が採用され，裁判所に事案解明の責任を課すことを明らかにするとともに，当事者の手続における主体性の保障という見地から，旧法11条と異なり，当事者に証拠調べの申立てという形で裁判資料の提出権を認

---

5) 「中間試案補足説明」第1部第1の10(3)ア参照
6) 「中間試案補足説明」第1部第1の10(2)参照
7) 「要綱案」第1の1(8)イ②参照

めている[8]。

(2) **事実の調査の通知**（非訟52条）

裁判所は，事実の調査をした場合に，その結果が当事者の手続追行に重要な変更を生じ得ると認めるときは，これを当事者及び利害関係参加人に通知しなければならない。裁判所の判断の基礎になる資料について，当事者等への不意打ちを防止し，記録閲覧等請求許可申立ての制度（非訟32条）とあわせて主張・反論の機会を保障するものである。

4 終局決定の取消し・変更時の陳述聴取 （非訟59条3項）

裁判所は，終局決定が不当であるとして職権で当該決定を取消し・変更できるが（即時抗告ができる裁判を除く。），その場合には，当事者及びその他の裁判を受ける者の陳述を聴かなければならない。

5 抗告裁判所による抗告状の写しの送付，陳述の聴取 （非訟69条，70条）

終局決定に対する不服申立てがなされた場合，当事者及び利害関係参加人（抗告人を除く。）に反論の機会を保障するため，原則として原審における当事者及び利害関係参加人に対し，抗告状の写しを送付しなければならず，原審における当事者及びその他裁判を受ける者（抗告人を除く。）の陳述を聴かなければ原裁判所の終局決定を取り消すことができない。

---

8) 「中間試案補足説明」第1部第2の5(1)参照

第2　当事者の利便性の向上を図るための制度

　円滑な審理の遂行と当事者が手続を利用する際の便宜を図るため，電話等会議システムを導入し，和解制度や専門委員制度を新設した。

1　専門委員の制度（非訟33条）

　裁判所は，的確かつ円滑な審理の実現のため，又は和解を試みるに当たり，必要があると認めるときは，当事者の意見を聴いて，専門的な知見に基づく意見を聴くために専門委員を非訟事件の手続に関与させることができる。専門委員の意見は裁判長が書面により，又は当事者が立ち会うことができる期日において，口頭で述べさせなければならない。また，裁判長は，必要があれば，専門委員を期日に立ち会わせたり（テレビ会議システム等の利用による立会いも認められている。），当事者，証人，鑑定人その他の期日に出頭した者に直接質問することを許すことができる。

　専門的な知見が必要となる非訟事件の具体的な例としては，会社非訟における株式価格決定事件（会社117条），所在不明株式や端数株式の売却許可事件（会社197条，234条），取締役職務代行者に対する常務外許可事件（会社352条）など様々な事件が想定されており，こうした事件において，裁判資料の正確な把握，鑑定事項の決定や鑑定の前提条件を整えるため，専門委員の意見を有効に活用して審理を進めることが期待されている[9]。

2　電話会議，テレビ会議システム等の導入（非訟47条）

　遠隔地に居住している者が映像等の送受信による通話の方法（電話会議システムやテレビ会議システムなど）を利用することにより，裁判所に出頭しなくても期日の手続（証拠調べを除く。）ができることにして当事者の便宜と事件の迅速な処理を図っている。

9）「要綱案補足説明」第1の1(8)エ参照

非訟事件では、当事者として申立人しかいない場合が多いことから、民事訴訟法上の制度と異なり、当事者が1人も裁判所に出頭していなくとも電話会議システム等を利用できることにした[10]。なお、証人尋問、当事者尋問及び鑑定人質問については、本条の適用ではなく、民事訴訟法上の証拠調べに関する規定の準用によりテレビ会議システム等の利用が認められる（非訟53条1項による民訴204条、210条及び215条の3の準用）。

3　和解、調停の制度 (非訟65条)

　当事者の協議により解決できる事件類型についても非訟事件手続が利用されるようになっているため、当事者の便宜と紛争解決の迅速化のため、和解により、又は調停に付すること（調停成立）によって事件を終了することができるようになった。和解を調書に記載したときは、確定した終局決定と同一の効力を有する（非訟65条2項）。

　旧法では、当事者の協議による解決がなされるような非訟事件が想定されていなかったので、和解等についての規定を欠いていた。実務では、合意が成立した場合は合意調書にした上で、申立てを取り下げる扱いがなされていたが、合意調書は債務名義にならないため、和解を認めて迅速な事件の終結を可能にしたものである。和解に親しむ事件としては、株式買取価格決定申立事件（会社870条4号）、新株予約権買取価格決定申立事件（会社870条6号）などが想定されている[11]。

---

10)　「中間試案補足説明」第1部第2の4参照
11)　「中間試案補足説明」第1部第2の8(2)

第3 手続の基本的事項に関する規定の整備

　管轄，移送（非訟5条～10条），裁判官等の除斥，忌避（非訟11条～15条），当事者能力，手続行為能力，特別代理人（非訟16条～19条），手続代理人，補佐人（非訟22条～25条），手続費用（非訟26条～29条）など，手続の基本的な規定について，民事訴訟法の規定を踏まえて整備した。なお，非訟事件手続では，裁判所の許可を得て，弁護士以外の者を任意代理人とすることができるので，選定当事者制度は設けられていない。

1　当事者の責務 (非訟4条，49条2項)

　裁判所は，非訟事件の手続が公正かつ迅速に行われるように努める（非訟4条前段）。加えて，職権探知主義が採用される非訟事件手続においても，当事者は，手続が公正かつ迅速に行われるよう，信義に従い誠実に非訟事件の手続を追行しなければならない（同条後段）。また，当事者は，適切かつ迅速な審理及び裁判の実現のため，事実の調査及び証拠調べに協力するとの規定が設けられた（非訟49条2項）。

　非訟事件手続法49条2項は，当事者の信義誠実義務の規律を裁判資料の収集という側面で具体化したものであり，当事者に積極的な資料提出義務を課すものではない。もっとも，当事者が容易に提出できる自己に有利な裁判資料を提出せず，事件の性質上，裁判資料の収集ができなかったことによる不利益を当該当事者に負わせても不当といえない場合には，裁判所は職権探知義務から解放され，さらに職権で裁判資料を収集することまで求められず，同条はそのような扱いを許容する根拠になり得るとされている[12]。非訟事件手続では，文書提出義務に違反しても真実擬制がなされることはないが（非訟53条1項による民訴224条の準用除外），上記の扱いが許容された結果，当事者の手続保障に配慮しつつ，裁判所の裁量と自由心証（非訟60条による民訴247条

12）「中間試案補足説明」第1部第2の5(1)イ参照

第1章 総 論

の準用）により，事案に応じて当事者の手続遂行の状況をも踏まえた合理的な判断がなされることが期待される。

2 証拠調べ（非訟53条）

　証拠調べについては原則として民事訴訟法第2編第4章第1節から第6節の規定を準用し（非訟53条1項），民事訴訟法上の証拠調べと同じ方式で証拠調べがなされることを明らかにした。また，民事訴訟法の証拠規定のうち，職権探知主義と整合しないために適用を除外する規定が明示されている（非訟53条1項かっこ書）。

　具体的に適用除外されるのは，自白（民訴179条），集中証拠調べ（民訴182条），参考人等の審尋（民訴187条），疎明（民訴188条，なお非訟50条），過料の裁判の執行（民訴189条，なお非訟121条），尋問の順序（民訴207条2項）のほか，真実擬制に関する規定（民訴208条（当事者の不出頭・宣誓拒否），224条（民訴229条2項，232条1項で準用する場合を含む。当事者が文書等提出命令等に従わない場合），229条4項（当事者が文字の筆記命令に従わない場合）である。

　職権探知主義の下，証拠調べについては原則として裁判所の適正な裁量に委ねられているが，新法では，非訟事件に真実擬制がない代わりに，文書提出命令等に従わない場合には，拘引，過料，罰金という制裁が定められている（非訟53条3項・4項及び6項）。

3 裁判（非訟54条～62条），裁判によらない非訟事件の終了（非訟63条～65条）

　終局決定と終局決定以外の裁判とに分けて規定を整備し，終局決定については，当事者及び利害関係参加人並びにこれらの者以外の裁判を受ける者に対して，告知すること（非訟56条）及び自由心証主義（非訟60条，民訴247条）など民事訴訟法の準用規定を明らかにしている。また，裁判によらない事件の終了について規定を新設した（前記第2の3参照）。

4　不服申立て（非訟66条～82条）

　抗告審の手続を明確にするとともに，簡易迅速な処理や当事者の手続保障に配慮した規定を置いた。また，抗告期間に制限のない通常抗告を廃止して即時抗告に一本化し，終局決定に対する不服申立てとそれ以外の裁判に対する不服申立てを分けて規定を整備した。

(1)　終局決定に対する不服申立て（非訟67条～78条）

ア　即時抗告（非訟67条～74条）

　即時抗告の期間を2週間としたほか，抗告状の写しの送付等（非訟69条）及び陳述の聴取（非訟70条）について規定を新設した（前記第1の5参照）。また，終局決定に対する即時抗告は，原則として執行停止の効力がないことなどを定める（非訟72条）。再抗告（非訟74条）について，対象となる終局決定，再抗告の事由，抗告裁判所の調査の範囲について定め，準用する民事訴訟法の規定を明示した。

イ　特別抗告（非訟75条，76条），許可抗告（非訟77条，78条）

　それぞれ対象となる終局決定，抗告の事由，抗告裁判所の調査の範囲について定め，手続に準用する即時抗告に関する規定及び民事訴訟法の規定を明示した。

(2)　終局決定以外の裁判に対する不服申立て（非訟79条～82条）

　終局決定以外の裁判については，特別の定めがある場合に限り，即時抗告ができること（非訟79条），即時抗告期間が1週間であること（非訟81条）などを定めるほか，準用する終局決定に対する不服申立ての規定を明示した（非訟82条）。

【参考文献等】
- 非訟事件手続に関する要綱案（案）の補足説明（非訟事件手続法・家事審判法部会資料33－2）
- 非訟事件手続法及び家事審判法の見直しに関する中間試案の補足説明（法務省民事局参事官室，2010年8月）
- 金子修編著『一問一答　非訟事件手続法』（商事法務，2012年）
- 江頭憲治郎＝中村直人編著『論点体系会社法6』（第一法規，2012年）
- 門口正人編『新・裁判実務大系第11巻　会社訴訟・商事仮処分・商事非訟』（青林書院，2001年）

第1章 総論

・松田敦子「新しい非訟事件手続法及び家事事件手続法の概要」戸籍861号1頁〜16頁
・中東正文「会社非訟事件の現状と課題」法律時報83巻11号41頁〜46頁
・金子修＝脇村真治「新非訟事件手続法の概要と会社法等の整備の解説」旬刊商事法務1939号68頁〜77頁
・相澤哲編著「立案担当者による新・会社法の解説」別冊商事法務295号

第3節 整備法による会社法の一部改正及び平成26年会社法改正

第1 会社法における会社非訟事件の手続関係の整備

1 手続規定の整備

平成17年の会社法制定に当たり，非訟事件手続法の第3章（商事非訟事件）が削除され，会社非訟事件が会社法に組み入れられた。その際，手続関係の規定について，事件の類型ごとではなく，管轄，疎明，陳述の聴取など手続ごとに総則的な規定が置かれ（会社法第7編（雑則）第3章），各手続について，同種の事件類型相互の整合性が図られた[13]。

2 手続保障の実効化

会社に関する裁判をする会社非訟事件は，利害関係人相互の対立や会社その他の利害関係人に与える影響が一般的に大きいので，これまでも当事者等の手続保障の重要性が認識されていたが，このたびの見直しでは，会社非訟事件のうち特に紛争性の高いものについては，手続保障をより実効的なものとするための整備が行われている。

3 平成26年会社法改正による事件類型の追加等

(1) 平成27年5月1日に施行された改正会社法による制度の新設により，会社非訟事件の対象が追加された。具体的には，改正法の主要テーマの一つである親子会社に関する規律のうち，機動的なキャッシュアウトを実現するために，①特別支配株主による株式等売渡請求の制度（会社179

---

13) 相澤哲編者「立案担当者による新・会社法の解説」別冊商事法務295号220頁参照

第1章　総　論

条）が創設され，これに伴い「売渡株式等の売買価格の決定の申立て」の制度が新設された（会社179条の8第1項）。また，②株式併合による端数株式について，反対株主による買取請求制度（会社182条の4）が創設されたことに伴い「買取価格の決定の申立て」の制度が新設されている（会社182条の5第2項）。

　なお，キャッシュアウトの手法として使用されることの多かった全部取得条項付種類株式の全部取得について，取得日後に申立てがなされるのを回避するため，取得価格決定の申立ての申立期間が「取得日の20日前の日から取得日の前日までの間」に変更されている（会社172条1項）。

(2)　このほか，組織再編に伴う株式買取請求の撤回制限を実効化するために，整備法によって振替法を改正し，上場会社における振替株式の株式買取請求においては，買取口座への振替申請をしなければならないことなどを内容とする「買取口座の制度」が創設された（社債，株式等の振替に関する法律155条1項・3項）。これに対して，上記以外の株券発行会社の株式についての株式買取請求においては，原則として株券の提出をしなければならず（会社785条6項等），株券不発行会社における株式買取請求に係る株式については，株主名簿書換えを請求できないことにするなど（会社785条9項等），撤回制限を実効化するため制度の整備が図られている。

　こうした改正により，適法に株式買取請求をするため新たな要件が加わったことになる。

第2　陳述の聴取（会社870条1項・2項）

1　事件類型ごとの再検討

　平成17年会社法制定の際，当事者等の手続保障を実現するために事件類型ごとに陳述聴取の要否が再検討され，裁判所に陳述聴取を義務付ける事件類型が列挙されていた（改正前会社法870条各号）。これに対して，整備法では，裁判所に陳述聴取が義務付けられる事件類型として列挙された事件類型をさらに2つに区分し，特に紛争性が高いと認められる事件類型については，利害の対立する当事者等に十分な主張の機会を保障するため，裁判所は必ず審問期日を開いて申立人及び所定の利害関係人の陳述を聴かなければならないとした上，事件類型ごとに陳述聴取の対象者を明示して会社法870条を再構築した（会社870条2項）。

2　陳述聴取が義務付けられる場合

　会社非訟事件においては，職権探知主義が採用されているので陳述を聴取するか否かは基本的には裁判所の裁量に委ねられている。しかし，当事者の手続の主体性を保障する必要性が高い事件類型については，特に陳述聴取を受ける機会を保障するとともに，不服申立権が認められている。

(1)　陳述を聴くことが必要とされる事件類型（会社870条1項）の概略及び陳述聴取をする相手方

　①　一時取締役，会計参与，監査役，代表取締役，指名委員会等設置会社における各委員会の委員，執行役若しくは代表執行役の職務を行うべき者，清算人，一時清算人，若しくは代表清算人の職務を行うべき者，検査役又は管理命令による管理人の報酬の額の決定──【当該会社及び報酬を受ける者】

　②　清算人又は社債管理者の解任についての裁判──【当該清算人又は社債管理者】

　③　裁判所が定款に記載された変態設立事項を不当と認めたときの変更

決定──【設立時取締役，現物出資者及び財産引受の譲渡人】
④　募集株式又は募集新株予約権につき，現物出資財産の価格を不当と認めた場合の変更決定──【当該株式会社及び現物出資者】
⑤　配当財産又は残余財産が市場価格のない金銭以外の財産である場合に，金銭分配請求権を行使した株主に対し，当該財産に代えて支払う額の決定──【当該株主】
⑥　配当財産又は残余財産が市場価格のない金銭以外の財産である場合に，当該財産を割り当てる基準株式数に満たない株式数を有する株式に対し，当該財産に代えて支払う額の決定──【当該株主】
⑦　社債権者集会の決議の認可決定──【利害関係人】
⑧　社債権者の異議申述期間の伸長の申立てを認容する裁判──【社債発行会社】
⑨　社債管理者又は決議執行者に対する報酬等を社債発行会社の負担とする許可申立てについての裁判──【社債発行会社】
⑩　会社の解散命令──【当該会社】
⑪　外国会社の取引継続禁止又は営業所閉鎖命令──【当該外国会社】

(2)　審問期日を開いて陳述を聴くことが必要とされる事件類型（会社870条2項）の概略及び陳述聴取をする相手方

　十分な主張・反論の機会を付与するため，会社法870条1項の例外として，必ず審問期日を開いて申立人及び会社法870条2項各号に定める者の陳述を聴取しなければならない事件類型及び陳述聴取の対象者を列挙した。ただし，申立てが不適法あるいは理由がないことが明らかな場合は，審問期日を開いて陳述を聴取する必要はない（会社870条2項ただし書）。

　審問期日における必要的陳述聴取が求められる事件類型は，以下の3類型である。これらは，関係者間で協議が調わなかった場合に申立てがなされる特に紛争性が高いもの，又は類型的に申立人及び会社との間における紛争性が高く，実務上も主張や裁判資料の提出の機会を付与する取扱いがされているものである。

① 会社法の規定により株式会社が作成し，又は備え置いた書面等についての閲覧等の許可申立てについての裁判──【当該株式会社】
② 株式等の買取価格の決定に係る事件──【価格決定の申立権者】
③ 株式等の売買価格の決定に係る事件──【売買価格決定の申立権者】
④ 全部取得条項付種類株式の取得価格の決定──【当該株式会社】
⑤ 特別支配株主による株式等売渡請求における売買価格の決定──【特別支配株主】
⑥ 合併又は会社分割の無効判決が確定した場合の債務の負担部分又は財産の共有持分の額等の決定──【吸収又は新設合併等した会社】

3 必要的審問とされた事件類型における手続保障のための各種制度

(1) 申立書の写しの送付（会社870条の2第1項）

会社法870条2項各号に定める者に反論の機会を付与するため，原則として申立書の写しを送付することにした。

(2) 審理の終結（会社870条の2第5項）

主張・反論の機会を確保するため，原則として審理の終結日を定めて申立人及び会社法870条2項各号に定める者に告知するものとした。

(3) 裁判をする日の告知（会社870条の2第6項）

即時抗告などの機会を付与するため，原則として，裁判をする日を定めて，申立人及び会社法870条2項各号に定める者に告知することにした。

(4) 抗告審の手続（会社872条の2第2項，870条の2第5項・6項）

抗告審においても，同様に手続保障のための規定が整備されている。つまり，会社法820条2項各号の裁判に対する即時抗告があった場合には，原則として申立人及び当該各号に定める者に抗告状の写しを送付しなければならない（会社872条の2第1項）。また，上記(2)・(3)等の規定が準用されている（会社872条の2第2項）。

4 会社法870条に列挙された以外の事件類型

平成17年会社法制定の際,必要的陳述聴取とされなかった事件類型とその理由は以下のとおりとされていた[14]。もっとも,職権探知主義の下では,裁判所は事案解明のために任意に事情を聴取することができる。

(1) 密行性の要請がある事件類型

不利益を受ける者から事前に陳述聴取すると裁判の目的を達成できなくなるおそれがあるからとされている。

- 持分会社の社員の持分差押権者による保全処分申立事件（会社609条3項）
- 社債権者による社債発行会社の業務・財産状況の調査の許可申立事件（会社705条4項等）
- 解散命令又は外国会社の継続取引禁止・営業所閉鎖命令申立てに伴う保全処分命令申立事件（会社825条1項等）

(2) 特定の者からの陳述聴取が事実上不可能な事件類型

利害関係人が多数存在するため,裁判所が全ての利害関係人から陳述聴取することが事実上不可能とされている。

- 所在不明株主の株式又は端数合計分の株式の任意売却許可申立事件（会社197条2項,234条2項）
- 株主総会の招集許可申立事件（会社307条1項等）
- 社債権者集会の招集許可申立事件（会社718条3項）
- 社債管理者の辞任許可申立事件（会社711条3項）
- 事務承継社債管理者の選定許可申立事件（会社714条1項）
- 社債権者集会の認可費用の負担者の変更申立事件（会社742条2項）
- 新株発行,自己株式処分,新株予約権発行の無効判決確定に伴う払戻金の増減申立事件（会社840条2項等）

(3) 裁判所に広い裁量が認められる事件類型

裁判所が人選について広い裁量権を有し,その人選によって関係者の利

---

14) 前掲13)「立案担当者による新・会社法の解説」別冊商事法務295号221頁

第3節　整備法による会社法の一部改正及び平成26年会社法改正

益を害するおそれがほとんどないからなどとされている。
- 管理人の選任又は解任事件（会社825条2項等），管理人に対する財産状況報告等・管理計算命令事件（会社825条6項等）
- 検査役，一時役員等の職務の遂行を行う者，清算人，代表清算人，鑑定人，帳簿資料保存者，社債管理者の特別代理人，事務承継社債管理者の選任又は選定申立事件（会社33条1項等）
- 株主総会招集命令・調査結果通知命令事件（会社307条1項等），職務代行者の常務外行為の許可申立事件（会社352条1項），清算中の会社の弁済許可申立事件（会社500条2項等）

第1章 総論

第3 会社非訟事件についてのそのほかの規定について

1 管轄（会社868条）

会社法の規定による非訟事件（会社非訟事件）についての管轄は，原則として，会社の本店所在地を管轄する地方裁判所の管轄に属するとされている。ただし，5つの事件類型については例外が定められている。例外として，①親会社社員による株式会社が会社法の規定に基づいて作成又は備え置いた書面等の閲覧等許可申立事件については，当該株式会社の本店所在地を管轄する裁判所の管轄に属し（会社868条2項），②特定支配株主による株式等売渡請求における売買価格の決定の申立てに係る事件は，対象会社の本店の所在地を管轄する地方裁判所の管轄に属する（会社868条3項）。③社債に関する事件については，社債を発行した会社の本店所在地を管轄する地方裁判所の管轄に属する（会社868条4項）ことのほか，④外国会社に関する事件（会社868条5項）及び⑤合併又は会社分割の無効判決確定の場合の各会社の債務の負担部分等の決定申立事件（会社868条6項）についての管轄を定める規定を置いている。

2 疎明（会社869条）

会社法による許可の申立てをする場合には，申立人はその原因となる事実を疎明しなければならない。立証ではなく，疎明で足りるとしているのは，裁判所の許可に係る事件を迅速に解決するためである。

(1) 疎明の方法

まず，申立人が申立ての原因となる事実を疎明しない場合には，申立てが却下されることになる。会社非訟事件では，裁判所は職権で裁判資料を収集して事案を解明し，後見的立場から裁量権を行使して事案の実情に即した適切な審理判断をすることが求められている（職権探知主義）。したがって，申立人は，証拠を提出しないからといって当然に不利益を受けることにはならないが，本条により裁判所は申立人が申立ての原因となる事

実を疎明しない限り，職権で事実を探知するという責務まで負うものではないと解されている。

　また，疎明の方法は，即時に取り調べることができる資料に限られる（非訟50条，民訴188条）。したがって，審問期日が開かれない場合は，申立時に審問期日が開かれる場合であっても，当該期日以外に期日を設けて取り調べなければならない場合は即時性を欠くから採用されない。在廷できない証人がある場合は，陳述書を提出することで対応するのが一般である。

(2)　許可申立事件の種類

　会社法における許可申立事件は以下のとおりである（江頭憲治郎＝中村直人編著『論点体系会社法6』（第一法規，2012年）275頁・276頁参照）。

　　ア　少数株主の総会招集の許可申立事件（会社297条4項）
　　イ　株式等の任意売却の許可申立事件（会社197条2項，234条2項前段，235条2項）
　　ウ　職務代行者に関する事件のうち，常務外行為の許可申立事件（会社352条1項，483条6項，420条3項，603条1項，655条6項）
　　エ　会社関係書類の閲覧等の許可申立事件
　　　(ｱ)　取締役会議事録等（監査役会設置会社，監査等委員会設置会社又は指名委員会等設置会社＝会社371条1項，債権者＝会社371条4項，親会社＝会社371条5項，清算人会＝会社490条5項）
　　　(ｲ)　子会社の定款等（会社31条3項，81条4項，82条4項，125条4項，252条4項，318条5項，319条4項，433条3項，442条4項）
　　　(ｳ)　子会社（会計参与設置会社）の計算書類等（会社378条3項）
　　　(ｴ)　監査役会，監査等委員会設置会社又は指名委員会等の議事録（会社394条2項・3項，413条3項・4項）
　　　(ｵ)　子会社（清算株式会社）の貸借対照表等（会社496条3項）
　　　(ｶ)　子会社の社債原簿（会社684条4項）
　　オ　清算会社の少額債権等の弁済許可申立事件（会社500条2項，661条2項）

第1章 総論

　カ　社債に関する許可申立事件
　　㈠　社債発行会社の業務及び財産状況の調査の許可（会社705条4項，706条4項）
　　㈡　社債管理者の辞任許可（会社711条3項）
　　㈢　事務承継社債管理者についての社債権者集会の同意に代わる許可（会社714条）
　　㈣　社債権者による招集の許可（会社718条3項）
　　㈤　社債管理者等の報酬等についての社債発行会社の負担の許可（会社741条1項・2項）

3　理由の付記（会社871条，875条関係）

　非訟事件手続法が終局決定の裁判書に理由の要旨を求めるのとは異なり（非訟57条2項2号），会社非訟事件の裁判には，理由を付さなければならない（会社871条，875条）。ただし，①一時取締役等の報酬の額の決定（会社870条1項1号）及び，②不服申立てが制限される裁判（会社874条各号）には理由を記載する必要がない（会社875条による適用除外あり）。

4　即時抗告権者の整理（会社872条関係）

　非訟事件の手続の通則（非訟66条）と異なり，会社非訟事件では，一定の類型の裁判につき，即時抗告ができる者を明確化した（会社872条1号ないし5号）。

　例えば，会社法870条1項各号の裁判（陳述聴取が必要な事件）及び同条2項各号の裁判（審問期日による陳述聴取が必要な事件）では，「申立人及び当該各号に定める者」だけが即時抗告権者と定められている（会社872条4号・5号）。

第2章

会社設立に関する事件

第1節 検査役選任申立事件（変態設立）

1 制度の趣旨・目的

　設立手続において，定款に変態設立事項（①現物出資，②財産引受，③発起人の報酬・特別利益，④設立費用（定款認証手数料その他一定のものを除く。））を定めることができる（会社28条1号ないし4号）。

　変態設立において，現物出資や財産引受の対象財産の過大評価，発起人への不相当な報酬，不当な設立費用負担などの濫用がなされると，会社の財産的基礎を危うくする。

　そこで，濫用のおそれのない場合等一定の場合を除いて，検査役に変態設立事項の正当性を調査してもらうために，発起人は，原始定款を公証人が認証した後，遅滞なく，裁判所に対し検査役選任の申立てを行い，選任された検査役の調査を受けなければならない（会社33条1項）。

＜検査役の調査が不要の場合＞

(1) **少額特例**

　　変態設立事項のうち現物出資及び財産引受につき，その財産について定款に記載された総額が「500万円」以下の場合（会社33条10項1号）。

　　総額で判断するため，例えば後記(2)により検査役の調査が不要とされる有価証券の価額が200万円であり，後記(3)により検査役の調査が不要とされる不動産等の価額が200万円の場合で，それ以外の財産の価額が200万円の場合，現物出資財産の価額の合計額は600万円となり，少額特例の基準を満たさないため，それ以外の財産について検査役の調査を要する。

(2) **有価証券特例**

　　変態設立事項のうち現物出資及び財産引受につき，その財産が「市場価格のある有価証券」であり，その価額が当該有価証券の市場価格として法

務省令で定める方法により算定されるものを超えない場合（会社33条10項2号）。

市場価格のある有価証券とは，証券取引所に上場されている株式，日本証券業協会のグリーンシート銘柄，国債等をいう。

市場価格は，次の額のうちいずれか高い額となる（会社規6条）。

① 定款認証日における当該有価証券の取引市場における最終価格
② 定款認証日において当該有価証券が公開買付け等の対象であるときは，当該日における当該公開買付け等に係る契約における当該有価証券の価格

(3) 財産価額証明特例

現物出資及び財産引受の対象財産の価額が相当であることについて弁護士，弁護士法人，公認会計士（外国公認会計士を含む。），監査法人，税理士又は税理士法人の証明（現物出資財産等が不動産である場合にあっては，当該証明及び不動産鑑定士の鑑定評価）を受けた場合（会社33条10項3号）。

2 申立て

(1) 管　轄

会社の本店所在地（定款記載の本店予定地）の地方裁判所である（会社868条1項）。

(2) 申立人

発起人である（会社33条1項）。

(3) 申立ての方式，申立書の記載事項

申立ては書面でしなければならない（会社876条，会社非訟規1条）。

申立書には，次に掲げる事項を記載し，申立人又は代理人が記名押印しなければならない（会社非訟規2条1項・2項）。

① 申立ての趣旨及び原因並びに申立てを理由づける事実（会社非訟規2条本文）――本申立てでは，申立ての趣旨には検査の目的を記載しなればならない（会社非訟規2条3項）。
② 当事者の氏名又は名称及び住所並びに法定代理人の氏名及び住所（会

第1節　検査役選任申立事件（変態設立）

　　社非訟規2条1項1号）

　③申立てに係る会社の商号及び本店の所在地並びに代表者の氏名（会社非訟規2条1項2号）――本申立てでは，不要である。

　④代理人による申立ての場合は，代理人の氏名及び住所（会社非訟規2条2項1号）

　⑤申立てに係る会社が外国会社であるときは，当該外国会社の日本における営業所の所在地（日本に営業所を設けていない場合にあっては，日本における代表者の住所地）（会社非訟規2条2項2号）――本申立てでは，不要である。

　⑥申立てを理由づける具体的な事実ごとの証拠（会社非訟規2条2項3号）

　⑦事件の表示（会社非訟規2条2項4号）（申立書には不要である。）

　⑧附属書類の表示（会社非訟規2条2項5号）

　⑨年月日（会社非訟規2条2項6号）

　⑩裁判所の表示（会社非訟規2条2項7号）

　⑪申立人又は代理人の郵便番号及び電話番号（ファクシミリの番号を含む。）（会社非訟規2条2項8号）

　⑫その他裁判所が定める事項（会社非訟規2条2項9号）

(4)　**申立手数料，予納金等**

・申立手数料1,000円（民訴費3条1項，別表第1の16項イ）

・検査役の報酬及び費用に相当する額の予納金

・郵券（不要の場合もあり裁判所で確認）

(5)　**申立ての趣旨**

「検査の目的記載の事項を調査させるため検査役の選任を求める。」

(6)　**添付書類ほか**（会社非訟規3条，4条）

　①申立てを理由づける事実についての証拠書類の写し（非訟規37条3項）

　　本申立てでは，変態設立事項についての記載又は記録がある定款

　②委任状（非訟規16条1項）

29

第2章　会社設立に関する事件

3　手続のポイント

(1)　審　理
　検査役選任については，関係者の陳述を聴くことは要求されていない（会社870条1項）。

(2)　裁　判
　検査役選任は終局決定で裁判をする（非訟54条，55条）。
　決定に理由を付すことは要求されていない（会社871条2号，874条1号）。
　なお，非訟事件手続法は，決定を終局決定（非訟55条1項）と終局決定以外の裁判（非訟62条1項）に分け，即時抗告の可否（非訟66条1項，79条）や即時抗告期間に違いを設ける（非訟67条1項，81条）等，前者の手続保証を手厚くしている。
　検査役選任の裁判は，申立人と検査役に選任された者に告知され（非訟56条1項），検査役の就任承諾によって効力を生ずる。
　選任決定に対しては不服申立てをすることはできない（会社874条1号）。したがって，必要があるときは裁判所に対して検査役選任の裁判の取消し又は変更を求めることとなる（非訟59条1項）。
　却下決定に対しては申立人に限り即時抗告ができる（非訟66条2項）。

(3)　報　酬
　裁判所は，検査役を選任した場合には，成立後の株式会社が当該検査役に対して支払う報酬の額を定めることができる（会社33条3項）。
　検査役の報酬は，会社及び検査役の陳述を聴いた上で裁判所が決定する（会社870条1項1号）。この決定については理由を付することを要しない（会社871条1号）。
　この決定に対しては，会社及び検査役は即時抗告をすることができる（会社872条4号）。

(4)　検査役選任後の手続等
　検査役は，必要な調査を行い，当該調査の結果を記載し，又は記録した書面又は電磁的記録（フロッピーディスク，CD-ROM，CD-R，裁判所が定める電磁的記録（会社規228条））を裁判所に提供して報告の上（会社33条4項），発

第1節　検査役選任申立事件（変態設立）

起人に対し，裁判所に提供した上記書面の写しを交付し，又は上記電磁的記録に記録された事項を電子メール，フロッピーディスクの交付等の方法のうち発起人が望む方法により提供しなければならない（会社33条6項，会社規229条，2条2項6号，会社2条34号，会社規222条）。

　裁判所は，検査役が調査の結果を報告すべき期限を定めることができる（会社非訟規10条）。

　裁判所は，検査役の報告に基づき，変態設立事項を不当と認めたときは，これを変更する決定をしなければならない（会社33条7項）。この決定をするには，設立時の取締役，現物出資者，財産引受の場合の譲渡人の陳述を聴かなければならない（会社870条1項3号）。

　また，決定には理由を付さなければならない（会社871条本文）。

　この決定に対しては，設立時の取締役，現物出資者，財産引受の場合の譲渡人は即時抗告をすることができる（会社872条4号）。

　この決定自体によって定款変更の効力が生じる（会社30条2項）。

　上記定款変更決定を受け入れることができない発起人は，上記決定の確定後1週間以内に限り，その設立時発行株式の引受けに係る意思表示を取り消すことができる（会社33条8項）。

　また，発起人全員の同意によって，上記決定の確定後1週間以内に限り，当該決定により変更された事項についての定款の定めを廃止する定款変更をすることができる（会社33条8項・9項）。

　なお，募集設立においても発起設立と同様，発起人全員の同意によって裁判所の決定により変更された事項についての定款の定めを廃止する定款変更をすることができるが（会社33条9項），その変更は，設立時募集株式の払込期日又は払込期間の初日より前に行わなければならず（会社95条），それ以後は創立総会での変更となる（会社96条，97条）。

　裁判所の変更決定による定款変更，及び当該決定により変更された事項についての定款の定めを廃止する定款変更はいずれも再度の公証人の認証を必要としない（会社30条2項，96条）。

第2章　会社設立に関する事件

4　書式例

【書式1】検査役選任申立書（現物出資の場合）

検査役選任申立書

| 収入印紙 |(注1)

平成〇〇年〇月〇日

〇〇地方裁判所　御中

申立人代理人弁護士　吾　田　四　郎　㊞

〒〇〇〇－〇〇〇〇　東京都港区〇〇町〇丁目〇番〇号
　　　　　　　　　　株式会社〇〇企画　　発起人(注2)
　　　　　　　　　　申　立　人　　　　甲　野　太　郎
〒〇〇〇－〇〇〇〇　横浜市中区〇〇町〇丁目〇番〇号
　　　　　　　　　　　株式会社〇〇企画　発起人
　　　　　　　　　　申　立　人　　　　甲　野　一　郎
〒〇〇〇－〇〇〇〇　東京都世田谷区〇〇町〇丁目〇番〇号
　　　　　　　　　　　株式会社〇〇企画　発起人
　　　　　　　　　　申　立　人　　　　乙　川　次　郎
〒〇〇〇－〇〇〇〇　東京都〇〇区〇町〇丁目〇番〇号
　　　　　　　　　　〇〇法律事務所（送達場所）
　　　　　　　　　　上記申立人ら代理人弁護士　　吾　田　四　郎
　　　　　　　　　　　電　話　03－〇〇〇〇－〇〇〇〇
　　　　　　　　　　　ＦＡＸ　03－〇〇〇〇－〇〇〇〇

申立ての趣旨

　設立中の株式会社〇〇企画につき，検査の目的記載の事項を調査させるため検査役の選任を求める。

第1節　検査役選任申立事件（変態設立）

検 査 の 目 的 ^(注3)

1　金銭以外の財産を出資する者の氏名
2　当該財産及びその価格
3　その者に対して割り当てる設立時発行株式の（種類及び）数
以上の事項の当否^(注4)

申立ての理由

1　当会社は，平成○○年○月○日公証人の定款認証を受けた。
2　定款に発起人○○○○が会社法28条1号所定の金銭以外の財産を出資する旨の規定がある。
3　よって，申立人は，会社法33条1項に基づき，検査の目的記載の事項の調査させるため，検査役の選任を求める。

疎 明 方 法 ^(注5)

甲第1号証	認証定款写し	1通
甲第2号証	発起人同意書	1通
甲第3号証	不動産登記簿謄本	○通

添 付 書 類 ^(注6)

甲号証写し	各1通
委任状	1通

（注1）　貼用印紙は1,000円である（民訴費3条1項，別表第1の16項イ）。
（注2）　申立人は発起人である（会社33条1項）。検査役選任の申立てについては裁量の余地がないので，発起人の1人が申立人となれば足りるが，実務上は発起人全員が申立人となることが多い。
（注3）　検査役の調査事項は，会社法28条各号の定款記載事項であるから，その事項を記載する。
（注4）　（　）内は，種類株式発行会社の場合である。
（注5）　認証定款は定款の記載と認証の事実を疎明するものであり必ず添付する。発起人同意書は会社法32条の規定による同意書であり，払込価額の参考の

第2章　会社設立に関する事件

ため添付する。また，現物出資財産の疎明として不動産登記簿謄本を添付する（現物出資財産の目的が不動産の場合）。
（注6）　委任状は，本申立てを弁護士等に委任した場合に必要となる。

【書式2】検査役選任申立書（財産引受の場合）

検　査　の　目　的　(注1)

1　株式会社の成立後に譲り受けることを約した財産及びその価額
2　その譲渡人の氏名
以上の事項の当否

申立ての理由

1　当会社は，平成○○年○月○日公証人の定款認証を受けた。
2　定款に別紙財産目録記載の財産を○○株式会社より当会社成立後に譲り受ける旨の規定がある。
3　よって，申立人は，会社法33条1項に基づき，検査の目的記載の事項の調査させるため，検査役の選任を求める。

疎　明　方　法　(注2)

甲第1号証　　　認証定款写し　　　　1通
甲第2号証　　　財産譲渡契約書　　　1通

添　付　書　類　(注3)

甲号証写し　　　各1通
委任状　　　　　1通

（注1）　検査役の調査事項は，会社法28条各号の定款記載事項であるから，その事項を記載する。
（注2）　認証定款は定款の記載と認証の事実を疎明するものであり必ず添付する。
（注3）　委任状は，本申立てを弁護士等に委任した場合に必要となる。

第1節　検査役選任申立事件（変態設立）

【書式3】検査役選任申立書（発起人の報酬・特別利益の場合）

検査の目的 ^(注1)

1　発起人が受ける報酬その他の特別の利益
2　その発起人の氏名又は名称
　以上の事項の当否

申立ての理由

1　当会社は，平成○○年○月○日公証人の定款認証を受けた。
2　定款に当会社の成立により発起人が報酬を受ける旨の規定がある。
3　定款に当会社の成立により発起人○○が特別利益を受ける旨の規定がある。
4　よって，申立人は，会社法33条1項に基づき，検査の目的記載の事項の調査させるため，検査役の選任を求める。

疎　明　方　法 ^(注2)

甲第1号証　　認証定款写し　　　　　1通
甲第2号証　　発起人の報酬額明細書　　1通
甲第3号証　　特別利益計算書　　　　　1通

添　付　書　類 ^(注3)

甲号証写し　　各1通
委任状　　　　1通

(注1)　検査役の調査事項は，会社法28条各号の定款記載事項であるから，その事項を記載する。
(注2)　認証定款は定款の記載と認証の事実を疎明するものであり必ず添付する。発起人の報酬については定款に総額を記載すれば足りるため，発起人ごとの明細を添付する。また，特別利益を具体的に疎明するものを添付する。
(注3)　委任状は，本申立てを弁護士等に委任した場合に必要となる。

第2章　会社設立に関する事件

【書式4】検査役選任申立書（設立費用の場合）

検　査　の　目　的 (注1)

株式会社の負担する設立に関する費用の当否

申立ての理由

1　当会社は，平成〇〇年〇月〇日公証人の定款認証を受けた。
2　定款に当会社が〇〇円の範囲内で設立費用を負担する旨の規定がある。
3　よって，申立人は，会社法33条1項に基づき，検査の目的記載の事項の調査させるため，検査役の選任を求める。

疎　明　方　法 (注2)

甲第1号証　　認証定款写し　　1通
甲第2号証　　設立費用明細　　1通

添　付　書　類 (注3)

甲号証写し　　各1通
委任状　　　　1通

（注1）　検査役の調査事項は，会社法28条各号の定款記載事項であるから，その事項を記載する。
（注2）　認証定款は定款の記載と認証の事実を疎明するものであり必ず添付する。設立費用の具体的内容を疎明するものとして明細書を添付する。
（注3）　委任状は，本申立てを弁護士等に委任した場合に必要となる。

第3章
業務及び財産の調査に関する事件

第1節 閲覧等に関する事件

第1 株主の取締役会議事録閲覧謄写許可申立事件

1 制度の趣旨・目的

　取締役会設置会社は，取締役会の日から10年間，議事録等を会社の本店に備え置かなければならない（会社371条1項）。株主は，その権利を行使するため必要があるときは，会社の営業時間内はいつでも取締役会議事録の閲覧謄写を請求できるが，監査役設置会社，監査等委員会設置会社又は指名委員会等設置会社の株主は，その権利を行使するため必要があるときは，「裁判所の許可」を得て，閲覧謄写請求しなければならない（会社371条3項）。

　株主が会社の経営状況を把握するためには，取締役会議事録を閲覧等して取締役会の審議の状況を把握することが有用である。しかし，取締役会議事録の閲覧等により企業秘密が容易に漏えいしたり，閲覧等請求自体が濫用的に行使されるおそれがあり，これを防ぐために会社が閲覧等請求を拒否したり，無内容な議事録を作成するといった弊害があった。そこで，取締役の業務執行を監督する機関（監査役，監査等委員会又は委員会）を置く会社では，株主への開示に裁判所の許可を要件とするなど一定の限定を付している（なお，精算人会につき，会社490条5項）。

　また，監査役会，監査等委員会及び委員会の各議事録についても同様の規定が置かれている（会社394条2項，399の11第2項，413条3項）。

2 申立て

(1) 管　轄

　会社の本店所在地を管轄する地方裁判所（会社868条1項）。

(2) 申立人

監査役設置会社，監査等委員会設置会社又は指名委員会等設置会社の株主（会社371条2項及び3項，監査役の監査の範囲を会計に関するものに限定する旨の定款の定めがある会社の株主は含まれない。会社2条9号）

(3) 申立ての方式
- 申立ては書面によって行う（会社876条，会社非訟規1条）。
- 申立ての対象である文書の種類ごとに収入印紙1,000円を貼付（民訴費3条1項，別表第1の16項イ）。
- 郵券の予納

(4) 申立ての要件

ア 権利行使の必要性

株主たる資格において会社に対して有する権利を行使する場合が広く含まれ，株主が行使する権利には，共益権（議決権行使，新株発行無効の訴，株主総会決議取消の訴，代表訴訟の提起など）だけでなく自益権も含まれる。また，権利を行使するか否かを判断するために請求するのでもよい。申立人は，行使しようとする権利の種類と閲覧等によって知ろうとする事実について，ある程度具体的な記載をすべきであるが，株主等が十分把握し得ない事情にわたる場合が多いであろうから，ある程度包括的な記載とならざるを得ない面がある。

イ 閲覧謄写の対象の特定及び範囲

対象となる取締役会議事録の範囲は，他の議事録部分と識別することが可能な程度に特定する必要がある。また，閲覧謄写の対象となる取締役会議事録は，会社が本店に備え置いている取締役会議事録であり，備置期間（10年）を経過した後に会社が保存している議事録は，閲覧謄写の許可対象とはならない[1]。

(5) 裁判所の許可

株主の権利行使に必要な場合でも，議事録の閲覧謄写を認めることに

---

[1] 東京地決平成18年2月10日判時1923号130頁

よって，企業秘密の漏えいなど当該会社，親会社，子会社に「著しい損害を生じるおそれ」がある場合には，裁判所は当該議事録の閲覧謄写を認めることはできない（会社371条6項）。裁判所は，閲覧等により株主が得られる利益と会社等が受ける損害とを比較考量して閲覧等の可否を判断することになるから，職権探知主義の下でも，申立人としては閲覧等の必要性について具体的に主張・立証する必要がある。

(6) 添付書類

ア　当該申立てに係る会社の登記事項証明書（会社非訟規3条1項1号）

なお，平成26年会社法改正により監査役設置会社における監査役の監査の範囲を会計に関するものに限定する旨の定款の定めがある会社では，その旨登記することとされたので（会社911条3項17号イ），上記定款の定めがないことを確認するために定款を提出する必要はなくなった。

イ　申立ての原因となる事実についての証拠書類の写し（非訟規37条3項）

㋐　申立人が株主であることを疎明する書面

株券（株券発行会社）や株主名簿など。

なお，株式振替制度が適用される上場株式の株主である場合は，口座管理機関に対して個別株主通知の申出を行った際に口座管理機関が交付した「受付票」，振替機関が個別株主通知を行ったことを株主に通知した際の「通知書」が必要である。

㋑　閲覧謄写の必要性を疎明する資料（会社869条）

3　手続上のポイント

申立人は，原因となる事実を疎明しなければならない（会社869条）。疎明で足りるとされているのは，非訟事件手続を簡易迅速に処理するためである。裁判所は，当該株式会社の陳述を聴いた上で裁判し（会社870条2項1号），裁判には理由を付記しなければならない（会社871条）。また，申立人及び当該株式会社は，裁判に対して不服があるときは，即時抗告することができ，即

第3章　業務及び財産の調査に関する事件

時抗告には執行停止の効力がある（会社872条5号，873条）。

審尋では，裁判所から任意に閲覧を認めてはどうかとの勧告がなされることが多いが，和解による解決が可能になってる（非訟65条）。

4　書式例

【書式5】取締役会議事録の閲覧謄写許可申立書

取締役会議事録閲覧謄写許可申立書

平成○○年○月○日

○○地方裁判所民事部　御中

　　　　　　　　　　　申立人代理人弁護士　　○○○○　㊞
〒○○○-○○○○　○○県○○市○○町○丁目○番○号
　　　　　　　　　　　申　立　人　　　　　　○○○○
（送達場所）
〒○○○-○○○○　○○県○○市○○町○丁目○番○号
　　　　　　　　　　　　　　　　　　○○法律事務所
　　　　　　　　　　　申立人代理人弁護士　　○○○○
　　　　　　　　　　　　TEL　○○-○○○○-○○○○
　　　　　　　　　　　　FAX　○○-○○○○-○○○○
〒○○○-○○○○　○○県○○市○○町○丁目○番○号
　　　　　　　　　　　相　　手　　方　　株式会社○○
　　　　　　　　　　　上記代表者代表取締役　　○○○○

申立ての趣旨

「申立人が，相手方の取締役会議事録のうち，株式会社Aに対する平成○年○月の貸付けの承認に関して協議した部分について閲覧及び謄写することを許可する」との裁判を求める。

申立ての理由

1　相手方は，○○の販売を業とする資本金○億円，発行済株式総数○万株の株式会社（監査役設置会社）である。
2　申立人は，相手方の株式○株を有する株主である。
3　相手方は平成○年○月，資金繰りに窮した取引先である株式会社Aから貸付けの依頼を受けた。その際，相手方取締役らは，株式会社Aの資産，経営状況，弁済能力などについて慎重に調査の上，貸付けの是非を検討すべきであった。ところが，相手方取締役は，一時的な資金難との説明を軽信して貸付金の回収可能性について調査することなく，平成○年○月○日，無担保で○○円という多額の貸付けを実行した。
4　株式会社Aは，その後，二度の手形不渡りを出して事実上倒産し，上記貸付金の回収が不能になっている。
5　申立人は，次期株主総会において，上記貸付けの実行について質問し，回収不能により生じた相手方の損害について，必要であれば取締役の責任を追及することを検討している。このため，申立人は，上記貸付けの承認に関して取締役会で協議した状況を調査する必要がある。
6　よって，会社法371条3項に基づき，申立ての趣旨記載の許可を求める。

疎　明　方　法

甲第1号証　　　　株　券
甲第2号証　　　　決算報告書写
甲第3号証　　　　企業リサーチ資料
　　　　（中　略）
甲第○号証　　　　陳述書

添　付　書　類

1　会社登記簿謄本　　1通
1　訴訟委任状　　　　1通

第2 債権者の取締役会議事録閲覧謄写許可申立事件

1 制度の趣旨・目的

　取締役会設置会社は，取締役会の日から10年間，議事録等を会社の本店に備え置かなければならない（会社371条1項）。

　会社債権者は，「役員又は執行役の責任を追及するため必要があるとき」は，「裁判所の許可」を得て，取締役会議事録等の閲覧謄写を請求することができる（会社371条4項）。

　会社債権者にとって，会社財産のみが債権の引当てであるから，会社の経営状況を把握することが有用である。しかし，会社債権者の場合には，株主に比べて閲覧謄写により企業秘密が漏えいするおそれが高いので，特に，役員又は執行役の対第三者責任を追及するために必要である場合に限定して閲覧謄写請求権の行使が認められている。

2 申立て

(1) 管　轄

　会社の本店所在地を管轄する地方裁判所である（会社868条1項）。

(2) 申立人

　会社債権者（会社371条4項）。

(3) 申立ての方式

- 申立ては書面によって行う（会社876条，会社非訟規1条）。
- 申立ての対象である文書の種類ごとに収入印紙1,000円を貼付（民訴費3条1項，別表第1の16項イ）。
- 郵券の予納

(4) 申立ての要件等

　ア　役員又は執行役の責任を追及するために必要であること

　　会社債権者が債権者たる地位に基づいて役員等の責任を追及するため，あるいは責任追及するか否かを調査するために必要である場合に限られ

る。申立人は，行使しようとする権利の種類と閲覧等によって知ろうとする事実について，ある程度具体的な記載をすべきであるが，会社債権者等が十分把握し得ない事情にわたる場合が多いであろうから，ある程度包括的な記載とならざるを得ない面がある。

イ　閲覧謄写の対象の特定及び範囲

対象となる取締役会議事録の範囲は，他の議事録部分と識別することが可能な程度に特定する必要がある。また，閲覧謄写の対象となる取締役会議事録は，会社が本店に備え置いている取締役会議事録であり，備置期間（10年）を経過した後に会社が保存している議事録は，閲覧謄写の許可対象とはならない（前掲注1）参照）。

(5)　裁判所の許可

議事録の閲覧謄写を認めることによって，企業秘密の漏えいなど当該会社，その親会社，子会社に「著しい損害を生じるおそれ」がある場合には，裁判所は当該議事録の閲覧謄写を認めることはできない（会社371条6項）。裁判所は，閲覧等により会社債権者が得られる利益と会社等が受ける損害とを比較考量して閲覧等の可否を判断することになるから，職権探知主義の下でも，申立人である会社債権者としては閲覧等の必要性について具体的に主張・立証する必要がある。

(6)　添付書類

ア　当該申立てに係る会社の登記事項証明書（会社非訟規3条1項1号）

イ　申立ての原因となる事実についての証拠書類の写し（非訟規37条3項）

(ｱ)　申立人が会社債権者であることを疎明する書面

取引契約書その他債権の存在を明らかにする書類。

(ｲ)　役員等の責任追及のために閲覧謄写が必要であることを疎明する資料（会社869条）。

3　手続のポイント

株主による取締役会議事録閲覧等の申立ての場合と同様である（本書39頁～43頁参照）。

第3章　業務及び財産の調査に関する事件

4　書式例

【書式６】債権者による取締役会議事録の閲覧謄写許可申立書

取締役会議事録閲覧謄写許可申立書

平成〇〇年〇月〇日

〇〇地方裁判所民事部　　御中

　　　　　　　　　　　申立人代理人弁護士　〇　〇　〇　〇　㊞
〒〇〇〇-〇〇〇〇　〇〇県〇〇市〇〇町〇丁目〇番〇号
　　　　　　　　　申　　　立　　　人　〇　〇　〇　〇
　　　　　　　　　上記代表者代表取締役　〇　〇　〇　〇
（送達場所）
〒〇〇〇-〇〇〇〇　〇〇県〇〇市〇〇町〇丁目〇番〇号
　　　　　　　　　　　　　　　　　　〇〇法律事務所
　　　　　　　　　申立人代理人弁護士　〇　〇　〇　〇
　　　　　　　　　　　TEL　〇〇-〇〇〇〇-〇〇〇〇
　　　　　　　　　　　FAX　〇〇-〇〇〇〇-〇〇〇〇
〒〇〇〇-〇〇〇〇　〇〇県〇〇市〇〇町〇丁目〇番〇号
　　　　　　　　　相　手　方　破産者株式会社　〇　〇
　　　　　　　　　破産管財人　　　　　　　〇　〇　〇　〇

申立ての趣旨

　「申立人が，平成〇年〇月〇日から平成〇年〇月〇日の間に開催された相手方取締役会議事録のうち，申立人の大量多額の仕入れ及びその代金決済のための手形の振出しに関して協議した部分について閲覧及び謄写することを許可する」との裁判を求める。

申立ての理由

1　相手方は，繊維製品の販売等を業とする資本金〇〇円，発行済株式総数

○○株の株式会社である。
　申立人は，平成○年○月から平成○年○月までの間に，相手方に繊維製品を納入した株式会社であり，相手方に対して1億円の代金債権を有している。しかし，相手方は，平成○年○月の決算期において支払不能に陥って破産手続が開始され，申立人の上記代金債権は回収不能の状況にある。
2　相手方は，当期損失額の累積により債務超過額が増大しており，流動資産の流動負債に対する割合が平成○年には100パーセントを大幅に割り込んだ状態となっていた上，売掛債権の回転期間の長さを総合すると，平成○年末の時点で商品を仕入れても支払い見込のない状態であり，近々支払不能に陥って倒産する状況であった。ところが，相手方代表取締役Aは相手方が代金決済の見込みがないことを十分認識した上で，申立人から3か月という短期間に，大量多額の仕入れ及びその代金決済のための手形の振出しを行い，仕入商品を廉価で売却する行為を繰り返していた。
3　このため，申立人は，相手方代表取締役Aの責任を追及することを検討している。このため，平成○年○月から平成○年○月の間に開催された取締役会で報告，協議された状況を調査する必要がある。
4　よって，会社法371条4項に基づき，申立ての趣旨記載の許可を求める。

疎　明　方　法

甲第1号証　　　会社登記簿謄本
甲第2号証　　　破産手続開始決定書
甲第3号証　　　継続的取引基本契約書
甲第4号証　　　約束手形
甲第5号証　　　第○期決算書類
甲第6号証　　　陳述書

添　付　書　類

1　会社登記簿謄本　　　1通
1　訴訟委任状　　　　　1通

第3章　業務及び財産の調査に関する事件

第3　親会社社員の取締役会議事録閲覧謄写許可申立事件

1　制度の趣旨・目的

　取締役会設置会社は，取締役会の日から10年間，議事録等を会社の本店に備え置かなければならない（会社371条1項）。

　親会社社員（親会社が株式会社の場合は，親会社株主）は，その権利を行使するため必要があるときは，「裁判所の許可」を得て，子会社の取締役会議事録の閲覧謄写を請求することができる（会社371条5項）。

　親子会社間では，親会社の取締役が子会社を利用して不正な行為を行う可能性がある。取締役会は，会社の重要な業務執行を審議して決定する機関であり，子会社の取締役会議事録に記載された議事の状況について，親会社社員（親会社が株式会社の場合は親会社株主）がその内容を知ることによって，こうした不正行為を防止し，また，子会社を利用して不正行為を行った親会社の取締役の責任を追及するための情報を収集する手段となり得る。特に，平成11年に株式交換・移転等の制度の導入により完全親子会社関係の創設が容易になったが，一方で，親会社株主の権限が著しく縮小されたため，親会社株主に各種閲覧等請求権を付与したものである。

2　申立て

(1)　管　轄

　会社の本店所在地を管轄する地方裁判所である（会社868条1項）。

(2)　申立人

　親会社社員（親会社が株式会社の場合は親会社株主，会社371条5項）。

(3)　申立ての方式

- ・　申立ては書面によって行う（会社876条，会社非訟規1条）。
- ・　申立ての対象である文書の種類ごとに収入印紙1,000円を貼付（民訴費3条1項，別表第1の16項イ）。
- ・　郵券の予納

(4) 申立ての要件
　ア　権利行使と閲覧謄写の必要性
　　親会社株主が行使する権利には，株主たる資格において親会社に対して有する権利を行使する場合が広く含まれ，共益権だけでなく自益権も含まれる。また，権利を行使するか否かを判断するために請求する場合でもよい。
　イ　閲覧謄写の対象の特定及び範囲
　　対象となる取締役会議事録の範囲は，他の議事録部分と識別することが可能な程度に特定する必要がある。
　　また，閲覧謄写の対象となる取締役会議事録は，会社が本店に備え置いている取締役会議事録であり，備置期間（10年）を経過した後に会社が保存している議事録は，閲覧謄写の許可対象とはならない（前掲注1参照）。

(5) 裁判所の許可
　子会社の取締役会議事録の閲覧等を認めることによって，企業秘密の漏えいなど当該会社，その親会社，子会社に「著しい損害を生じるおそれ」がある場合には，裁判所は当該議事録の閲覧謄写を認めることはできない（会社371条6項）。裁判所としては，親会社株主が閲覧等によって知り得る利益と会社等の受ける損害を利益考量して閲覧等の可否を判断することになるから，職権探知主義の下でも，申立人である親会社株主は閲覧謄写の必要性について，より具体的に主張・立証する必要がある。

(6) 添付書類
　ア　当該申立てに係る会社の登記事項証明書（会社非訟規3条1項1号）
　イ　申立ての原因となる事実についての証拠書類の写し（非訟規37条3項）
　　(ア)　申立人が親会社株主であることを疎明する書面
　　　親会社の株券や株主名簿，親会社の登記事項証明書など。
　　(イ)　閲覧謄写の必要性を疎明する資料（会社869条）

第3章　業務及び財産の調査に関する事件

3　手続のポイント

株主による取締役会議事録閲覧等の申立てと同様である（本書39頁〜43頁参照）。

4　書式例

【書式7】親会社株主による取締役会議事録の閲覧謄写許可申立書

```
               取締役会議事録閲覧謄写許可申立書

                                        平成〇〇年〇月〇日

  〇〇地方裁判所民事部　　御中

                    申立人代理人弁護士　　〇　〇　〇　〇　㊞
            〒〇〇〇−〇〇〇〇　〇〇県〇〇市〇〇町〇丁目〇番〇号
                    申　立　人　　　　　　〇　〇　〇　〇
            （送達場所）
            〒〇〇〇−〇〇〇〇　〇〇県〇〇市〇〇町〇丁目〇番〇号
                                         〇〇法律事務所
                    申立人代理人弁護士　　〇　〇　〇　〇
                         TEL　〇〇−〇〇〇〇−〇〇〇〇
                         FAX　〇〇−〇〇〇〇−〇〇〇〇
            〒〇〇〇−〇〇〇〇　〇〇県〇〇市〇〇町〇丁目〇番〇号
                    相　　手　　方　　株式会社　〇　〇
                    上記代表者代表取締役　〇　〇　〇　〇

                        申立ての趣旨
```

申立人が，相手方の取締役会議事録のうち，相手方が平成〇年〇月〇日から平成〇年〇月〇日までの間に株式会社Y及びAに対してなした貸付けに関して協議した部分について閲覧及び謄写することを許可する。」との裁判を求める。

申立ての理由

1 相手方は，資本金○○円，発行済株式総数○○株の株式会社であり，同社代表取締役はAである。

　株式会社Xは，資本金○○円，発行済み株式総数○○株の株式会社であり（監査役設置会社），相手方の発行済株式総数の60パーセントを有する親会社である。同社代表取締役はAである。

　申立人は株式会社Xの株式○○株を保有する株主であり，振替機関が株式会社Xに対し，個別株主通知を行ってから4週間以内に本件申立てをした。

2 相手方は，平成○年○月から平成○年○月にかけて，代表取締役Aのファミリー企業である株式会社Yに対し，複数回にわたり多額の貸付けを行ったが，当該貸付けは，Aの指示によりなされたものであり，実質的には株式会社Yを経由したAへの無担保での迂回融資であることが，相手方から株式会社Xの担当者への報告により発覚した。

3 申立人としては，上記貸付けに関して次期株主総会で質問し，必要があれば会社に生じた損害について，Aを含む株式会社Xの取締役に対し，株主代表訴訟を提起することを検討している。そのためには，上記貸付けに関して相手方取締役会で協議した状況を把握する必要がある。

4 よって，会社法371条5項に基づき，申立ての趣旨記載の取締役会議事録部分の閲覧謄写の許可を求める。

疎　明　方　法

甲第1号証	会社登記簿謄本
甲第2号証の1	個別株主通知の申出受付票
甲第2号証の2	個別株主通知済通知書
甲第3号証	有価証券報告書
甲第4号証	報道記事抜粋
甲第6号証	陳述書

添　付　書　類

1　履歴事項全部証明書　　　1通
1　訴訟委任状　　　　　　　1通

第3章　業務及び財産の調査に関する事件

第4　株主の監査役会議事録閲覧謄写許可申立事件

1　制度の趣旨・目的

　監査役会議事録は，監査役会の日から10年間，会社の本店に備え置き，閲覧等に対応しなければならない（会社394条1項）。

　監査役会設置会社の株主は，その権利を行使するため必要があるときは，「裁判所の許可」を得て，監査役会議事録の閲覧謄写を請求することができる（会社394条2項）。

　監査役は取締役会に出席して取締役の業務執行を監視する立場にあり，こうした監査役の合議機関である監査役会での協議の状況について，監査役会議事録の閲覧等を通して株主が情報を得る手段を認めるものである。しかし，閲覧等による企業秘密の漏えいを防止するため，取締役会議事録の閲覧等の場合と同じく，裁判所の許可を要件とする。

2　申立て等その他の要件

　申立人は，監査役会設置会社の株主である（会社394条2項）。

　その他の要件については，株主による取締役会議事録閲覧等申立てと同様である（本書39頁～43頁参照）。

* 　なお，監査等委員会設置会社における監査等委員会議事録及び指名委員会等設置会社における各委員会の議事録の閲覧等についても，同様の要件の下に認められている（会社399の11第1項・2項，413条1項・3項）。

第1節　閲覧等に関する事件

第5　債権者，親会社社員の監査役会議事録閲覧謄写許可申立事件

1　制度の趣旨・目的

　監査役会議事録は，監査役会の日から10年間，会社の本店に備え置かなければならない（会社394条1項）。

　監査役設置会社の債権者は，「役員の責任を追及するため必要があるとき」は，「裁判所の許可」を得て，監査役会議事録の閲覧謄写を請求することができる（会社394条3項）。また，監査役会設置会社の親会社社員（親会社株主その他親会社社員）は，その権利を行使するため必要があるときは，「裁判所の許可」を得て，監査役会議事録の閲覧謄写を請求することができる（会社394条3項）。このように，監査役会議事録についても取締役会議事録の閲覧等と同様の要件の下で閲覧等請求を認めている。

2　申立て等その他の要件

　申立人は，①監査役会設置会社の債権者，又は②監査役会設置会社の親会社社員である（会社394条3項）。

　その他の要件については，債権者，親会社社員による取締役会議事録閲覧等の申立てと同様である（本書44頁～51頁参照）。

　＊　なお，監査等委員会設置会社における監査等委員会議事録及び指名委員会等設置会社における各委員会の議事録の閲覧等についても，同様の要件の下に認められている（会社399の11第3項，413条4項）。

53

第6 株主の各委員会議事録閲覧謄写許可申立事件（指名委員会等設置会社）

1 制度の趣旨・目的

　指名委員会等設置会社においては，指名委員会，監査委員会，報酬委員会が必須の機関であり（会社2条12号），各委員会の議事録は，委員会の日から10年間，議事録を会社の本店に備え置かなければならない（会社412条3項，413条1項）。

　指名委員会等設置会社の株主は，その権利を行使するため必要があるときは，裁判所の許可を得て，委員会議事録の閲覧謄写を請求することができる（会社413条3項）。

　各委員会は，3名以上の取締役で組織され，その過半数は社外取締役であって執行役でないものでなければならず，各委員会は取締役の選任・解任に関する議案を決定し，取締役及び執行役の職務の執行を監査し，その報酬を決定することによって会社の業務執行を監督する機関であり，委員会での議事の内容について，委員会議事録を通じて株主が知り得る方法を認めたものである。しかし，株主による取締役会議事録閲覧等請求と同様に企業秘密の漏えいを防止するとともに，濫用的行使を排除するため，指名委員会等設置会社の取締役会議事録と同様の要件の下に，株主の閲覧等を認めている。

2 申立て等その他の要件

　申立人は，指名委員会等設置会社の株主である（会社413条3項）。

　その他の要件については，株主による取締役会議事録閲覧等の申立てと同様である（本書39頁～43頁参照）。

3 書式例

【書式8】株主による委員会議事録の閲覧謄写許可申立書

委員会議事録閲覧謄写許可申立書

平成○○年○月○日

～（中略）～

申立ての趣旨

「申立人が，相手方の監査委員会議事録のうち，第○期事業年度の計算書類等に関して協議した部分について謄写する」ことを許可するとの裁判を求める。

申立ての理由

1 相手方は，資本金○億円，発行済株式総数○○○万株の株式会社であり，指名委員会等設置会社である。
2 申立人は，相手方の株式○万株を有する株主であり，振替機関が相手方に対して個別株主通知を行ってから4週間以内に本件申立てを行っている。
3 相手方監査委員会は，第○期事業年度の計算書類等について監査の上，監査報告に適法意見を記載し，上記計算書類等は第○期定時株主総会で承認を得ていた。ところが，相手方は，第○期事業年度において，○○税務署から約○○円の申告漏れを指摘されて修正申告を行い，多額の延滞税及び重加算税を支払うに至っている。
4 申立人は，本年度の定時株主総会において，多額の申告漏れについて質問し，会社に生じた損害について取締役の責任を追及することを検討している。このため，第○期事業年度の計算書類等について監査委員会で協議した状況を調査する必要がある。
5 よって，会社法413条3項に基づき，申立ての趣旨記載の委員会議事録部分の閲覧謄写の許可を求める。

疎　明　方　法

第3章　業務及び財産の調査に関する事件

甲第1号証の1　　個別株主通知の申出受付票
甲第1号証の2　　個別株主通知済通知書
甲第2号証　　　　第〇期株主総会招集通知
甲第3号証　　　　第〇期株主総会結果通知書
甲第4号証　　　　陳述書

　　　　　　　　添　付　書　類

1　会社登記簿謄本　　1通
1　訴訟委任状　　　　1通

第7 債権者，親会社社員の各委員会議事録閲覧謄写許可申立事件（指名委員会等設置会社）

1 制度の趣旨・目的

指名委員会等設置等会社においては，指名委員会，監査委員会，報酬委員会が必須の機関であり（会社2条12号），各委員会は議事録を作成し，委員会の日から10年間，会社の本店に備え置かなければならない（会社412条3項，413条1項）。

指名委員会等設置会社の債権者は，「委員の責任を追及するため必要があるとき」は，「裁判所の許可」を得て，委員会議事録の閲覧謄写を請求することができる（会社413条4項）。また，指名委員会等設置会社の親会社社員は，その権利を行使するため必要があるときは，「裁判所の許可」を得て，委員会議事録の閲覧謄写を請求することができる（会社413条4項）。それぞれ，取締役会設置会社及び監査役会設置会社における会社債権者，親会社社員による取締役会（監査役会）議事録の閲覧等請求における要件と共通である。

2 申立て等その他の要件

(1) 申立人

指名委員会等設置会社の株主，又は指名委員会等設置会社の親会社社員である（会社413条4項）。

(2) 申立ての要件

ア 権利行使の必要性

(ｱ) 債権者の場合

委員の責任を追及するため必要な場合に限られるが，責任を追及する必要があるか否かを判断するために請求する場合でもよいと解される。例えば，委員の第三者に対する損害賠償責任の追及ないしは会社が委員に対して有する債権の代位行使などが考えられる。

(ｲ) 指名委員会等設置会社の親会社株主の場合

親会社株主が行使する権利には，株主たる資格において，当該親会

社に対して有する権利を行使する場合が広く含まれ，共益権だけでなく自益権も含まれる。また，権利を行使するか否かを判断するために請求する場合でもよい。

イ　閲覧謄写の対象の特定及び範囲

対象となる委員会議事録の範囲は，他の議事録部分と識別することが可能な程度に特定する必要がある。また，閲覧謄写の対象となる委員会議事録は，会社が本店に備え置いているものであり，備置期間（10年）を経過した後に会社が保存している議事録は，閲覧謄写の許可対象とはならない（取締役会議事録については，前掲注１）参照）。

(3)　**裁判所の許可**

委員の責任を追及するため，あるいは株主の権利行使するために必要な場合でも，議事録の閲覧謄写を認めることによって，企業秘密の漏えいなど当該会社，その親会社，子会社に「著しい損害を生じるおそれ」がある場合には，裁判所は当該議事録の閲覧謄写を認めることはできない（会社413条５項）。裁判所は，閲覧等により会社債権者，親会社株主が得られる利益と会社等が受ける損害とを比較考量して閲覧等の可否を判断することになるから，申立人である会社債権者，親会社株主としては，閲覧等の必要性について具体的に主張・立証する必要がある。

(4)　**その他の要件**

その他の要件については，債権者，親会社社員による取締役会議事録閲覧等の申立てと同様である（本書44頁～51頁参照）。

第1節　閲覧等に関する事件

第8　株主，債権者の清算人会議事録閲覧謄写許可申立事件

1　制度の趣旨・目的

　清算株式会社における清算人会の決議及び議事録等については，取締役会についての規定が準用されており，清算人会議事録は，清算人会の日から10年間，会社の本店に備え置かなければならない（会社490条5項，371条1項）。そして，株主は，その権利を行使するため必要があるときは，会社の営業時間内はいつでも清算人会議事録の閲覧謄写を請求できるが，監査役設置会社の株主及び親会社社員（親会社が株式会社の場合は親会社株主）は，その権利を行使するため必要があるときは，「裁判所の許可」を得て，閲覧謄写請求しなければならない（会社490条5項，371条3項・5項）。また，清算会社の債権者は「清算人又は監査役の責任を追及するため必要があるとき」は，「裁判所の許可」を得て，閲覧謄写を請求することができる（会社490条5項，371条4項）。

　清算を開始した株式会社（清算株式会社）は，清算の目的の範囲内で存続し，株主総会以外に定款で清算人会，監査役又は監査役会を置くことができる（会社476条，477条）。清算人会は，清算人会設置会社の業務執行の決定，清算人の職務執行の監督及び代表清算人の選定解職を行う機関であるから，株主，会社債権者又は親会社株主等は，清算株式会社の清算業務の状況を把握するために清算人会議事録を閲覧等することが有用である。しかし，清算人会設置会社においても企業秘密の漏えい又は閲覧等請求権の濫用的な行使を防止する必要がある。そこで，清算人の職務の執行を監督する機関（監査役）を置く会社では，取締役会議事録の閲覧等と同様の上記要件の下で，閲覧等請求権を限定的に認めている。

2　申立て

(1)　管　轄

　会社の本店所在地を管轄する地方裁判所である（会社868条1項）。

第3章　業務及び財産の調査に関する事件

(2) 申立人

　監査役設置会社の株主，又は会社債権者，親会社社員（親会社が株式会社の場合は親会社株主）（会社490条5項，371条3項ないし5項）

(3) 申立ての方式
- 申立ては書面によって行う（会社876条，会社非訟規1条）。
- 申立ての対象である文書の種類ごとに収入印紙1,000円を貼付（民訴費3条1項，別表第1の16項イ）。
- 郵券の予納

(4) 申立ての要件

　ア　権利行使の必要性

　　(ア)　監査役設置会社の株主及び親会社社員の場合

　　　株主たる資格において会社に対して有する権利を行使する場合が広く含まれ，株主が行使する権利には，共益権だけでなく自益権も含まれる。また，権利を行使するか否かを判断するために請求するのでもよい。

　　(イ)　会社債権者の場合

　　　清算人又は監査役の責任を追及するため必要がある場合に限られる。

　イ　閲覧謄写の対象の特定及び範囲

　　対象となる取締役会議事録の範囲は，他の議事録部分と識別することが可能な程度に特定する必要がある（取締役会議事録については，前掲注1）参照）。

(5) 裁判所の許可

　株主等の権利行使に必要な場合でも，議事録の閲覧謄写を認めることによって，企業秘密の漏えい及び濫用的行使など当該会社，親会社，子会社に「著しい損害を生じるおそれ」がある場合には，裁判所は当該議事録の閲覧謄写を認めることはできない（会社490条5項，371条6項）。裁判所は，閲覧等により株主又は会社債権者が得られる利益と清算株式会社等が受ける損害とを比較考量して閲覧等の可否を判断することになるから，申立人としては，閲覧等の必要性について具体的に主張・立証する必要がある。

(6) **添付書類**

　ア　当該申立てに係る会社の登記事項証明書（会社非訟規3条1項1号）

　イ　申立ての原因となる事実についての証拠書類の写し（非訟規37条3項）

　　(ｱ)　申立人が株主であることを疎明する書面

　　　「株券」や「株主名簿」

　　　親会社株主の場合は，当該親会社の登記簿謄本

　　(ｲ)　閲覧謄写の必要性を疎明する資料（会社869条）

3　手続のポイント

　申立人は，原因となる事実を疎明しなければならない（会社869条）。疎明で足りるとされているのは，裁判所の許可に係る会社非訟事件の類型について手続を簡易迅速に処理するためである。裁判所は，当該株式会社の陳述を聴いた上で裁判し（会社870条2項1号），裁判には理由を付記しなければならない（会社871条）。また，申立人及び当該株式会社は，裁判に対して不服があるときは，即時抗告することができ，即時抗告には執行停止の効力がある（会社872条5号，873条）。

第3章　業務及び財産の調査に関する事件

4　書式例

【書式9】債権者の清算人会議事録の閲覧謄写許可申立書

清算人会議事録閲覧謄写許可申立書

平成○○年○月○日

○○地方裁判所民事部　御中

申立人代理人弁護士　○　○　○　○　㊞
〒○○○－○○○○　○○県○○市○○町○丁目○番○号
申　立　人　　　　○　○　○　○
（送達場所）
〒○○○－○○○○　○○県○○市○○町○丁目○番○号
○○法律事務所
申立人代理人弁護士　○　○　○　○
TEL　○○－○○○○－○○○○
FAX　○○－○○○○－○○○○
〒○○○－○○○○　○○県○○市○○町○丁目○番○号
相　　手　　方　　株式会社　○　○
上記代表者代表清算人　○　○　○　○

申立ての趣旨

「申立人が，相手方清算人会議事録のうち，不動産Ｂの売却及び第○期清算事務年度の計算書類等の承認に関して協議した部分について閲覧及び謄写することを許可する」との裁判を求める。

申立ての理由

1　相手方は，資本金○億円，発行済株式総数○○○万株の株式会社であったが，平成○年○月○日，清算を開始し，清算人会設置会社となった。同社代表清算人はAである。

2 申立人は，相手方との間で，平成〇年〇月〇日，〇〇売買契約を締結し，同契約に基づく残代金債権〇〇円を有する債権者である。
3 相手方は，第〇期清算事務年度において，その保有する不動産BをAがその発行済株式総数の過半数を有する株式会社Xに時価を大幅に下回る〇〇円で売却したほか，第〇期清算事務年度の計算書類には突如として多額の仮払金及び未払金が計上され，資産の流出により残余財産の分配が危ぶまれる。
4 申立人は，上記清算人の行為につき，必要があれば会社に生じた損害について，清算人の責任を追及することを検討している。このため，不動産Bの売却及び第〇期清算事務年度の計算書類等の承認に関して協議した状況を把握する必要がある。
5 よって，会社法490条5項に基づき，申立ての趣旨記載の清算人会議事録の閲覧謄写の許可を求める。

疎 明 方 法

甲第1号証　　〇〇売買契約書
甲第2号証　　納品書
甲第3号証　　第〇期清算貸借対照表
甲第4号証　　不動産鑑定書
　　（中　略）
甲第〇号証　　陳述書

添 付 書 類

1　会社登記簿謄本　　1通
1　訴訟委任状　　　　1通

第3章　業務及び財産の調査に関する事件

第9　親会社社員の会計帳簿等閲覧謄写許可申立事件

1　制度の趣旨・目的

　株式会社は，法務省令の定めるところにより，適時に，正確な会計帳簿を作成し，会計帳簿の閉鎖の時から10年間，その会計帳簿及びその事業に関する重要な資料を保存しなければならない（会社432条）。

　会計帳簿等を作成した株式会社の親会社社員（親会社が株式会社の場合は親会社株主）であって，法定の議決権数あるいは出資数（持株数）の要件を満たすものは，その権利を行使するため必要があるときは，「裁判所の許可」を得て，会計帳簿又はこれに関する資料の閲覧又は謄写を請求することができる（会社433条3項前段）。この場合においては，当該請求の理由を明らかにしてしなければならない（同項後段）。

　親会社の取締役又は執行役は子会社を利用して不正行為等を行うおそれがある。また，企業の再編成により親子会社が創設されることが増え，特に株式交換等により完全親子会社関係が創設されると，それまで株主総会での議決権行使のほか，取締役に対する違法行為差止請求，代表訴訟，取締役会の招集請求（会社360条，423条，367条）などにより経営に関与できた株主が，親会社の取締役を通じてしか子会社の経営に関与できなくなることから，親会社株主に子会社の会計帳簿等を調査して経理の状況を知る機会を与え，上記不正行為等に適切に対処できるようにするため，親会社の監査役の子会社調査権（会社358条4項）と並んで，親会社株主に子会社会計帳簿の閲覧等請求権を認めたものである。

2　申立て

(1)　管　轄

　会計帳簿等を作成した株式会社の本店所在地を管轄する地方裁判所である（会社868条1項）。

(2) 申立人

　親会社の総社員の議決権の100分の3以上，又は100分の3以上の出資を有する親会社社員（親会社が株式会社の場合は，親会社の総株主の議決権の100分の3以上を有する株主，又は親会社の発行済株式の100分の3以上の数の株式を有する株主（会社433条3項・1項））。ただし，定款で①，②の要件を緩和することが認められている（同条1項本文かっこ書）。

　親会社株主は，会社法433条1項の株主に相当するものとして同項各号の請求をすることになるのであり，株主と同様の権利行使要件を満たすことが必要である[2]。こうした要件は，閲覧謄写する時まで継続して満たされている必要があるが，当該親会社株主の請求を妨害する目的で募集株式を発行するなど特段の事情がない限り，法定の持株要件等を欠いた場合は，申立ては却下されると解されている[3]。

　会計帳簿等は，取締役の業務執行を適正に監督するために有益な資料であるが，会社の営業に関する秘密が多く含まれることから，会計帳簿等の閲覧等請求権が濫用されるおそれが高い。そこで，株主と同様に前記①又は②の要件を満たす親会社株主に限って会計帳簿等の閲覧等請求を認めるものとされている[4]。ただし，上記①，②の場合ともに株式保有期間の制限はない。

　なお，株式会社の株主は，営業時間内はいつでも会計帳簿等の閲覧等を請求できるのであり，任意の履行が期待できない場合には，非訟事件ではなく会計帳簿閲覧謄写請求訴訟，その保全のための仮処分を提起することができる。

(3) 申立ての方式

・　申立ては書面によって行う（会社876条，会社非訟規1条）。

・　申立ての対象である文書の種類ごとに収入印紙1,000円を貼付（民訴費3条1項，別表第1の16項イ）。

2）　相澤哲＝岩崎友彦「新会社法の解説(10)　株式会社の計算等」商事法務1746号27頁
3）　検査役選任申立事件について，最一小決平成18年9月28日判タ1223号119頁
4）　相澤哲編著「立案担当者による新・会社法の解説」別冊商事法務295号123頁

第3章　業務及び財産の調査に関する事件

・　郵券の予納
(4)　申立ての要件
ア　閲覧対象
「会計帳簿又はこれに関する資料」である。「会計帳簿」とは，会社の財産及び損益の状況を示す貸借対照表及び損益計算書等の計算書類の基礎となる帳簿であり（会社規116条1号，計算規90条，91条参照），日記帳，仕訳帳，総勘定元帳及び補助簿などを意味し，「資料」とは，会計帳簿作成の材料となった資料（伝票，契約書など）をいうと解される[5]。なお，10年の保存期間の定めがある書類（会社432条2項）の場合，保存期間が経過した後は閲覧等請求の対象とならないとする裁判例があるが[6]，申立人が存在を疎明すれば対象とし得るとの立場もある[7]。

イ　権利行使の必要性
株主が行使する権利には，株主たる資格において会社に対して有する権利を行使する場合が広く含まれ，共益権だけでなく自益権も含まれる。また，権利を行使するか否かを判断するために請求する場合でもよい。

ウ　請求の理由の明示
会計帳簿等の閲覧謄写請求は，請求の理由を明らかにしてしなければならない（会社433条1項）。請求の理由は，具体的に明示することが必要であるが，請求理由を基礎づける事実が客観的に存在することを当該親会社株主が疎明する必要はない[8]。会計帳簿等の閲覧等請求権は，親会社株主が会社経営に対する監督是正権を行使するための手段的な権利であって，取締役の違法行為等を疎明しなければ行使できないとすることは不合理だからである。具体性の程度について，法が理由の明示を求める趣旨は，①会社が，その理由と関連性のある会計帳簿等の範囲を知

---

5)　従来から裁判例は限定説に立っており（横浜地判平成3年4月19日判時1397号114頁），法人税確定申告書は含まれないとする（大阪地判平成11年3月24日判時1741号150頁）。
6)　計算書類等につき，東京地判昭和55年9月30日判時992号103頁
7)　東京地裁商事研究会『商事非訟・保全事件の実務』（判例時報社，1991年）539頁注14
8)　最一小判平成16年7月1日判時1870号128頁

とともに，②会社法433条2項の拒否事由の存否を判断するためである。したがって，会社がその理由から関連性のある会計帳簿等を特定し得るとともに，拒否事由の存否を判断できる程度に具体的な理由を明示する必要がある[9]。

エ　対象の特定

株主としては，実際にどのような会計帳簿が請求理由と関連するか知り得ないし，会社の内部事情を知り得ない親会社株主が会計帳簿等の個別名称を特定することは困難であるから，株主側に個別具体的な会計帳簿等の特定を厳格に求めるのは酷である。したがって，申立ての時点ではある程度包括的でもやむを得ないのであり，履行強制に問題を残さないよう審理の終結の時までに他の会計帳簿等と識別できる程度に特定されていれば足りると解される[10]。実際には，会社側で請求理由との関係で不必要であることを疎明した場合には，閲覧等請求を拒み得ると解するのが妥当であり[11]，請求の理由が具体的に明示されていれば，年度や種類を特定せずに申し立てた場合でも，全ての請求が棄却ないし却下されることはなく，請求の理由との関連性がない部分だけが棄却されるにすぎないと解される[12]。

(5)　裁判所の許可

会計帳簿等の閲覧等請求がなされると，会社の機密情報が漏えいするおそれがあり，会社の業務遂行の妨げにもなるため，会社が閲覧等請求を拒絶し得る事由が法定されている（制限的列挙であり，会社の定款によっても新たに拒否事由を追加することはできない。）。裁判所は，下記拒絶事由があると認める場合には，親会社株主による閲覧等を許可することができない（会社433条4項）。

---

9)　最一小判平成2年11月8日判時1372号131頁，最一小判平成16年7月1日判時1870号128頁参照
10)　取締役会議事録につき，東京地決平成18年2月10日判時1923号130頁。なお，東京高判平成18年3月29日判タ1209号266頁参照
11)　上柳克郎ほか編『新版　注釈会社法(9)』（有斐閣，1988年）211頁
12)　名古屋地決平成7年2月20日判タ938号223頁

ア　当該請求を行う株主がその権利の確保又は行使に関する調査以外の目的で請求を行ったとき（会社433条2項1号）
　　イ　請求者が当該株式会社の業務の遂行を妨げ，株主の共同の利益を害する目的で請求を行ったとき（同項2号）
　　ウ　請求者が当該株式会社の業務と実質的に競争関係にある事業を営み，又はこれに従事するものであるとき（同項3号）
　　エ　請求者が会計帳簿等の閲覧等によって知り得た事実を利益を得て第三者に通報するため請求したとき（同項4号）
　　オ　請求者が，過去2年以内において，会計帳簿等の閲覧等によって知り得た事実を利益を得て第三者に通報したことがあるとき（同項5号）
　上記ア（1号），イ（2号）は，拒否事由の一般原則であり，株主の資格に基づく権利を離れて個人的な利益の実現のために行使することは認められない[13]。また，上記ウ（3号）に関しては，拒絶事由があるというためには，株主が会社と競業をなす者であるなどの客観的事実が認められれば足り，株主に会計帳簿等の閲覧謄写によって知り得る情報を自己の競業に利用するなど主観的意図があることを要しないとされている[14]。

(6) 添付書類
　　ア　当該申立てに係る会社の登記事項証明書（会社非訟規3条1項1号）
　　イ　申立ての原因となる事実についての証拠書類の写し（非訟規37条3項）
　　　(ｱ)　申立人が親会社株主であることを疎明する書面
　　　　株券（株券発行会社）や株主名簿，さらに親会社の登記事項証明書。なお，株式振替制度が適用される上場株式の株主である場合は，口座管理機関に対して個別株主通知の申出を行った際に口座管理機関が交

---

[13] 公開会社でない会社の株主が適正な譲渡価格を算定するために閲覧等請求した場合につき，拒否事由に該当しないとした裁判例として，最一小判平成16年7月1日判時1870号128頁。その他，拒否事由を認めた裁判例として，大阪地判平成11年3月24日判時1741号150頁
[14] 最一小決平成21年1月15日判時2031号159頁，東京高決平成19年6月27日金判1270号52頁

付した「受付票」，振替機関が個別株主通知を行ったことを株主に通知した際の「通知書」が必要である。
　(イ)　閲覧謄写の必要性を疎明する資料（会社869条）

3　手続のポイント

　申立人は，原因となる事実を疎明しなければならない（会社869条）。疎明で足りるとされているのは，非訟事件手続を簡易迅速に処理するためである。裁判所は，当該株式会社の陳述を聴いた上で裁判し（会社870条2項1号），裁判には理由を付記しなければならない（会社871条）。また，申立人及び当該株式会社は，裁判に対して不服があるときは，即時抗告することができ，即時抗告には執行停止の効力がある（会社872条5号，873条）。

　会社が正当な事由なく閲覧等請求に応じないときは，株主は会社に対して閲覧等請求の訴えを提起できる。この場合，会社が帳簿等を隠匿・改ざんするおそれがあるときは，株主はその訴えを本案として帳簿等の現状を変更しないための仮処分を申請することができる。もっとも，仮処分自体により帳簿等の閲覧等ができるかについては見解が分かれる。従来は，本案訴訟を提起する必要がなくなるだけでなく，原状回復の余地がない仮処分を認めることは仮処分の仮定性・暫定性に反するとして否定していたが，近時は，緊急な保全の必要性と会社が仮処分により受ける不利益とを比較して，閲覧等がやむを得ないと認められる程度に被保全利益が重大かつ緊急な場合には，仮処分が認められると解する見解も有力である[15]。

---

15)　新谷勝『会社訴訟・仮処分の理論と実務』（民事法研究会，第2版，2011年）593頁・594頁

第3章　業務及び財産の調査に関する事件

4　書式例

【書式10】会計帳簿等の閲覧謄写許可申立書

会計帳簿等閲覧謄写許可申立書

平成○○年○月○日

○○地方裁判所民事部　御中

　　　　　　　　　　申立人代理人弁護士　　○　○　○　○　㊞
　　　　　　〒○○○－○○○○　東京都○○区○○町○丁目○番○号
　　　　　　　　　　申　立　人　　　　　　○　○　○　○
（送達場所）
　　　　　　〒○○○－○○○○　東京都○○区○○町○丁目○番○号
　　　　　　　　　　　　　　　　　　　　　○○法律事務所
　　　　　　　　　　申立人代理人弁護士　　○　○　○　○
　　　　　　　　　　　　　TEL　○○－○○○○－○○○○
　　　　　　　　　　　　　FAX　○○－○○○○－○○○○
　　　　　　〒○○○－○○○○　東京都○○区○○町○丁目○番○号
　　　　　　　　　　相　　手　　方　　株式会社　○　○
　　　　　　　　　　上記代表者代表取締役　　○　○　○　○

申立ての趣旨

1　申立人が，相手方の別紙目録記載の会計帳簿及び会計資料を，閲覧及び謄写することを許可する。
2　申立費用は相手方の負担とする。
　との裁判を求める。

申立ての理由

1　相手方の親会社であるA株式会社は，昭和○年○月○日に設立された○○を業とする株式会社であり，発行済株式は○○万株である。A株式会社の代表取締役は甲である。

第1節　閲覧等に関する事件

2　相手方は，平成○年○月○日に設立された○○を業とする株式会社であり，発行済株式総数○万株はA株式会社が全て保有している。相手方の代表取締役は甲である。
3　申立人は，A株式会社の株式○○株（発行済株式総数の約13.3パーセント）保有しており，相手方の総株主の議決権の100分の3以上を有する株主である。
4　相手方の従業員は2名だけであり活動の実態がなく，取引先としてはA株式会社だけであるが，第○期の売上げは○○円であり，リース料名下に多額の金員が支払われている。ところが，相手方の第○期決算報告書によれば，甲に対して多額の役員報酬が支払われており，甲は相手方を利用して不正に資金を流出させ，A株式会社に多大な損害を与えている。したがって，申立人は，A株式会社の取締役の責任追及の訴えを提起することを検討している。
5　よって，申立人は，別紙目録記載の会計帳簿及び会計資料を閲覧等する必要があるので，会社法433条3項に基づき，申立ての趣旨記載のとおりの申立てをする次第である。

疎　明　方　法

甲第1号証	会社登記簿謄本
甲第2号証	会社登記簿謄本
甲第3号証	株主名簿記載事項証明書
甲第3号証	決算報告書写
甲第5号証	陳述書

添　付　書　類

履歴事項全部証明書	1通
訴訟委任状	1通

別紙目録

1　平成○年○月○日から平成○年○月○日までの下記各書類（以下の各書類が電磁的記録をもって作成されているときは，会社法施行規則226条で定め

第3章　業務及び財産の調査に関する事件

る方法により表示したもの）
(1)　総勘定元帳
(2)　仕訳帳
(3)　会計用伝票
(4)　現金仕訳一覧表
(5)　預金残高一覧表
(6)　売上実績表
(7)　在庫高実績表
(8)　売掛金元帳
(9)　買掛金元帳
(10)　固定資産台帳
2　上記1の会計帳簿を作成する材料となった契約書，信書，請求書，領収書，発注書，納品書，請書等の資料（以下の各書類が電磁的記録をもって作成されているときは，会社法施行規則226条で定める方法により表示したもの）

第10 親会社社員の計算書類等閲覧及び謄抄本交付許可申立事件

1 制度の趣旨・目的

(1) 株式会社は，法務省令で定めるところにより，各事業年度に係る計算書類（貸借対照表，損益計算書，株主資本等変動計算書，個別注記表）及び事業報告並びにこれらの附属明細書を作成し（会社435条2項），作成した時から10年間，保存しなければならない（会社435条4項）。

　また，株式会社は，会社法442条に定める次の①及び②の各起算日から本店に5年間，支店に各写しを3年間，備え置かなければならない。ただし，いずれの場合も，議事録が電磁的記録で作成されている場合で，閲覧等請求に応じることを可能とするための措置をとっているときは支店に備え置く必要はない（会社442条2項本文ただし書，会社規227条）。

① 各事業年度に係る計算書類及び事業報告並びにこれらの附属明細書（監査役設置会社，会計監査人設置会社の場合は，監査報告，会計監査報告を含む。）については，定時株主総会の日の1週間（取締役会設置会社では2週間）前の日から。また，株主全員の同意による株主総会決議の省略があった場合は，会議の目的事項について提案があった日から（会社442条1項1号・2項1号）。

② 臨時計算書類（監査役設置会社，会計監査人設置会社では，監査報告，会計監査報告を含む。）については，作成日から（会社442条1項2号・2項2号）。

(2) 株式会社の親会社社員（親会社が株式会社の場合は親会社株主）は，その権利を行使するため必要があるときは，「裁判所の許可」を得て，計算書類等又はその写しの閲覧又は謄抄本の交付を請求することができる（会社442条4項）。

　親会社の取締役又は執行役が子会社を利用して不正行為等を行うことがあり，また，企業の再編成により親子会社が創設されることが増え，特に株式交換等により完全親子会社関係が創設されると，それまで株主総会での議決権行使のほか，取締役に対する違法行為差止請求，代表訴

第3章　業務及び財産の調査に関する事件

訟，取締役会の招集請求（会社360条，423条，367条）などにより経営に関与できた株主が，親会社の取締役を通じてしか子会社の経営に関与できなくなってしまう。そこで，親会社株主にも子会社の計算書類等を調査して子会社の財産及び損益状況を知る機会を付与したのである。

2　申立て等その他の要件

　管轄，申立ての方式，添付書類等については，親会社社員による会計帳簿閲覧等の申立てと同様である（本書64頁〜72頁参照）。

　申立人は，親会社社員（親会社が株式会社の場合は親会社株主。会社442条4項）である。

　会計帳簿閲覧等の申立てと異なり，拒絶事由は設けられていない。また，申立ての内容は，閲覧又は謄写ではなく，閲覧又は謄抄本交付の請求である。

第1節　閲覧等に関する事件

第11　親会社社員による会計参与計算書類の閲覧及び謄抄本交付請求許可申立事件

1　制度の趣旨・目的

(1)　会計参与は，取締役と共同して，計算書類（貸借対照表，損益計算書，株主資本等変動計算書，個別注記表）及びその附属明細書，臨時計算書類，連結計算書類を作成し，法務省令の定めるところにより会計参与報告を作成しなければならない（会社374条1項）。

　　　また，会計参与は，各事業年度に係る計算書類及びその附属明細書並びに会計参与報告を，定時株主総会の日の1週間（取締役会設置会社においては2週間）前の日（株主全員の同意による株主総会決議の省略の場合は，会議の目的事項についての提案があった日）から5年間，会計参与が定めた場所に備え置かなければならない（会社378条1項1号）。また，臨時計算書類及び会計参与報告については，臨時計算書類を作成した日から5年間，同様に備え置かなければならない（同項2号）。

(2)　会計参与設置会社の親会社社員（親会社株主又は社員）は，その権利を行使するため必要があるときは，「裁判所の許可」を得て，各事業年度に係る計算書類及びその附属明細書並びに会計参与報告，臨時計算書類及び会計参与報告について，閲覧請求又は謄抄本交付請求をすることができる（会社378条3項）。

　　　親会社の取締役又は執行役が子会社を利用して不正行為等を行うことがある。また，企業の再編成により親子会社が創設されることが増え，特に株式交換等により完全親子会社関係が創設されると，それまで株主総会での議決権行使のほか，取締役に対する違法行為差止請求，代表訴訟，取締役会の招集請求（会社360条，423条，367条）などにより経営に関与できた株主が，親会社の取締役を通じてしか子会社の経営に関与できなくなってしまう。そこで，親会社株主にも子会社の会計参与が備え置く計算書類等及び会計参与報告を調査して子会社の財産及び損益状況を知る機会を付与したのである。

第3章　業務及び財産の調査に関する事件

2　申立て等その他の要件

　管轄，申立ての方式，添付書類等については，親会社社員による会計帳簿閲覧等の申立てと同様（ただし，添付書類のうち，子会社が会計参与設置会社であることを疎明する書面として，子会社の会社登記簿謄本を提出する。）である（本書64頁～72頁参照）。

　申立人は，親会社社員（親会社が株式会社の場合は親会社株主。会社378条3項）である。

　会計帳簿閲覧等の申立てと異なり，拒絶事由は設けられていない。また，申立ての内容は，謄写又は閲覧ではなく，閲覧又は謄抄本交付の請求である。

第12 親会社社員の清算事務年度貸借対照表の閲覧及び謄抄本交付許可申立事件

1 制度の趣旨・目的

(1) 清算株式会社は，各清算事業年度に係る貸借対照表及び事務報告並びにこれらの附属明細書（監査役設置会社では監査報告を含む。以下「貸借対照表等」という。）を，定時株主総会の日の1週間前の日（株主全員の同意による決議省略の場合は，その提案があった日）からその本店の所在地における清算結了の登記の時までの間，その本店に備え置かなければならない（会社496条1項）。

(2) 清算株式会社の親会社株主は，その権利を行使するため必要があるときは，「裁判所の許可」を得て，当該清算株式会社の貸借対照表等について，閲覧又は謄抄本の交付を請求することができる（会社496条3項）。

通常清算は株主に残余財産分配手続が予定されているだけでなく，債務超過であるにもかかわらず親会社がその事業に対する社会的な信頼維持の観点から倒産手続を回避するために清算会社の債務を引き受けることで通常清算手続を維持することがある。したがって，清算会社の清算手続において，親会社取締役の判断が問題となる場合が少なくなく，清算手続の進捗状況いかんによっては親会社の財務に大きな影響を及ぼすおそれがある。そこで，親会社株主にも清算中の子会社の事務処理についての情報を得る機会を付与したのである[16]。

2 申立て

(1) 管 轄

株式会社の本店所在地を管轄する地方裁判所である（会社868条1項）。

(2) 申立人

親会社社員（親会社株主又は社員）（会社496条3項）

なお，当該清算株式会社の株主及び債権者は，清算株式会社の営業時間

---

[16] 奥島孝康＝落合誠一＝浜田道代編『新基本法コンメンタール　会社法2』（日本評論社，第2版，2016年）527頁

内は，いつでも，貸借対照表等の閲覧，謄抄本の交付等の請求をすることができる（会社496条2項）。

(3) **申立ての方式**
- 申立ては書面によって行う（会社876条，会社非訟規1条）。
- 申立ての対象である文書の種類ごとに収入印紙1,000円を貼付（民訴費3条1項，別表第1の16項イ）。
- 郵券の予納

(4) **申立ての要件**
＜権利行使と閲覧謄写の必要性＞

親会社株主が行使する権利には，株主たる資格において親会社に対して有する権利を行使する場合が広く含まれ，共益権だけでなく自益権も含まれる。また，権利を行使するか否かを判断するために請求する場合でもよい。

清算事務年度貸借対照表等については，営業秘密が含まれることもないため，必要性については広く認めてよいと解されている[17]。

(5) **裁判所の許可**
濫用的な行使の場合は許可されない。

(6) **添付書類**
ア　当該申立てに係る会社の登記事項証明書（会社非訟規3条1項1号）
イ　申立ての原因となる事実についての証拠書類の写し（非訟規37条3項）
　(ア)　申立人が親会社株主であることを疎明する書面
　　　　株券や株主名簿，親会社の登記事項証明書など。
　(イ)　閲覧謄写の必要性を疎明する資料（会社869条）

3　手続のポイント

申立人は，原因となる事実を疎明しなければならない（会社869条）。裁判

---

17)　前掲16)『新基本法コンメンタール　会社法2』528頁

第1節　閲覧等に関する事件

所は，当該清算会社の陳述を聴いた上で裁判し（会社870条2項1号），裁判には理由を付記しなければならない（会社871条）。申立人及び当該清算会社は，原裁判に対して不服があるときは，即時抗告をすることができ，即時抗告には執行停止の効力がある（会社872条5号，873条）。

4　書式例

【書式11】親会社株主による清算事業年度貸借対照表等の閲覧及び謄抄本交付請求許可申立書

清算事業年度貸借対照表等の閲覧及び謄抄本交付請求許可申立書

平成○○年○月○日

○○地方裁判所民事部　御中

　　　　　　　　　申立人代理人弁護士　　○　○　○　○　㊞
　　　　　　〒○○○－○○○○　○○県○○市○○町○丁目○番○号
　　　　　　　　　申　立　人
　　　　　　（送達場所）
　　　　　　〒○○○－○○○○　○○県○○市○○町○丁目○番○号
　　　　　　　　　　　　　　　　　　　　　　○○法律事務所
　　　　　　　　　申立人代理人弁護士　　○　○　○　○
　　　　　　　　　　　　　TEL　○○－○○○○－○○○○
　　　　　　　　　　　　　FAX　○○－○○○○－○○○○
　　　　　　〒○○○－○○○○　○○県○○市○○町○丁目○番○号
　　　　　　　　　相　　手　　方　　株式会社　○　○
　　　　　　　　　上記代表者代表取締役　　　○　○

　　　　　　　　　　　申立ての趣旨

1　申立人が，相手方の第○期清算事業年度における貸借対照表及び事務報告並びにこれらの付属明細書について閲覧及び謄抄本の交付を請求することを許可する。

2　申立費用は相手方の負担とする。
との裁判を求める。

申立ての理由

1　相手方の親会社であるA株式会社は，昭和○年○月に設立された○○を業とする株式会社であり，発行済株式は○○株である。A株式会社の代表取締役は甲である。
2　相手方は，平成○年○月に設立された○○を業とする株式会社であり，発行済株式総数○○株については，A株式会社が60％を保有している。相手方は平成○年○月○日，会社を解散して清算手続を開始した。
3　申立人は，A株式会社の株式を○○株（発行済株式総数の4パーセント）保有しており，A株式会社の総株主の議決権の100分の3以上を有する株主である。
4　相手方は，平成○年以降，経営不振で事業が行き詰まり，清算に至ったものであり，債務超過である可能性が高い。A株式会社は，相手方の債務を保証するなど法的責任を負担していないにもかかわらず，十分な検討も，合理的な理由もなしに，A株式会社は相手方の多額の債務を引き受けるなどして相手方の清算手続が維持されている可能性が高い。
5　申立人は，次期株主総会で上記清算に関して質問し，必要であればA株式会社の取締役の責任を追及することを検討している。このため第○期清算事業年度の貸借対象表を閲覧し，また謄抄本の交付を受ける必要がある。
6　よって，会社法496条3項に基づき，申立ての趣旨記載のとおりの許可を求める次第である。

疎　明　方　法

甲第1号証　　　　会社登記簿謄本
甲第2号証　　　　株主名簿記載事項証明書
甲第3号証　　　　A社第○期計算書類
　　　　　（中略）
甲第○号証　　　　陳述書

添　付　書　類

1　会社登記簿謄本　　　1通
1　訴訟委任状　　　　　1通

第1節　閲覧等に関する事件

第13　親会社社員の定款閲覧及び謄抄本交付許可申立事件

1　制度の趣旨・目的

　株式会社は，定款をその本店及び支店に備え置かなければならない（会社31条1項）。また，会社の成立後において，当該株式会社の親会社社員（親会社が株式会社の場合は親会社株主）がその権利を行使するため必要があるときは，当該親会社社員は，「裁判所の許可」を得て，定款の閲覧及び謄抄本交付請求をすることができる（会社31条3項）。

　会社法により会社の自治規範である定款による自治の範囲が拡大された。親会社株主にもこうした重要な情報を知る権利が付与されている。特に，平成11年に株式交換・移転等の制度の導入により完全親子会社関係の創設が容易になったが，一方で，親会社株主の権限が著しく縮小されたため，親会社株主に各種閲覧等請求権が認められている。

　なお，東京証券取引所は，平成18年夏から，上場会社に定款の提出を求めてウェブサイトに掲載しており，EDINETでも会社が提出した定款を掲載している。近時は，定款を自社のウェブサイトで公表する会社も多く，その限度では定款閲覧等を請求する必要はなくなっている。

2　申立て

(1)　管　轄

　会社の本店所在地を管轄する地方裁判所である（会社868条2項）。

(2)　申立人

　株式会社の親会社社員（親会社が株式会社の場合は親会社株主）（会社31条3項）

(3)　申立ての方式

・　申立ては書面によって行う（会社876条，会社非訟規1条）。

・　申立ての対象である文書の種類ごとに収入印紙1,000円を貼付（民訴費3条1項，別表第1の16項イ）。

・　郵券の予納

(4) 申立ての要件
　　＜権利行使の必要性＞
　株主が行使する権利には，株主たる資格において会社に対して有する権利を行使する場合が広く含まれ，共益権だけでなく自益権も含まれる。また，権利を行使するか否かを判断するための資料として閲覧等を請求することも認められる。
(5) 裁判所の許可
　濫用的な行使の場合は許可されない。
(6) 添付書類
　ア　当該申立てに係る会社の登記事項証明書（会社非訟規3条1項1号）
　イ　申立ての原因となる事実についての証拠書類の写し（非訟規37条3項）
　　(ア)　申立人が親会社株主であることを疎明する書面
　　　株券（株券発行会社の場合）や株主名簿，親会社の登記事項証明書など
　　(イ)　閲覧謄写の必要性を疎明する資料（会社869条）

3　手続のポイント

　申立人は，原因となる事実を疎明しなければならない（会社869条）。裁判所は，当該株式会社の陳述を聴いた上で裁判し（会社870条2項1号），裁判には理由を付記しなければならない（会社871条）。申立人及び当該株式会社は，原裁判に対して不服があるときは，即時抗告をすることができる（会社872条5号）。即時抗告は執行停止の効力を有する（会社873条）。

第1節　閲覧等に関する事件

第14　親会社社員の株主総会議事録閲覧謄写許可申立事件

1　制度の趣旨・目的

　株主総会の議事については，法務省令で定めるところにより議事録を作成しなければならない（会社318条1項）。株式会社は，株主総会議事録を株主総会の日から本店においては10年間，支店においてはその写しを5年間備え置き，閲覧等に応じなければならない（会社318条2項・3項）。ただし，議事録が電磁的記録で作成されている場合で，支店における閲覧等請求に応じることを可能とするための措置をとっているときは支店に備え置く必要はない（会社318条3項本文ただし書，会社規227条）。なお，会社法319条によりみなし決議が成立した場合にも，株主総会議事録の作成が必要と解されており（会社規72条4項1号参照），その議事録は，株主，会社債権者及び親会社社員の閲覧謄写の対象になる（会社318条4項・5項）。

　親会社社員（親会社が株式会社の場合は親会社株主）の場合は，その権利を行使するため必要があるときは，「裁判所の許可」を得て，株主総会議事録の閲覧等を請求しなければならない（会社318条5項）。

　株主総会は会社運営の基本的な事項を決議する機関であるから，株主総会における議事の経過や議決の内容などは，株主や会社債権者だけでなく，親会社社員がその権利を行使する前提として重要な情報である。親会社関係の創設が増加し，さらに平成11年に完全親子会社を創設するための株式交換・移転の制度が導入された際，それまで，子会社の株主総会における議決権行使等を通じて，子会社の経営に関与できた親会社株主等の権限が著しく縮小してしまうことから，親会社株主にも裁判所の許可を要件として，子会社の株主総会議事録を閲覧等する権限を付与したのである。

2　申立て

(1)　管　轄

　会社の本店所在地を管轄する地方裁判所である（会社868条1項）。

(2) 申立人

株式会社の親会社社員（親会社の株主又は親会社の社員）（会社318条5項）

(3) 申立ての方式
- 申立ては書面によって行う（会社876条，会社非訟規1条）。
- 申立ての対象である文書の種類ごとに収入印紙1,000円を貼付（民訴費3条1項，別表第1の16項イ）。
- 郵券の予納

(4) 申立ての要件

ア　権利行使の必要性

株主たる資格において会社に対して有する権利を行使する場合が広く含まれ，株主が行使する権利には，共益権だけでなく自益権も含まれる。また，権利を行使するか否かを判断するために請求する場合でもよい。

イ　閲覧謄写の対象の特定及び範囲

対象となる株主総会議事録の範囲は，他の議事録部分と識別することが可能な程度に特定する必要がある。また，閲覧謄写の対象となる株主総会議事録は，会社が本店又は支店に備え置いている議事録であり，備置期間（本店10年）を経過した後に会社が保存している議事録は，閲覧謄写の許可対象とはならない[18]。

(5) 裁判所の許可

濫用的な行使の場合は許可されない。

(6) 添付書類

ア　当該申立てに係る会社の登記事項証明書（会社非訟規3条1項1号）

イ　申立ての原因となる事実についての証拠書類の写し（非訟規37条3項）

　(ｱ)　申立人が親会社株主であることを疎明する書面

株券（株券発行会社の場合）や株主名簿，親会社の会社登記簿謄本。なお，株式振替制度が適用される上場株式の株主である場合は，口

---

[18] 取締役会議事録について，東京地決平成18年2月10日判時1923号130頁

座管理機関に対して個別株主通知の申出を行った際に口座管理機関が交付した「受付票」，振替機関が個別株主通知を行ったことを株主に通知した際の「通知書」が必要である。

(イ) 閲覧謄写の必要性を疎明する資料（会社869条）

3　手続のポイント

　申立人は，原因となる事実を疎明しなければならない（会社869条）。裁判所は，当該株式会社の陳述を聴いた上で裁判し（会社870条2項1号），裁判には理由を付記しなければならない（会社871条）。申立人及び当該株式会社は，裁判に対して不服があるときは，即時抗告をすることができる（会社872条5号）。即時抗告は執行停止の効力を有する（会社873条）。

第3章　業務及び財産の調査に関する事件

第15　親会社社員の株主総会決議省略同意書面の閲覧謄写許可申立事件

1　制度の趣旨・目的

　株式会社では，取締役又は株主が株主総会の目的である事項について提案した場合に，その提案につき株主全員が書面又は電磁的方法により同意の意思表示をした場合には，当該提案を可決する旨の株主総会の決議があったとみなされる（決議の省略。会社法319条1項）。この場合には，株式会社は，決議があったとみなされた日から10年間，上記同意の意思表示をした書面又は電磁的記録を，本店に備え置き，株主又は債権者からの閲覧等請求に応じなければならない（会社319条2項・3項）。

　親会社社員（親会社が株式会社の場合は親会社株主）は，その権利を行使するため必要があるときは，「裁判所の許可」を得て，子会社の上記書面又は電磁的記録の閲覧等を請求することができる（会社319条4項）。

2　申立てその他の要件

　申立人は，親会社社員（親会社が株式会社の場合は親会社株主。会社318条5項）である。

　その他の要件については，親会社社員による株主総会議事録閲覧等の申立てと同様である（本書83頁～85頁参照）。

第1節　閲覧等に関する事件

第16　親会社社員の創立総会議事録閲覧謄写許可申立事件

1　制度の趣旨・目的

　設立時株主の総会である創立総会の議事については，法務省令で定めるところにより議事録を作成しなければならない（会社81条1項）。発起人（会社成立後は，当該株式会社）は，創立総会議事録を創立総会の日から発起人が定めた場所（会社成立後は，本店）において10年間備え置き，閲覧等に応じなければならない（会社81条2項・3項）。なお，会社法82条によりみなし決議が成立した場合にも，創立総会議事録の作成が必要と解されており（会社規16条4項1号参照），その議事録は，設立時の株主及び親会社社員の閲覧謄写の対象になる（会社81条3項・4項）。

　株式会社の成立後において，親会社社員の場合は，その権利を行使するため必要があるときは，「裁判所の許可」を得て，創立総会議事録の閲覧等を請求しなければならない（会社81条4項）。

　創立総会は，株式会社の設立に関する事項を決議する機関であるから，創立総会における議事の経過や議決の内容などは，設立時株主だけでなく，親会社社員がその権利を行使する前提として重要な情報である。親会社関係の創設が増加し，さらに平成11年に完全親子会社を創設するための株式交換・移転の制度が導入された際，親会社株主等の権限が著しく縮小してしまうことから，親会社株主にも裁判所の許可を要件として，子会社の創立総会議事録を閲覧等する権限を付与したのである。

2　申立てその他の要件

　申立人は，親会社社員（親会社が株式会社の場合は親会社株主。会社81条4項）。

　その他の要件は，親会社社員による株主総会議事録閲覧等の申立てと同様である（本書83頁～85頁参照）。

第17　親会社社員の創立総会決議省略同意書面の閲覧謄写許可申立事件

1　制度の趣旨・目的

　設立中の株式会社では，発起人が創立総会の目的である事項について提案した場合に，その提案につき設立時株主の全員が書面又は電磁的方法により同意の意思表示をした場合には，当該提案を可決する旨の創立総会の決議があったとみなされる（決議の省略。会社82条1項）。この場合には，発起人は，決議があったとみなされた日から10年間，上記同意の意思表示をした書面又は電磁的記録を，発起人が定めた場所に備え置き，設立時株主による閲覧等請求に応じなければならない（会社82条2項・3項）。

　これに対し，株式会社の成立後において，親会社社員（親会社が株式会社の場合は親会社株主）は，その権利を行使するため必要があるときは，「裁判所の許可」を得て，子会社の創立総会決議省略同意書面等の閲覧等を請求する必要がある（会社82条4項）。

　なお，種類創立総会決議省略同意書面等についても会社法82条が準用されている（会社86条）。

2　申立てその他の要件

　申立人は，親会社社員（親会社が株式会社の場合は親会社株主。会社82条4項）。

　その他の要件は，親会社社員による株主総会議事録閲覧等の申立てと同様である（本書83頁～85頁参照）。

第18 親会社社員の株主名簿閲覧謄写許可申立事件

1 制度の趣旨・目的

　株式会社は，株主名簿を作成し，株主の氏名・名称，住所，所有株式数，株式取得日，株券番号（株券発行会社の場合）を記載又は記録しなければならない（会社121条各号）。また，株主名簿をその本店（株主名簿管理人がある場合はその営業所）に備え置き，株主又は債権者による閲覧等の請求に応じなければならない（会社125条1項・2項）。

　親会社社員（親会社株主その他親会社社員）の場合は，その権利を行使するため必要があるときは，「裁判所の許可」を得て，株主名簿の閲覧謄写を請求することができるが，この場合，請求の理由を明らかにしてしなければならない（会社125条4項）。裁判所は，法定の拒絶事由があるときは閲覧等を許可することができない（会社125条3項・5項）。

　株主による株主名簿の閲覧等は，株主の権利の確保又は行使を保障するとともに，株式会社の機関を監視し株式会社の利益を保護することを目的としている（実際には，株主に関する情報を知ることで株式譲渡を容易にすることなどに意義がある。）。そして，親会社社員による子会社の株主名簿の閲覧等請求権を認めるのも，親会社社員としての権利を行使をするための前提となる情報を知る機会を付与することにある。特に，平成11年に完全親子会社を創設するための株式交換・移転の制度が導入された際，それまで，子会社の株主総会における議決権行使等を通じて，子会社の経営に関与できた親会社株主等の権限が著しく縮小してしまうことから，親会社社員にも裁判所の許可を要件として，子会社の情報を収集する権限を付与したのである。

2 申立て

(1) 管　轄

　会社の本店所在地を管轄する地方裁判所である（会社868条1項）。

第3章　業務及び財産の調査に関する事件

(2) **申立人**
親会社社員（親会社の株主又は親会社の社員）（会社125条4項）。

(3) **申立ての方式**
・　申立ては書面によって行う（会社876条，会社非訟規1条）。
・　申立ての対象である文書の種類ごとに収入印紙1,000円を貼付（民訴費3条1項，別表第1の16項イ）。
・　郵券の予納

(4) **申立ての要件**
ア　権利行使のための閲覧等の必要性
　下記イの請求の理由を前提として，親会社社員としての権利行使に必要であることを要する。
　親会社株主が行使する権利には，株主たる資格において会社に対して有する権利を行使する場合が広く含まれ，共益権だけでなく自益権も含まれる。また，権利を行使するか否かを判断するために請求する場合でもよい。

イ　請求の理由の明示
　株主名簿の閲覧等請求は，請求の理由を明らかにしてしなければならない（会社125条4項後段）。会社法によって，会計帳簿閲覧等請求（会社433条2項）とほぼ同様の請求拒絶事由が法定されたので（会社125条3項），閲覧等の請求を受けた株式会社が，上記拒絶事由に当たるか否かについて判断できるようにするためである。株主による場合，少数株主権行使のため，株主提案について委任状による議決権の代理行使の勧誘をするため，代表訴訟の共同原告を募るため等を目的とする場合が考えられるが，株主名簿の記載が正確であることの確認，架空名義の株主がいないことの確認，自己の投資判断との関係で他にどのような株主が存在するかを確認するためなどが考えられる[19]。親会社社員による場合も請求の適正を担保する程度の理由を示す必要がある。

---

[19] 前掲15)『会社訴訟・仮処分の理論と実務』570頁参照

(5) 裁判所の許可

　裁判所は，下記拒絶事由（会計帳簿閲覧等請求とほぼ同じ。）があるときは，親会社社員の閲覧等を許可することができない（会社125条3項・5項）。下記①及び②は一般的原則を定めたものであり，株主資格とは関係のない個人的な利益を図る目的での行使，嫌がらせ目的の行使などの濫用的な行使を防止する趣旨である。③及び④はいわゆる名簿屋等を排除する趣旨である。

　① その権利の確保又は行使に関する調査以外の目的で請求したとき。
　② 当該株式会社の業務を妨げ，又は株主の共同の利益を害する目的で請求したとき。
　③ 株主名簿の閲覧又は謄写によって知り得た事実を利益を得て第三者に通報するため請求したとき。
　④ 過去2年以内において，株主名簿の閲覧又は謄写によって知り得た事実を利益を得て第三者に通報したことがあるとき。

　なお，従来は「当該株式会社の業務と実質的に競争関係にある事業を営み，又はこれに従事するものであるとき」も拒絶事由として掲げられていたが，学説の批判もあり，平成26年会社法改正により，上記事由は除かれた（旧会社125条3項3号の削除）。

　上記事由については，これまでも単に請求者が株式会社の業務と形式的に競争関係にある事業を営むなどしているというだけでは足りず，例えば，株式会社が得意先を株主としているため，競業者に株主名簿を閲覧謄写されると，顧客情報を知られて競業に利用されるおそれがある場合のように，株主名簿に記載されている情報が競業者に知られることによって不利益を被るような性質，態様で営まれている事業について，請求者が当該株式会社と競業関係にある場合に限られると解するのが相当であるとして，競争関係を限定的に解釈した裁判例があった[20]。また，競業者からの閲覧等請求を認めるに際し，上記③は，株主名簿閲覧等請求者が競業者である場合

---

20) 東京地決平成22年7月20日金商1348号14頁

に，請求者がその権利の確保又は行使に関する調査の目的で請求したことを証明しない限り，会社は閲覧請求を拒み得ることを定めているのみである旨判示した裁判例もあった[21]。いずれも競争関係があるというだけで，株主の権利の確保又は行使に関する調査権限を失うことは妥当でないとの基本的判断に基づいていると解され，上記事由を除外する理由となった。株主名簿は，会計帳簿のように会社の秘密という面よりも，株主のプライバシーの保護という面の比重が高いので，会計帳簿における拒絶事由と必ずしも同様に解されているわけではない。

(6) 添付書類
- 当該申立てに係る会社の登記事項証明書（会社非訟規3条1項1号）
- 申立ての原因となる事実についての証拠書類の写し（非訟規37条3項）

　(ア) 申立人が親会社株主であることを疎明する書面
　　親会社の「株券」や「株主名簿」，親会社の登記事項証明書。なお，株式振替制度が適用される上場株式の株主である場合は，口座管理機関に対して個別株主通知の申出を行った際に口座管理機関が交付した「受付票」，振替機関が個別株主通知を行ったことを株主に通知した際の「通知書」が必要である。

　(イ) 閲覧謄写の必要性を疎明する資料（会社869条）

3　手続のポイント

申立人は，原因となる事実を疎明しなければならない（会社869条）。裁判所は，当該株式会社の陳述を聴いた上で裁判し（会社870条2項1号），裁判には理由を付記しなければならない（会社871条）。申立人及び当該株式会社は，原裁判に対して不服があるときは，即時抗告をすることができる（会社872条5号）。即時抗告は執行停止の効力を有する（会社873条）。

---

21) 東京高決平成20年6月12日金判1295号12頁

第1節　閲覧等に関する事件

第19　親会社社員の新株予約権原簿閲覧謄写許可申立事件

1　制度の趣旨・目的

　株式会社は，新株予約権を発行した日以後遅滞なく，新株予約権原簿を作成し，新株予約権の区分に応じ，新株予約権の内容及び数など法定の事項を記載又は記録しなければならない（会社249条各号）。新株予約権付社債を発行した会社も対象となる。また，新株予約権原簿をその本店（株主名簿管理人がある場合はその営業所）に備え置き，株主又は債権者（新株予約権者を含む。）による閲覧等の請求に応じなければならない（会社252条1項・2項）。

　株式会社の親会社社員（親会社株主その他親会社社員）は，その権利を行使する必要があるときは，裁判所の許可を得て，当該株式会社の新株予約権原簿を閲覧等請求できる（会社252条4項前段）。この場合，請求の理由を明らかにしてしなければならない（同項後段）。請求者にいずれかの拒絶事由があるときは，裁判所は閲覧等の許可をすることができない（会社252条3項・5項）。

　株主による新株予約権原簿の閲覧等は，株主の権利の確保又は行使を保障するとともに，株式会社の機関を監視し株式会社の利益を保護することを目的としている。そして，親会社社員による子会社の新株予約権原簿の閲覧等請求権を認めるのも，親会社社員としての権利を行使をするための前提となる情報を知る機会を付与することにある。特に，平成11年に完全親子会社を創設するための株式交換・移転の制度が導入された際，それまで，子会社の株主総会における議決権行使等を通じて，子会社の経営に関与できた親会社株主等の権限が著しく縮小してしまうことから，親会社社員にも裁判所の許可を要件として，子会社の情報を収集する権限を付与したのである。

2　申立て等その他の要件

(1)　申立人は，親会社社員（親会社が株式会社の場合は親会社株主。会社252条4項）。

(2)　株主名簿閲覧等請求（会社125条3項）と同様の請求拒絶事由が法定さ

第3章　業務及び財産の調査に関する事件

れているので（会社252条3項），閲覧等の請求を受けた会社が，拒絶事由に当たるか否かについて判断するため，閲覧等請求は，請求の理由を明らかにしてしなければならない。

(3)　その他，管轄，申立ての方式，申立ての要件，添付書類等は，株主名簿の閲覧等の申立てと同様である（本書89頁～92頁参照）。

第1節　閲覧等に関する事件

第20　親会社社員の社債原簿閲覧謄写許可申立事件

1　制度の趣旨・目的

　会社は，社債を発行した日以後遅滞なく，社債原簿を作成し，募集社債の基本的な内容，種類ごとの社債の総額，各社債と引換えに払い込まれた金銭の額その他法定の事項を記載又は記録しなければならない（会社681条各号）。また，社債原簿をその本店（社債原簿管理人がある場合はその営業所）に備え置き，株主又は債権者による閲覧等の請求に応じなければならない（会社684条1項・2項）。

　社債発行会社が株式会社である場合には，親会社社員（親会社が株式会社の場合は親会社株主）は，その権利を行使するため必要があるときは，「裁判所の許可」を得て，子会社の社債原簿の閲覧謄写を請求することができるが，この場合，請求の理由を明らかにしてしなければならない（会社684条4項）。また，法定の拒絶事由があるときは，裁判所は許可をすることができない（会社684条3項・5項）。

　株主による社債原簿の閲覧等は，株主の権利の確保又は行使を保障するとともに，閲覧等を通じて株式会社の機関を監視し株式会社の利益を保護することを目的としている。そして，親会社社員による子会社の社債原簿の閲覧等請求権を認めるのも，親会社社員としての権利を行使するための前提となる情報を知る機会を付与することにある。

2　管轄等その他の要件

(1)　申立人

　親会社社員（親会社が株式会社の場合は親会社株主。会社684条4項）。

(2)　請求の理由の明示

　社債原簿の閲覧等請求は，請求の理由を明らかにしてしなければならない（会社684条4項後段）。会社法によって，会計帳簿閲覧等請求の拒絶事由（会社433条2項）にならって，拒絶事由が法定されたので（会社684条3項），

閲覧等の請求を受けた株式会社が，上記拒絶事由に当たるか否かについて判断できるようにするためである。

(3) **拒否事由**

裁判所は，下記拒絶事由（会計帳簿閲覧等請求，株主名簿とは若干異なる。）があるときは，親会社社員の閲覧等を許可することができない（会社864条5項）。下記①は一般的原則を定めたものであり，株主資格とは関係のない個人的な利益を図る目的での行使，嫌がらせ目的の行使などの濫用的な行使を防止する趣旨である。②・③はいわゆる名簿屋等を排除する趣旨である。

① その権利の確保又は行使に関する調査以外の目的で請求したとき。
② 社債原簿の閲覧又は謄写によって知り得た事実を利益を得て第三者に通報するため請求したとき。
③ 過去2年以内において，社債原簿の閲覧又は謄写によって知り得た事実を利益を得て第三者に通報したことがあるとき。

上記①ないし③は，会計帳簿閲覧等請求や株主名簿閲覧等請求などと共通する拒絶事由であるが，これらの請求の拒絶事由である(i)当該株式会社の業務を妨げ，又は株主の共同の利益を害する目的で請求したとき，及び(ii)該株式会社の業務と実質的に競争関係にある事業を営み，又はこれに従事するものであるときは拒絶事由ではない。

(4) **その他**

その他管轄，申立ての要件，添付書類などは，株主名簿の閲覧等の申立てと同様である（本書89頁～92頁参照）。

第2節 業務及び財産状況に関する検査役選任申立事件

1 制度の趣旨・目的

株式会社の業務の執行に関し，不正の行為又は法令若しくは定款に違反する重大な事実があることを疑うに足りる事由があるときは，一定の要件を満たす株主は，当該株式会社の業務及び財産の状況を調査させるため，裁判所に対し，検査役の選任の申立てをすることができる（会社358条1項）。取締役の業務執行に対する株主の監督是正権（違法行為差止請求等）を行使するために必要な情報を得るための制度である。

2 申立て

(1) 管　轄

会社の本店所在地の地方裁判所である（会社868条1項）。

(2) 申立人

以下のいずれかの持株要件を満たす株主である。

①総株主（株主総会において決議をすることができる事項の全部につき議決権を行使することができない株主を除く。）の議決権の100分の3（これを下回る割合を定款で定めた場合にあっては，その割合）以上の議決権を有する株主（会社358条1項1号）

②発行済株式（自己株式を除く。）の100分の3（これを下回る割合を定款で定めた場合にあっては，その割合）以上の数の株式を有する株主（会社358条1項2号）

いずれの場合においても，複数の株主が共同で申し立てるときは，各株主の持ち株をあわせて持株要件を満たせばよい。また，持株要件は申立時

第3章　業務及び財産の調査に関する事件

から選任決定時まで持続している必要がある[22]。

(3)　申立ての方式，申立書の記載事項

　申立ては書面でしなければならない（会社876条，会社非訟規1条）。

　申立書には，次に掲げる事項を記載し，申立人又は代理人が記名押印しなければならない（会社非訟規2条1項・2項）。

①申立ての趣旨及び原因並びに申立てを理由づける事実（会社非訟規2条本文）――本申立てでは，申立ての趣旨には検査の目的を記載しなればならない（会社非訟規2条3項）。

②当事者の氏名又は名称及び住所並びに法定代理人の氏名及び住所（会社非訟規2条1項1号）

③申立てに係る会社の商号及び本店の所在地並びに代表者の氏名（会社非訟規2条1項2号）

④代理人による申立ての場合は，代理人の氏名及び住所（会社非訟規2条2項1号）

⑤申立てに係る会社が外国会社であるときは，当該外国会社の日本における営業所の所在地（日本に営業所を設けていない場合にあっては，日本における代表者の住所地）（会社非訟規2条2項2号）――本申立てでは，不要である。

⑥申立てを理由づける具体的な事実ごとの証拠（会社非訟規2条2項3号）

⑦事件の表示（会社非訟規2条2項4号）（申立書には不要である。）

⑧附属書類の表示（会社非訟規2条2項5号）

⑨年月日（会社非訟規2条2項6号）

⑩裁判所の表示（会社非訟規2条2項7号）

⑪申立人又は代理人の郵便番号及び電話番号（ファクシミリの番号を含む。）（会社非訟規2条2項8号）

---

[22]　持株要件を申立時に満たしていたとしても，その後，会社が新株を発行したことにより，当該株主が持株要件を満たさなくなった場合には，会社が株主の申立てを妨害する目的で新株を発行したなどの特段の事情のない限り，当該申立ては，申立人の適格を欠くものとして不適法となる（最一小決平成18年9月28日民集60巻7号2634頁）。

⑫その他裁判所が定める事項（会社非訟規2条2項9号）
(4) 申立手数料，予納金等
①申立手数料1,000円（民訴費3条1項，別表第1の16項イ）
　なお，申立人が複数いる場合は，申立人各人が持株要件を満たす場合は1,000円×申立人数，各申立人の持ち株をあわせて持株要件を満たす場合は1,000円である。
②検査役の報酬及び費用に相当する額の予納金
③郵券（不要の場合もあり裁判所で確認）
(5) 申立ての趣旨
「検査の目的記載の事項を調査させるため検査役の選任を求める。」
(6) 申立ての要件
①申立人が上記(2)記載の持株要件を満たしていること
②取締役等の不正の行為若しくは法令又は定款に違反する重大な事実があることを疑うに足りる事由があること
(7) 添付書類ほか（会社非訟規3条，4条）
①申立てに係る会社の登記事項証明書（会社非訟規3条1項1号）
②申立てを理由づける事実についての証拠書類の写し（非訟規37条3項）
　・申立要件を満たした株主であることを証する書面
　　（会社の発行する証明書，個別株主通知受付票，株券，株主名簿など）
　・取締役等の不正の行為若しくは法令又は定款に違反する重大な事実があることを疑うに足りる事由があることを証する証拠
③委任状（非訟規16条1項）

3　手続のポイント

(1) 審　理
　検査役選任については，関係者の陳述を聴くことは要求されていない（会社870条1項）が，裁判所によっては審問期日を指定している。
(2) 裁　判
　検査役選任は終局決定で裁判をする（非訟54条，55条）。

第3章　業務及び財産の調査に関する事件

決定に理由を付すことは要求されていない（会社871条2号，874条1号）。

　なお，非訟手続法事件は，決定を終局決定（非訟55条1項）と終局決定以外の裁判（非訟62条1項）に分け，即時抗告の可否（非訟66条1項，79条）や即時抗告期間に違いを設ける（非訟67条1項，81条）等，前者の手続保証を手厚くしている。

　検査役選任の裁判は，申立人と検査役に選任された者に告知され（非訟56条1項），検査役の就任承諾によって効力を生ずる。株式会社にも事実上告知する。

　選任決定に対しては不服申立てをすることはできない（会社874条1号）。しがたって，必要があるときは裁判所に対して検査役選任の裁判の取消し又は変更を求めることとなる（非訟59条1項）。

　却下決定に対しては申立人に限り即時抗告ができる（非訟66条2項）。

(3)　報　酬

　裁判所は，検査役を選任した場合には，株式会社が当該検査役に対して支払う報酬の額を定めることができる（会社358条3項）。

　検査役の報酬は，会社及び検査役の陳述を聴いた上で裁判所が決定する（会社870条1項1号）。この決定については理由を付することを要しない（会社871条1号）。

　この決定に対しては，会社及び検査役は即時抗告をすることができる（会社872条4号）。

(4)　検査役選任後の手続等

　検査役は，必要な調査を行い（必要があるときは，子会社の業務及び財産の状況も調査することができる（会社358条4項）。），当該調査の結果を記載し，又は記録した書面又は電磁的記録（フロッピーディスク，CD-ROM，CD-R，裁判所が定める電磁的記録（会社規228条））を裁判所に提供して報告の上（会社358条5項），株式会社及び検査役の選任の申立てをした株主に対し，裁判所に提供した上記書面の写しを交付し，又は上記電磁的記録に記録された事項を電子メール，フロッピーディスクの交付等の方法のうち株式会社及び検査役の選任の申立てをした株主が望む方法により提供しなければならない

第2節　業務及び財産状況に関する検査役選任申立事件

（会社358条7項，会社規229条，2条2項6号，会社2条34号，会社規222条）。

　裁判所は，検査役が調査の結果を報告すべき期限を定めることができる（会社非訟規10条）。

　裁判所は，検査役の報告があった場合において，必要があると認めるときは，取締役に対し，①一定の期間内に株主総会を招集すること，②調査の結果を株主に通知することの全部又は一部を決定で命じなければならない（会社359条1項，非訟54条）。この決定に対しては，取締役は即時抗告をすることができる（非訟66条1項）。

4　書式例

【書式12】検査役選任申立書

```
                    検査役選任申立書

┌─────┐（注）
│収 入 │
│印 紙 │
└─────┘
                                      平成○年○月○日

    ○○地方裁判所　御中

                    申立人代理人弁護士　　吾　田　四　郎　㊞

              〒○○○－○○○○　東京都港区○○町○丁目○番○号
                    申　立　人　　　　　　甲　野　太　郎
              〒○○○－○○○○　東京都○○区○町○丁目○番○号
                                ○○法律事務所（送達場所）
                    上記申立人代理人弁護士　　吾　田　四　郎
                                電　話　○○－○○○○－○○○○
                                ＦＡＸ　○○－○○○○－○○○○
              〒○○○－○○○○　東京都港区○○町○丁目○番○号
                    被　申　立　人　　　　　○○興産株式会社
```

第3章　業務及び財産の調査に関する事件

上記代表者代表取締役　　乙　川　二　郎

申立ての趣旨

検査の目的記載の事項を調査させるため検査役の選任を求める。

検　査　の　目　的

○○興産株式会社の業務及び財産の状況

申立ての理由

1　○○興産株式会社（以下「本件会社」という。）は，昭和○○年○月○日，飲食店営業等を目的として設立された株式会社であり，総株主の議決権は1,000個である。
2　申立人甲野太郎は，本件会社の議決権50個を有する株主である。
3　本件会社は，平成○年○月末頃，その経営する○○店を取り壊して食材保管倉庫を新築し，その費用として合計8,000万円を支出したことになっている。
　しかるに，同倉庫の建設資材は主に古材を使用したもので，建築代金は約1,000万円程度で十分であったのであるから，その差額金については過払いないし使途不明の疑いがある。
　以上のとおり，本件会社の業務の執行に関し不正行為又は法令に違反する重大な事実のあることを疑うべき事由があることは明らかである。
4　よって，申立人は，会社法358条1項に基づき，本件会社の業務及び財産の状況を調査させるため，検査役の選任を求める。

疎　明　方　法

甲第1号証	履歴事項全部証明書	1通
甲第2号証	定　款	1通
甲第3号証	株主名簿	1通
甲第4号証	第○期事業報告書	1通
甲第5号証	簡易鑑定書	1通
甲第6号証	上申書	1通

添　付　書　類

第2節　業務及び財産状況に関する検査役選任申立事件

履歴事項全部証明書	1通
甲号証写し	各1通
委任状	1通

（注）　貼用印紙は1,000円である（民訴費3条1項，別表第1の16項イ）。

第3節　持分差押債権者の保全処分申立事件

1　制度の趣旨・目的

　社員の持分を差し押さえた債権者が当該社員及び持分会社に退社予告をしてから，当該社員が退社するまでの6か月間に，その社員と会社が通じてその社員の持分の価値を減少させる等の手段を講じるおそれがある。

　そこで，退社予告をした債権者は，裁判所に対し，持分の払戻しの請求権の保全に関し必要な処分をすることを申し立てることができるとされた（会社609条3項）。

2　申立て

(1)　管　轄

　会社の本店所在地の地方裁判所である（会社868条1項）。

(2)　申立人

　持分会社の社員の持分を差し押さえ，かつ，当該社員を退社させることをその6か月前までに持分会社及び当該社員に予告をした債権者（会社609条3項・1項）。

(3)　申立ての方式，申立書の記載事項

　申立ては書面でしなければならない（会社876条，会社非訟規1条）。

　申立書には，次に掲げる事項を記載し，申立人又は代理人が記名押印しなければならない（会社非訟規2条1項・2項）。

①申立ての趣旨及び原因並びに申立てを理由づける事実（会社非訟規2条本文）

②当事者の氏名又は名称及び住所並びに法定代理人の氏名及び住所（会社非訟規2条1項1号）

③申立てに係る会社の商号及び本店の所在地並びに代表者の氏名（会社非訟規2条1項2号）

④代理人による申立ての場合は，代理人の氏名及び住所（会社非訟規2条2項1号）

⑤申立てに係る会社が外国会社であるときは，当該外国会社の日本における営業所の所在地（日本に営業所を設けていない場合にあっては，日本における代表者の住所地）（会社非訟規2条2項2号）――本申立てでは，不要である。

⑥申立てを理由づける具体的な事実ごとの証拠（会社非訟規2条2項3号）

⑦事件の表示（会社非訟規2条2項4号）（申立書には不要である。）

⑧附属書類の表示（会社非訟規2条2項5号）

⑨年月日（会社非訟規2条2項6号）

⑩裁判所の表示（会社非訟規2条2項7号）

⑪申立人又は代理人の郵便番号及び電話番号（ファクシミリの番号を含む。）（会社非訟規2条2項8号）

⑫その他裁判所が定める事項（会社非訟規2条2項9号）

(4) 申立手数料，予納金等
・申立手数料1,000円（民訴費3条1項，別表第1の16項イ）
・郵券（不要の場合もあり，裁判所で確認すること）

(5) 申立ての趣旨
「○○株式会社は○○をしてはならない。」ほか

(6) 申立ての要件
①持分会社の社員の持分を差し押さえたこと
②当該社員を退社させることをその6か月前までに持分会社及び当該社員に予告をしたこと
③保全の必要性があること

(7) 添付書類ほか（会社非訟規3条，4条）
①申立てに係る会社の登記事項証明書（会社非訟規3条1項1号）
②定　款

③差押決定正本

④予告通知書

⑤保全の必要性を疎明する資料

⑥委任状（非訟規16条1項）

3　手続のポイント

(1) 審　理

関係者の陳述を聴くことは要求されていない（会社870条1項）。

(2) 裁　判

理由を付した終局決定で裁判をする（非訟54条，55条，会社871条本文）。

なお，非訟事件手続は，決定を終局決定（非訟55条1項）と終局決定以外の裁判（非訟62条1項）に分け，即時抗告の可否（非訟66条1項，79条）や即時抗告期間に違いを設ける（非訟67条1項，81条）等，前者の手続保証を手厚くしている。

この決定に対しては，利害関係人のみが即時抗告をすることができる（会社872条1号）。

即時抗告は執行停止の効力を有する（会社873条）。

第3節 持分差押債権者の保全処分申立事件

4 書式例

【書式13】保全処分申立書

保全処分申立書

収入
印紙

平成○○年○月○日

○○地方裁判所　御中

申立人代理人弁護士　吾　田　四　郎　㊞

〒○○○-○○○○　東京都港区○○町○丁目○番○号
申　　立　　人　　株式会社○○信販
同代表者代表取締役　　甲　野　太　郎
〒○○○-○○○○　東京都○○区○○町○丁目○番○号
○○法律事務所（送達場所）
上記申立人代理人弁護士　吾　田　四　郎
電　話　○○-○○○○-○○○○
FAX　○○-○○○○-○○○○
〒○○○-○○○○　東京都港区○○町○丁目○番○号
被　申　立　人　　○○企画合同会社
同代表者代表社員　　山　川　三　男

申立ての趣旨

○○企画合同会社は別紙物件目録記載の不動産について，譲渡並びに質権，抵当権及び賃借権の設定その他一切の処分をしてはならない。

申立ての理由

1　申立人は，○○企画合同会社の社員である乙川二郎の債権者として同氏の社員持分につき債権差押命令の発令を受けた者である。

第3章　業務及び財産の調査に関する事件

2　申立人は，平成○○年○月○日，○○企画合同会社及び乙川二郎に対し，○○企画合同会社の事業年度の終了時である平成○○年○月○日において乙川二郎を退社させることを予告した。
3　○○企画合同会社及び乙川二郎は通謀の上，同社の唯一の財産である別紙物件目録記載の不動産を廉価にて処分しようとしている。
4　もし，上記3記載の処分がなされたならば，乙川二郎に対する持分払戻額が減少することが明らかである。
5　よって，会社法609条3項に基づき，本保全処分を申し立てる。

疎　明　方　法

甲第1号証	現在事項全部証明書	1通
甲第2号証	定　款	1通
甲第3号証	持分差押命令	1通
甲第4号証	予告通知書	1通
甲第5号証	不動産登記事項証明書	1通
甲第6号証	陳述書	1通

添　付　書　類

現在事項全部証明書（本件会社）	1通
現在事項全部証明書（申立人）	1通
甲号証写し	各1通
委任状	1通

第4章
総会に関する事件

第1節 少数株主による株主総会招集許可申立事件

1 制度の趣旨・目的

　取締役会設置会社における株主総会は，取締役会が招集を決定し，代表取締役（指名委員会等設置会社では代表執行役）が招集する（会社296条3項，298条4項）。一方，取締役会を設置しない会社では，取締役（取締役が2名以上の会社ではその過半数の決議による。）が招集を決定し，取締役が招集する（会社296条3項，298条1項）。

　ところが，株主総会の法定決議事項その他の重要な事項について，株主総会の決議を経ないままに業務執行が行われていることがあり得る。こうした場合に，少数株主には，裁判所の許可を得て自ら株主総会を招集する権限が付与されており，これにより必要な決議ができるよう手当てされている（会社297条4項）。

　実際に，株主総会を招集する場合の費用は，少数株主が負担しなければならないが，決議が成立した場合には，会社に対して合理的な額を求償できると解されている[1]。

2 申立て

(1) 管　轄

　会社の本店所在地を管轄する地方裁判所である（会社868条1項）。

(2) 申立人

　以下のア及びイの要件を満たす株主

---

1) 江頭憲治郎『株式会社法』(有斐閣，第3版，2009年) 302頁

第4章　総会に関する事件

ア　議決権数(公開会社の場合は議決権数と株式保有期間)の要件を満たすこと

　保有する議決権数の割合の算定の際には，議決権のない株式（議決権制限株式，単元未満株式，自己株式，相互保有株式）は分母に含めない。また，複数の株主が保有する議決権数の合計が法定の割合を満たす場合には，その複数の株主が申立人となって株主総会の招集請求をなすことが可能である。こうした議決権割合の要件は，申立適格として裁判が確定するまで満たしている必要がある。また，当該裁判に基づいて少数株主が招集した株主総会の終結時までに持株要件が欠けた場合は，決議不存在事由になると解されている[2]。

(ア)　公開会社の場合

　①総株主の議決権の100分の3（ただし，定款で保有割合をより低率にできる。）以上の議決権を，②招集請求の6か月（ただし，定款で保有期間をより短縮できる。）前から継続して保有する株主（会社297条1項）。

　なお，上場会社の株主の場合には，個別株主通知を行った後，原則として4週間以内に申立てをすることが必要である（社債株式振替154条2項，社債株式振替施行令40条）。

(イ)　公開会社でない会社の場合

　上記(ア)①の要件を満たす株主（株式の保有期間による制限はない（会社297条2項））。

(ウ)　特例有限会社の場合

　総株主の議決権の10分の1以上を有する株主。ただし，定款に別段の定めがある場合はこの限りでなく（会社法の施行に伴う関係法律の整備等に関する法律（平成17年法律第87号）14条1項ただし書），少数株主による招集請求権を排除する定めを置くことも可能と解されている[3]。

イ　適法な株主総会の招集請求をした株主であること

　議決権数の要件を満たす株主が株主総会招集許可の申立てをするためには，あらかじめ（代表）取締役に対し，①株主総会の目的である事項

---

2)「類型別会社非訟」14頁・15頁
3)江頭・前掲1）301頁

(当該株主が議決権を行使できる事項に限る。)，及び②招集の理由を示して株主総会の招集を請求することが必要である（会社297条1項）。この際，株主総会の招集許可申立書の申立ての趣旨に記載した議題（議案）と招集請求の際に記載した議題が同一でないと申立てが不適法になるおそれがあるので十分注意する必要がある。

　計算書類の承認を会議の目的事項とする場合，会社が計算書類を作成して監査等の手続を経る必要があるが，これをなす見込みがない場合は，有効な株主総会を実施し得ないので，こうした事項を目的として株主総会の招集請求をすることは無意味であるとして，東京地裁では，この議題を削除するよう求めることが多い[4]。また，取締役の選任を会議の目的とする場合，取締役の任期は，選任後2年以内に終了する事業年度のうち最終のものに関する定時株主総会の終結の時までと定められているが（会社332条1項，なお，指名委員会等設置会社，監査等委員会設置会社の取締役（監査等委員を除く）は1年（会社332条3項・6項）），定時株主総会を開催しないなどして任期が引き延ばされている場合は，定時株主総会を招集しなくとも臨時株主総会を招集して改選の決議ができると解されている[5]。

(3) **申立ての方式**
- 申立ては書面によって行う（会社876条，会社非訟規1条）。
- 申立手数料として収入印紙1,000円を貼付（民訴費規3条1項，別表第1の16項イ）。
- 郵券の予納

(4) **申立ての要件**
　会社により招集手続がなされないこと等。

　株主総会の招集請求をした株主は，①招集請求の後，遅滞なく招集の手続が行われない場合，又は②招集請求があった日から8週間（ただし，定款で期間を短縮できる。）以内の日を株主総会の日とする株主総会の招集の通知が発せられない場合には，株主総会の招集許可の申立てをすることができ

---

4)「類型別会社非訟」16頁
5) 横浜地決昭和31年8月8日下民7巻8号2133頁,「類型別会社非訟」17頁

る（会社297条4項）。なお，少数株主による招集がなされた場合には，会社側が株主総会を招集する権限は失われることになる。

(5) **裁判所の許可（濫用的な申立てでないこと）**

少数株主による株主総会招集許可の申立てが権利の濫用であると判断される場合は，申立てが却下される可能性がある。例えば，剰余金がないことが明らかであるのに剰余金配当を議題とする招集許可を申し立てる場合は，招集の実益がないから却下を免れない。会社側からは，この点に関する反論がなされることが多い。

(6) **添付書類**

ア　登記事項証明書

申立てにより株主総会を招集しようとする会社の登記事項証明書（会社876条，会社非訟規3条1項1号）。

イ　定款

役員選任を議題とする株主総会を招集する場合には，定款で役員の任期を確認する必要がある。なお，特例有限会社では，定款に別段の定めがある場合があるので，定款を確認する必要性が高い。

ウ　議決権数の要件についての疎明資料

株主名簿，株主名簿記載事項証明書（会社122条参照），株券（株券発行会社の場合）。なお，上場会社の場合は，口座管理機関から受領した個別株主通知の申出受付票，個別株主通知済通知書など。

エ　株主総会招集請求書（配達証明書付内容証明郵便による。）

なお，上場会社において，少数株主権である株主総会招集請求を行うにも，個別株主通知が必要である（社債株式振替154条）。

オ　取締役が株主総会の招集をしないこと等の疎明資料

会社の役員や申立人以外の株主の陳述書など。

3　手続上のポイント

(1) 申立人は，原因となる事実を疎明しなければならない（会社869条）。

会社側から陳述を聴取したり，期日を開くことは求められておらず，申

立ての要件が充たされていることが疎明されれば，裁判所は権利濫用と認められない限り，通常は1，2か月程度の期間を定めて申立てを許可することになる。

　もっとも，従前から実務では，申立人及び会社側（取締役等）を呼び出し，期日を開いて意見を聴取する取扱いがなされている。期日においては，裁判所から会社に対して株主総会の開催が勧告され，会社側が一定期間内（1～2か月程度）に株主総会を開催すれば申立てを取下げることを調書に記載することによって終了する事例が多いようである[6]。

　会社側の意見として想定されるのは，ⅰ）申立人が株式保有要件を充たさないことや，ⅱ）申立てが権利の濫用であることである。このうち，権利濫用とされるためには，客観的要件として，①株主総会を招集する実益がなくかえって有害であること（剰余金がないのに剰余金の配当を議題とする場合など），主観的要件として，②申立人に害意があることが必要であるとされている[7]。

(2)　許可決定については理由を付記する必要はなく，不服申立てをすることもできないが（会社871条2号，874条4号），申立てを却下する裁判には理由を付記する必要があり，申立人は即時抗告することができる（非訟66条2項）。

(3)　なお，申立てがなされた場合においても，許可決定より前に会社が同一議題を会議の目的として株主総会の招集通知を発し，その総会会日が株主による招集請求から8週間以内の日又は8週間を超える日を会日とする場合でも，申立てをした株主が適法に総会を開催できる日より前である場合には，裁判所は許可の決定をすることができないとされている（横浜地決昭和54年11月27日金判606号34頁，東京地決昭和63年11月2日判時1294号133頁）。

6）「類型別会社非訟」19頁，「新・会社非訟」362頁・369頁
7）「類型別会社非訟」19頁，「新・会社非訟」368頁注163

第4章　総会に関する事件

4　書式例

【書式14】株主総会招集許可申立書

株主総会招集許可申立書

平成○○年○月○日

○○地方裁判所民事部　御中

　　　　　　　　　　申立人代理人弁護士　　○　○　○　○　㊞
〒○○○－○○○○　○○県○○市○○町○丁目○番○号
　　　　　　　　　　申　　立　　人　　　　○　○　○　○
（送達場所）
〒○○○－○○○○　○○県○○市○○町○丁目○番○号
　　　　　　　　　　　　　　　　　　　　　○○法律事務所
　　　　　　　　　　申立人代理人弁護士　　○　○　○　○
　　　　　　　　　　　　TEL　○○－○○○○－○○○○
　　　　　　　　　　　　FAX　○○－○○○○－○○○○
〒○○○－○○○○　○○県○○市○○町○丁目○番○号
　　　　　　　　　　相　　手　　方　　株式会社　○　○
　　　　　　　　　　上記代表者代表取締役　　○　○　○　○

申立ての趣旨

「申立人が下記事項を会議の目的とする○○株式会社の臨時株主総会を招集することを許可する」との裁判を求める。
記
取締役A，同B及び同Cの任期満了による後任取締役3名選任の件

申立ての理由

1　相手方は，資本金○億円，発行済株式総数○○○株の株式会社であり，そ

の定款には株式譲渡制限の定めがある。
2　申立人は，相手方の総株主の議決権の100分の3以上を有する株主であり，その所有する株式数は〇〇株である。
3　相手方は，平成〇年〇月〇日以降，株主総会を開催したことがなく，取締役〇〇〇〇，同〇〇〇〇及び同〇〇〇〇の任期は，平成〇〇年〇月〇日以前に既に満了している。
4　このため，申立人は平成〇〇年〇月〇日，相手方代表取締役〇〇〇〇に対し，申立ての趣旨記載の会議の目的事項及び株主総会を招集する理由を記載した内容証明郵便による書面をもって，臨時株主総会の招集を請求した。
5　ところが，代表取締役〇〇〇〇は，株主総会の招集手続を行わない。
6　よって，申立人は，会社法297条4項に基づき，申立ての趣旨記載の事項を会議の目的とする臨時株主総会を招集することの許可を求める。

疎　明　方　法

甲第1号証　　　　会社登記簿謄本
甲第2号証　　　　定　款
甲第3号証　　　　株主名簿記載事項証明書
甲第4号証の1　　株主総会招集請求書
甲第4号証の2　　配達証明書
甲第5号証　　　　陳述書

添　付　書　類

1　会社登記簿謄本　　　　　　　　1通
1　訴訟委任状　　　　　　　　　　1通

第4章　総会に関する事件

【書式15】少数株主の株主総会招集請求書

株主総会招集請求書

　請求人は，株式会社〇〇の総議決権の100分の３以上の議決権を有する株主（持株数〇〇株）であり，会社法297条１項に基づいて下記のとおり株式会社〇〇の株主総会の招集を請求します。

記

１　株主総会の目的である事項
　取締役Ａ，同Ｂ及び同Ｃの任期満了による後任取締役３名選任の件
２　招集の理由
(1)　取締役〇〇〇〇，同〇〇〇〇及び同〇〇〇〇の任期は，平成〇〇年〇月〇日開催の定時株主総会終結時から２年以内に終了する事業年度のうち最終のものに関する定時株主総会の終結の時までである。しかし，相手方は，上記定時株主総会を開催して以降，株主総会を開催することがなく，不当に任期を延長しているのであり，上記取締役３名の任期は，平成〇年〇月〇日以前に既に満了している
(2)　よって，本書面到達の日から８週間以内の日を株主総会の日とする株主総会を招集するよう請求する。

平成〇〇年〇〇月〇〇日
　　　　　　　　　　　　　　　　　（請求人）
　　　　　　　　　　　　　　　　　東京都〇〇区〇〇町〇丁目〇番〇号
　　　　　　　　　　　　　　　　　　　〇　〇　〇　〇　㊞

（被請求人）
東京都〇〇区〇〇町〇丁目〇番〇号
株式会社　〇　〇
代表取締役　〇　〇　〇　〇　殿

第2節　総会検査役選任申立事件

1　制度の趣旨・目的

　経営権について争いがあり株主総会が紛糾した場合など，後日，決議取消しの訴えが提起される場合がある。このような場合に備えて，証拠の保全のために，株式会社又は一定数以上の議決権を有する株主は，株主総会に係る招集の手続及び決議の方法を調査させるため，当該株主総会に先立ち，裁判所に対し，検査役の選任の申立てをすることができる（会社306条1項）。

　また，裁判所によって選任され裁判所に報告書を提出することになっている検査役が事実を明らかにすることから，証拠の保全のみならず，違法ないし不公正な手続がなされることを事前に防止する機能も有する。

2　申立て

(1)　管　轄

　会社の本店所在地の方裁判所である（会社868条1項）。

(2)　申立人

　株式会社又は一定数以上の議決権を有する株主である（会社306条1項・2項）。

【一定数以上の議決権を有する株主】

公開会社である取締役会設置会社	公開会社でない取締役会設置会社	取締役会非設置会社
総株主（株主総会の目的である事項があるときは，当該事項の全部につき議決権を行使することができない株主を除く。）の議決権の100分の1（こ	総株主（株主総会の目的である事項があるときは，当該事項の全部につき議決権を行使することができない株主を除く。）の議決権の100分の1（こ	総株主（株主総会において決議をすることができる事項の全部につき議決権を行使することができない株主を除く。）の議決権の100分の1（こ

第4章　総会に関する事件

れを下回る割合を定款で定めた場合にあっては，その割合）以上の議決権を6か月（これを下回る期間を定款で定めた場合にあっては，その期間）前から引き続き有する株主（会社306条1項・2項前段）	れを下回る割合を定款で定めた場合にあっては，その割合）以上の議決権を有する株主（会社306条1項・2項後段）	れを下回る割合を定款で定めた場合にあっては，その割合）以上の議決権を有する株主（会社306条1項）

【注】　いずれの場合においても，複数の株主が共同で申し立てるときは，各株主の持ち株をあわせて持株要件を満たせばよい。
　　　また，持株要件は申立時（公開会社の場合はその6か月前）から選任決定時まで持続している必要がある[8]。

(3) 申立ての方式，申立書の記載事項

申立ては書面でしなければならない（会社876条，会社非訟規1条）。

申立書には，次に掲げる事項を記載し，申立人又は代理人が記名押印しなければならない（会社非訟規2条1項・2項）。

①申立ての趣旨及び原因並びに申立てを理由づける事実（会社非訟規2条本文）――本申立てでは，申立ての趣旨には検査の目的を記載しなればならない（会社非訟規2条3項）。

②当事者の氏名又は名称及び住所並びに法定代理人の氏名及び住所（会社非訟規2条1項1号）

③申立てに係る会社の商号及び本店の所在地並びに代表者の氏名（会社非訟規2条1項2号）

④代理人による申立ての場合は，代理人の氏名及び住所（会社非訟規2条2項1号）

⑤申立てに係る会社が外国会社であるときは，当該外国会社の日本における営業所の所在地（日本に営業所を設けていない場合にあっては，日本における代表者の住所地）（会社非訟規2条2項2号）――本申立てでは，不要である。

---

8)　業務検査役選任申立事件についての最高裁決定（最一小決平成18年9月28日民集60巻7号2634頁）参照。

⑥申立てを理由づける具体的な事実ごとの証拠（会社非訟規2条2項3号）

⑦事件の表示（会社非訟規2条2項4号）（申立書には不要である。）

⑧附属書類の表示（会社非訟規2条2項5号）

⑨年月日（会社非訟規2条2項6号）

⑩裁判所の表示（会社非訟規2条2項7号）

⑪申立人又は代理人の郵便番号及び電話番号（ファクシミリの番号を含む。）（会社非訟規2条2項8号）

⑫その他裁判所が定める事項（会社非訟規2条2項9号）

(4) **申立手数料，予納金等**

①申立手数料1,000円（民訴費3条1項，別表第1の16項イ）

　なお，申立人が複数いる場合は，申立人各人が持株要件を満たす場合は1,000円×申立人数，各申立人の持ち株をあわせて持株要件を満たす場合は1,000円である。

②検査役の報酬及び費用に相当する額の予納金

③予納郵券（株式会社呼出用の特別送達費用，株式会社申立ての場合は不要）

(5) **申立ての趣旨**

「検査の目的記載の事項を調査させるため検査役の選任を求める。」

(6) **提出書類**

・申立書正本

・申立書副本1通（申立人が株主の場合の会社用であり，申立人が会社の場合は不要）

・検査役用として申立書及び疎甲号証の各写し1部

(7) **添付書類ほか（会社非訟規3条，4条）**

①申立てに係る会社の登記事項証明書（会社非訟規3条1項1号）

②申立てを理由づける事実についての証拠書類の写し（非訟規37条3項）

・定　款

・申立要件を満たした株主であることを証する書面（申立人が株主の場合）
　　（会社の発行する証明書，個別株主通知受付票，株券，株主名簿など）

・株主総会の開催を証する書面

(株主総会招集通知，総会招集を決議した取締役会議事録（申立人が会社の場合）等）

③委任状（非訟規16条1項）

3　手続のポイント

(1)　審　理

検査役選任については，関係者の陳述を聴くことは要求されていない（会社870条1項）が，実務上，会社に反論の機会を与え，かつ，検査役に対する理解・協力を求めるため，迅速性を損なわない範囲で審問を行っている。

(2)　裁　判

検査役選任は終局決定で裁判をする（非訟54条，55条）。

決定に理由を付すことは要求されていない（会社871条2号，874条1号）。

なお，非訟事件手続法は，決定を終局決定（非訟55条1項）と終局決定以外の裁判（非訟62条1項）に分け，即時抗告の可否（非訟66条1項，79条）や即時抗告期間に違いを設ける（非訟67条1項，81条）等，前者の手続保証を手厚くしている。

検査役選任の裁判は，申立人（申立人が株主の場合は株式会社にも事実上告知する。）と検査役に選任された者に告知され（非訟56条1項），検査役の就任承諾によって効力を生ずる。

選任決定に対しては不服申立てをすることはできない（会社874条1号）。したがって，必要があるときは裁判所に対して検査役選任の裁判の取消し又は変更を求めることとなる（非訟59条1項）。

却下決定に対しては申立人に限り即時抗告ができる（非訟66条2項）。

(3)　報　酬

裁判所は，検査役を選任した場合には，株式会社が当該検査役に対して支払う報酬の額を定めることができる（会社306条4項）。

検査役の報酬は，会社及び検査役の陳述を聴いた上で裁判所が決定する（会社870条1項1号）。この決定については理由を付することを要しない（会

社871条1号)。

　この決定に対しては，会社及び検査役は即時抗告をすることができる（会社872条4号)。

(4)　**検査役選任後の手続等**

　検査役は，必要な調査を行い，当該調査の結果を記載し，又は記録した書面又は電磁的記録（フロッピーディスク，CD-ROM，CD-R，裁判所が定める電磁的記録（会社規228条)）を裁判所に提供して報告の上（会社306条5項)，株式会社（検査役の選任の申立てをした者が当該株式会社でない場合にあっては，当該株式会社及びその者）に対し，裁判所に提供した上記書面の写しを交付し，又は上記電磁的記録に記録された事項を電子メール，フロッピーディスクの交付等の方法のうち株式会社が望む方法により提供しなければならない（会社306条7項，会社規229条，2条2項6号，会社2条34号，会社規222条)。

　裁判所は，検査役が調査の結果を報告すべき期限を定めることができる（会社非訟規10条)。実務は総会検査役と打合せの上，決定によっておおむね総会後40日を定めている。

　裁判所は，検査役の報告があった場合において，必要があると認めるときは，取締役に対し，①一定の期間内に株主総会を招集すること，②調査の結果を株主に通知することの全部又は一部を決定で命じなければならない（会社307条1項，非訟54条)。この決定に対しては取締役は即時抗告ができる（非訟66条1項)。

第4章　総会に関する事件

4　書式例

【書式16】総会検査役選任申立書

総会検査役選任申立書

収入印紙 (注1)

平成○○年○月○日

○○地方裁判所　御中

申立人代理人弁護士　　吾　田　四　郎　㊞

〒○○○-○○○○　東京都港区○○町○丁目○番○号
申　立　人　　　　　　　甲　野　太　郎
〒○○○-○○○○　東京都○○区○町○丁目○番○号
　　　　　　○○法律事務所（送達場所）
上記申立人代理人弁護士　　吾　田　四　郎
電　話　○○-○○○○-○○○○
FAX　○○-○○○○-○○○○

申立ての趣旨

検査の目的記載の事項を調査させるため検査役の選任を求める。

検　査　の　目　的

○○株式会社（本店　東京都○○区○町○丁目○番○号）の平成○年○月○日開催の株主総会の招集の手続及び決議の方法(注2)

申立ての理由

1　申立人は，○○株式会社（以下「本件会社」という。）の総株主の議決権

の100分の1以上の議決権を6か月前から引き続き有する株主である。
2　本件会社は，平成〇〇年〇月〇日に定時株主総会（以下「本件総会」という。）の開催を予定している。
3　本件総会において，〇〇の件が議案とされているところ，同議案においては，投票の結果が僅差となることが予想される[注3]。
4　よって，申立人は，会社法306条1項・2項に基づき，本件総会の招集の手続及び決議の方法を調査させるため，総会検査役の選任を求める。

疎　明　方　法

甲第1号証	履歴事項全部証明書	1通
甲第2号証	定　款	1通
甲第3号証	株主名簿	1通
甲第4号証	株主総会招集通知	1通

添　付　書　類

申立書副本	1通
甲号証写し	各1通
履歴事項全部証明書	1通
委任状	1通

（注1）　貼用印紙は1,000円である（民訴費3条1項，別表第1の16項イ）。
（注2）　検査役は，申立人が調査を求めた事項にかかわらず，招集手続及び決議の方法の両方を調査すると解されているため，申立書において検査の目的を限定して記載する必要はない。
（注3）　裁判所は検査役選任の必要性は判断しないが，検査役候補者の選定や報酬額決定の判断のために事情を書いておくことが望ましい。

第5章
株式に関する事件

第1節　検査役選任申立事件（現物出資による募集株式の発行，現物出資による新株予約権の行使）

第1節　検査役選任申立事件（現物出資による募集株式の発行，現物出資による新株予約権の行使）

1　制度の趣旨・目的

(1)　現物出資による募集株式の発行

　株式会社は，募集株式の発行につき金銭以外の財産を出資の目的とするときは，その旨並びに当該財産の内容及び価額を決定しなければならない（会社199条1項3号）。

　しかし，その現物出資財産が過大に評価されると，会社の財産的基礎を危うくする。

　そこで，このような場合，濫用のおそれのない場合等一定の場合を除いて，検査役に現物出資財産の価格の正当性を調査してもらうために，株式会社は，募集事項の決定後遅滞なく，裁判所に対し検査役選任の申立てを行い，選任された検査役の調査を受けなければならない（会社207条1項）。

(2)　現物出資による新株予約権の行使

　株式会社は，新株予約権を発行するときは，その内容として新株予約権の行使に際し金銭以外の財産を出資の目的とするときは，その旨並びに当該財産の内容及び価額を決定しなければならない（会社236条1項3号）。

　上記(1)と同様の趣旨により，株式会社は，濫用のおそれのない場合等一定の場合を除いて，新株予約権者が新株予約権を行使し現物出資財産の給付があった後，遅滞なく，検査役の調査を受けなければならない（会社284条1項）。

第5章　株式に関する事件

＜検査役の調査が不要の場合（現物出資による募集株式の発行の場合）＞

① 募集株式の引受人に割り当てる株式の総数が発行済株式の総数の10分の1を超えない場合（会社207条9項1号）
② 現物出資財産について募集事項として定めた価格の価額の総額が500万円を超えない場合（会社207条9項2号）
③ 現物出資財産のうち，市場価格のある有価証券について募集事項として定めた価格が当該有価証券の市場価格として法務省令で定める方法により算定されるものを超えない場合（会社207条9項3号）
　　市場価格のある有価証券とは，証券取引所に上場されている株式，日本証券業協会のグリーンシート銘柄，国債等をいう。
　　市場価格は，次の額のうちいずれか高い額となる（会社規43条）。
　ｉ 価額決定日における当該有価証券の取引市場における最終価格
　ⅱ 価額決定日において当該有価証券が公開買付け等の対象であるときは，当該日における当該公開買付け等に係る契約における当該有価証券の価格
④ 現物出資財産について募集事項として定めた価額が相当であることについて弁護士，弁護士法人，公認会計士，監査法人，税理士又は税理士法人の証明（現物出資財産が不動産である場合にあっては，当該証明及び不動産鑑定士の鑑定評価）を受けた場合（会社207条9項4号）
⑤ 現物出資財産が株式会社に対する金銭債権（弁済期が到来しているものに限る。）であって，当該金銭債権について募集事項として定めた価額が当該金銭債権に係る負債の帳簿価額を超えない場合（会社207条9項5号）

（注）現物出資による新株予約権の行使の場合も同様の規定が設けられている（会社284条9項1号ないし5号，会社規59条）。

第1節　検査役選任申立事件（現物出資による募集株式の発行，現物出資による新株予約権の行使）

2　申立て

(1)　管　轄

会社の本店所在地の地方裁判所である（会社868条1項）。

(2)　申立人

取締役会設置会社又は取締役会非設置会社で代表取締役を定めた場合は代表取締役，取締役会非設置会社で代表取締役を定めていない場合は取締役である（会社207条1項，284条1項，349条）。

(3)　申立ての方式，申立書の記載事項

申立ては書面でしなければならない（会社876条，会社非訟規1条）。

申立書には，次に掲げる事項を記載し，申立人又は代理人が記名押印しなければならない（会社非訟規2条1項・2項）。

①申立ての趣旨及び原因並びに申立てを理由づける事実（会社非訟規2条本文）──本申立てでは，申立ての趣旨には検査の目的を記載しなればならない（会社非訟規2条3項）。

②当事者の氏名又は名称及び住所並びに法定代理人の氏名及び住所（会社非訟規2条1項1号）

③申立てに係る会社の商号及び本店の所在地並びに代表者の氏名（会社非訟規2条1項2号）──本申立てでは，不要である。

④代理人による申立ての場合は，代理人の氏名及び住所（会社非訟規2条2項1号）

⑤申立てに係る会社が外国会社であるときは，当該外国会社の日本における営業所の所在地（日本に営業所を設けていない場合にあっては，日本における代表者の住所地）（会社非訟規2条2項2号）──本申立てでは，不要である。

⑥申立てを理由づける具体的な事実ごとの証拠（会社非訟規2条2項3号）

⑦事件の表示（会社非訟規2条2項4号）（申立書には不要である。）

⑧附属書類の表示（会社非訟規2条2項5号）

⑨年月日（会社非訟規2条2項6号）

⑩裁判所の表示（会社非訟規2条2項7号）

⑪申立人又は代理人の郵便番号及び電話番号（ファクシミリの番号を含む。）（会社非訟規2条2項8号）

⑫その他裁判所が定める事項（会社非訟規2条2項9号）

(4) **申立手数料，予納金等**
- 申立手数料1,000円（民訴費3条1項，別表第1の16項イ）
- 検査役の報酬及び費用に相当する額の予納金
- 予納郵券（不要の場合もあり裁判所で確認）

(5) **申立ての趣旨**

「検査の目的記載の事項を調査させるため検査役の選任を求める。」

(6) **添付書類ほか**（会社非訟規3条，4条）

①申立てに係る会社の登記事項証明書（会社非訟規3条1項1号）

②申立てを理由づける事実についての証拠書類の写し（非訟規37条3項）

　ア　募集株式の発行の場合
- 定　款
- 株主総会議事録，種類株主総会議事録，取締役会議事録，取締役決定書又は執行役決定書等，募集事項の決定を行った機関の議事録又は決定書及び当該決定を委任した機関の議事録（会社199条，200条，201条，202条，416条）

　イ　新株予約権行使の場合
- 定　款
- 株主総会議事録，種類株主総会議事録，取締役会議事録，取締役決定書又は執行役決定書等，募集事項の決定を行った機関の議事録又は決定書（会社238条，240条，241条，278条，322条，416条）
- 新株予約権を行使したことを証する書面（会社280条1項）
- 現物出資財産の給付をなしたことを証する書面（会社281条2項）

③委任状（非訟規16条1項）

第1節　検査役選任申立事件（現物出資による募集株式の発行，現物出資による新株予約権の行使）

3　手続のポイント

(1)　審　理

　検査役選任については，関係者の陳述を聴くことは要求されていない（会社870条1項）。

(2)　裁　判

　検査役選任は終局決定で裁判をする（非訟54条，55条）。

　決定に理由を付すことは要求されていない（会社871条2号，874条1号）。

　なお，非訟事件手続法は，決定を終局決定（非訟55条1項）と終局決定以外の裁判（非訟62条1項）に分け，即時抗告の可否（非訟66条1項，79条）や即時抗告期間に違いを設ける（非訟67条1項，81条）等，前者の手続保証を手厚くしている。

　検査役選任の裁判は，申立人と検査役に選任された者に告知され（非訟56条1項），検査役の就任承諾によって効力を生ずる。

　選任決定に対しては不服申立てをすることはできない（会社874条1号）。したがって，必要があるときは裁判所に対して検査役選任の裁判の取消し又は変更を求めることとなる（非訟59条1項）。

　却下決定に対しては申立人に限り即時抗告ができる（非訟66条2項）。

(3)　報　酬

　裁判所は，検査役を選任した場合には，株式会社が当該検査役に対して支払う報酬の額を定めることができる（会社207条3項，284条3項）。

　検査役の報酬は，会社及び検査役の陳述を聴いた上で裁判所が決定する（会社870条1項1号）。この決定については理由を付することを要しない（会社871条1号）。

　この決定に対しては，会社及び検査役は即時抗告をすることができる（会社872条4号）。

(4)　検査役選任後の手続等

　検査役は，必要な調査を行い，当該調査の結果を記載し，又は記録した書面又は電磁的記録（フロッピーディスク，CD-ROM，CD-R，裁判所が定める電磁的記録（会社規228条））を裁判所に提供して報告の上（会社207条4項，284

条4項),株式会社に対し,裁判所に提供した上記書面の写しを交付し,又は上記電磁的記録に記録された事項を電子メール,フロッピーディスクの交付等の方法のうち株式会社が望む方法により提供しなければならない(会社207条6項,284条6項,会社規229条,2条2項6号,会社2条34号,会社規222条)。

　裁判所は,検査役が調査の結果を報告すべき期限を定めることができる(会社非訟規10条)。

　裁判所は,検査役の報告に基づき,現物出資財産の価額を不当と認めたときは,これを変更する決定をしなければならない(会社207条7項,284条7項)。この決定をするには,株式会社及び現物出資者の陳述を聴かなければならない(会社870条1項4号)。

　また,決定には理由を付さなければならない(会社871条本文)。

　この決定に対しては,株式会社及び現物出資者は即時抗告をすることができる(会社872条4号)。

　上記変更決定を受け入れることができない現物出資財産を給付する募集株式の引受人は,上記決定の確定後1週間以内に限り,その募集株式の引受けの申込み又は総数引受契約の係る意思表示を取り消すことができる(会社207条8項)。同様に現物出資財産を給付する新株予約権者もその新株予約権の行使に係る意思表示を取り消すことができる(会社284条8項)。

第1節 検査役選任申立事件（現物出資による募集株式の発行，現物出資による新株予約権の行使）

4 書式例

【書式17】検査役選任申立書

検査役選任申立書

収入印紙^(注)

平成○○年○月○日

○○地方裁判所　御中

申立人代理人弁護士　　吾　田　四　郎　㊞

〒○○○－○○○○　　東京都港区○○町○丁目○番○号
　　　　　　　　　　　株式会社○○企画　代表取締役
　　　　　　申　立　人　　　　　　甲　野　太　郎
〒○○○－○○○○　　東京都○○区○町○丁目○番○号
　　　　　　　　　　　○○法律事務所（送達場所）
　　　　　上記申立人代理人弁護士　　吾　田　四　郎
　　　　　　　　　　　電　話　○○－○○○○－○○○○
　　　　　　　　　　　FAX　　○○－○○○○－○○○○

申立ての趣旨

検査の目的記載の事項を調査させるため検査役の選任を求める。

検査の目的

現物出資財産の価格の当否

申立ての理由

1　株式会社○○企画（以下「当会社」という。）は，会社法2条5号に規定する公開会社ではない。

2　当会社は，平成〇〇年〇月〇日開催の株主総会において，発行する株式を引き受ける者を募集するにつき，金銭以外の財産を出資の目的とし，同財産の内容及び価格を下記のとおり決定した。

記

　①出資の目的とする財産　　〇〇
　②その価格　　　　　　　　〇〇円

3　よって，申立人は，会社法207条1項に基づき，検査の目的記載の事項の調査させるため，検査役の選任を求める。

疎　明　方　法

甲第1号証　　履歴事項全部証明書　　1通
甲第2号証　　定　款　　　　　　　　1通
甲第3号証　　株主総会議事録　　　　1通

添　付　書　類

甲号証写し　　各2通
委任状　　　　1通

（注）　貼用印紙は1,000円である（民訴費3条1項，別表第1の16項イ）。

第2節　株式の売却許可申立事件

第1　所在不明株主の株式売却許可申立事件

1　制度の趣旨・目的

　株式会社が株主に対してする通知又は催告は，株主名簿に記載し，又は記録した当該株主の住所（当該株主が別に通知又は催告を受ける場所又は連絡先を当該株式会社に通知した場合にあっては，その場所又は連絡先）にあてて発すれば足り（会社126条1項），その通知又は催告は通常到達すべきであった時に，到達したものとみなされる（会社126条2項）。

　そして，株式会社が株主に対してする通知又は催告が5年以上継続して到達しない場合には，株式会社は，当該株主に対する通知又は催告をすることを要しない（会社196条1項）。この場合には，当該株主に対する株式会社の義務の履行を行う場所は，株式会社の住所地となる（会社196条2項）。

　しかし，株主に対する通知の省略ができても，株式会社は依然として株主管理にかかるコストを負担することになるため，所在不明株式について株式会社が競売等による売却又は会社による買受けをする制度を設け，株式事務の合理化を図っている（会社197条）。

2　申立て

(1)　管　轄

　　会社の本店の所在地の地方裁判所である（会社868条1項）。

(2)　申立人

　　株式会社（会社197条2項）

(3) 申立ての方式

書面によることを要する（会社876条，会社非訟規1条）。

(4) 申立手数料など

収入印紙1,000円（民訴費3条1項，別表第1の16項イ）

予納郵券（決定謄本を郵送にて受領したい場合は，郵券を予納する必要がある。）

(5) 申立ての趣旨

「別紙株式目録記載の株式を金〇〇〇円で任意売却することを許可する。」との裁判を求める。

(6) 申立ての要件

① 株式が次のいずれにも該当すること（会社197条1項）

　i その株式の株主に対して会社法196条1項又は294条2項の規定により通知及び催告をすることを要しないもの（会社197条1項1号）

　・ 会社法196条1項──株式会社が株主に対してする通知又は催告が5年以上継続して到達しない場合

　・ 会社法294条2項──株式会社が取得条項付新株予約権を取得するのと引き換えに当該新株予約権者に対して当該株式会社の株式を交付する場合で，新株予約権証券が提出されない場合

　ii その株式の株主が継続して5年間剰余金の配当を受領しなかったもの（会社197条1項2号）

② 当該株式が，競売以外の方法による売却が相当である株式であり，かつ，市場価格のない株式であること（会社197条2項前段）

③ 取締役が2名以上いるときは当該許可の申立てについて全取締役の同意があること（会社197条2項後段）

④ 会社法197条1項の株式の株主その他の利害関係人が一定の期間内に異議を述べることができる旨その他法務省令（会社規39条）で定める事項を公告し，かつ，当該株式の株主及びその登録株式質権者には，各別にこれを催告していること（会社198条1項）。

⑤ 申立人会社が取締役会設置会社であって，会社法197条2項の規定により売却する株式の全部又は一部を買い取る場合は，会社法197条

3項各号に掲げる事項を取締役会で決議したこと（会社197条4項）。

(7) 添付書類

申立てに係る株式会社の登記事項証明書（会社876条，会社非訟規3条1項1号）等

3 申立前の手続その他のポイント

(1) 株主に対してする通知の省略を規定する会社法196条1項は，株主に対してする通知又は催告が5年以上「継続して」到達しない場合を要件とし，通知又は催告を法定のもの（例えば，株主総会招集通知書等）に限定していないことから，通知又は催告は法定のものか任意のものかにかかわらず，5年以上継続して到達していないことを必要とする。

株主に対してする通知又は催告が到達しないことは，返戻された通知書の封筒等に記載された株主の氏名又は名称及び住所と，株主名簿に記載し，又は記録された当該株主の住所（当該株主が別に通知又は催告を受ける場所又は連絡先を当該株式会社に通知した場合にあっては，その場所又は連絡先）を照合することによって確認する（会社126条1項参照）。

「新・会社非訟」によれば，「会社宛に返送された封書が漏れなく保管され疎明資料として提出されるときは問題ないものの，欠けている年度がある場合には，裁判官が，返戻封筒に代えて提出された疎明資料を斟酌して自由心証により決することになる。」，疎明資料としては「①当該年度の郵便物発送簿の写し，②当該年度の通知以外の返戻封筒，③会社担当者の報告書（発送及び返戻の状況及び返戻封筒紛失の状況が記載されているもの）などが考えられる。」とし，本手続が株主の意思に関係なく行われることから，「法定の通知等の返戻封筒が欠けている場合における所在不明株主の認定については，上記①ないし③の資料のうち複数の資料をもって認定するなど慎重に行うことを要する。」とされている（同書331頁）。

すなわち，裁判官による所在不明株主の認定は慎重に行われており代表取締役等の陳述書などの代替書面による疎明は認められない。

(2) その株式の株主が継続して5年間剰余金の配当を受領しなかったもの（会社197条1項2号）には、剰余金の配当は行われたものの、当該株主が受領していない場合のほか、剰余金の配当そのものが行われなかった場合も含まれる。そして、上記期間に剰余金の配当をしていない事業年度がある場合には、当該事業年度の定時株主総会招集通知、株主総会議事録等の写しの提出が必要となる。
(3) 裁判所の許可を得て競売以外の方法により売却できるのは、市場価格のない株式であり、この売却は「競売に代えて」するものであること（会社197条2項前段）から競売以外の方法による売却が相当であることが要件となり、疎明が必要となる。
(4) 公告及び催告の記載事項は、以下のとおりである（書式19参照）。
　ア　会社法197条1項の株式（以下「競売対象株式」という。）の株主その他の利害関係人が一定期間内に異議を述べることができる旨（会社198条1項）
　イ　競売対象株式の競売又は売却をする旨（会社規39条1号）
　ウ　競売対象株式の株主として株主名簿に記載又は記録がされた者の氏名又は名称及び住所（会社規39条2号）
　エ　競売対象株式の数（種類株式発行会社にあっては、競売対象株式の種類及び種類ごとの数）（会社規39条3号）
　オ　競売対象株式につき株券が発行されているときは、当該株券の番号（会社規39条4号）
(5) 取締役が2名以上いるときは当該許可の申立てについて全取締役の同意があったことを証する疎明資料が必要となる（会社197条2項後段）。
(6) 申立人会社が取締役会設置会社であって、会社法197条2項の規定により売却する株式の全部又は一部を買い取る場合は、会社法197条3項各号に掲げる事項を取締役会で決議したことを疎明する取締役会議事録の提出が必要となる（会社197条3項・4項）。

4 審理のポイント

所在不明株式の売却許可申立事件においては，裁判資料の正確な把握，鑑定事項の決定や鑑定の前提条件を整えるため，専門委員の意見を有効に活用して審理を進めることが期待されている。

売却価格の相当性は審査の対象となると解されており，裁判所は申立に係る株式の売却価格の適正さについて慎重な審査を求められる。そのため，売却価格の相当性についての疎明資料として中立的立場の専門家が作成した価格算定報告書等が望ましく，少なくとも，財産評価基本通達の定める取引相場のない株式の価格の評価についての原則的評価方式（特例的評価方式である配当還元法でない方式）に従って算定された評価は提出させるべきであるとされている（「新・会社非訟」334頁）。

5 書式例

【書式18】所在不明株主の株式売却許可申立書

```
               所在不明株主の株式売却許可申立書

                                         平成○○年○月○日
   ○○地方裁判所  御中


                         申立代理人弁護士   ○○○○  ㊞
            〒○○○－○○○○  東京都○○区○○町○丁目○番○号
                         申    立    人   ○○株式会社
                         同代表者代表取締役  ○ ○ ○ ○

            （送達場所）
            〒○○○－○○○○  東京都○○区○○町○丁目○番○号
                                         ○○法律事務所
                         同代理人弁護士            ○○○○
```

第5章　株式に関する事件

TEL　03－○○○○－○○○○
FAX　03－○○○○－○○○○

申立ての趣旨

　別紙株式目録記載の株式を金○○円で任意売却することを許可する。
との裁判を求める。

申立ての理由

1　申立人は，○○を目的とする非上場の株式会社である（甲1，2）。
2　申立人は，別紙株式目録記載の株式（以下「本件株式」という。）の株主である○○○○（以下「本件株主」という。）に対し，申立人の株主名簿に記載された本件株主の住所にあてて通知及び催告を行ってきたが，当該通知及び催告は，平成○○年○月○日から平成○○年○月○日まで5年以上継続して，本件株主に到達しなかった（甲3，4）。
3　また，本件株主は，同じく平成○○年○月○日から平成○○年○月○日まで継続して5年間剰余金の配当を受領しなかった（甲5）。
4　本件株式について，株主名簿に登録された質権者は存在しない。
5　申立人は，平成○○年○月○日，取締役会において，本件株主が有する株式を売却し，かつ，同社において買い取ることを決議した（甲6）。
6　申立人は，会社法198条1項に従い，平成○○年○月○日，本件株式につき同項に定める事項を公告し，また，同月○日，本件株主に対し，会社の株主名簿に記載された住所にあてて上記事項の催告を発送した（甲7，8）。
7　申立人は，本件株式を競売することができる要件を備えたが，競売による売却では相当の時間を要するのみならず，本件株式は市場価格のない株式であることから，競売により買受人が現れること及び株価鑑定書記載の価額以上の価額で売却することは期待できない（甲9）。
8　本申立人については，取締役全員が同意している（甲10）。
9　よって，会社法197条2項に基づき，本件株式の任意売却の許可を求める。

疎　明　資　料

　甲第1号証　　本件株式会社の登記事項証明書
　甲第2号証　　本件会社の定款
　甲第3号証　　株主名簿

甲第4号証	通知又は催告が5年以上継続して到達していないことを疎明する資料（例：5年間分の株主総会招集通知書及び返戻封筒）
甲第5号証	当該株式の株主が継続して5年間剰余金の配当を受領しなかったことを疎明する資料（例：5年間分の剰余金配当送金通知書及び返戻封筒）
甲第6号証	会社法197条3項各号に掲げる事項を取締役会で決議したことを疎明する取締役会議事録
甲第7号証	会社法198条1項にかかる公告（官報）
甲第8号証	催告書及び返戻封筒
甲第9号証	株価鑑定書
甲第10号証	取締役全員の当該許可の申立てに係る同意書（取締役が2名以上いる場合）

添　付　書　類

商業登記事項証明書　　1通
委任状　　　　　　　　1通
甲号証写し　　　　　　各2通

別紙
　株式目録
　　株主名義　　○○○○
　　会社名　　　○○株式会社
　　株式数　　　○○○株
　＊　種類株式発行会社にあっては，対象株式の種類及び種類ごとの数。対象株式に株券が発行されているときは，当該株券の番号

【書式19】所在不明株主の株式売却に関する異議申述の公告

平成○○年○月○日

東京都○○区○○町○丁目○番○号
○○○○株式会社
代表取締役　○　○　○　○

所在不明株主の株式売却に関する異議申述の公告

　当社は，会社法197条１項に規定する株式（所在不明株主の株式）の売却を決定いたしました。つきましては，後記株主様ご所有株式を売却することに対し異議のある株主様，その他利害関係人は平成○○年○月○日までに，当社に対しその旨お申し出くださいますよう，会社法198条の規定により公告いたします。
(注)　所在不明株主とは，株主名簿に記載又は記録された住所にあてて発した通知又は催告が５年以上継続して到達せず，かつ，継続して５年間剰余金の配当を受領していない株主をいいます。

【異議申述（申出）先】
　　当社　○○○○
　　（TEL　○○-○○○○-○○○○）

株主番号	氏名又は名称	株主名簿上の住所	所有株式数（単位：株）
○○	○○	○○○	○○○
○○	○○	○○○	○○○
○○	○○	○○○	○○○

第2 端数相当株式任意売却許可申立事件

1 制度の趣旨・目的

　端株制度は会社法制定時に廃止されており，会社法の下では，以下の①から⑨を原因として，発行する株式の数に1株に満たない端数が生じた場合は，その端数の合計数（その合計数に1に満たない端数がある場合にあっては，これを切り捨てるものとする。）に相当する数の株式を競売し，かつ，その端数に応じてその競売により得られた代金を当該者に交付しなければならないものとされている（会社234条1項，235条1項）。

① 取得条項付株式の取得の対価として株式が交付される場合（会社234条1項1号，170条1項）

② 全部取得条項付種類株式の取得の対価として株式が交付される場合（会社234条1項2号，173条1項）

③ 株式無償割当（会社234条1項3号，185条）

④ 取得条項付新株予約権の取得の対価として株式が交付される場合（会社234条1項4号，275条1項）

⑤ 合併（合併により当該株式会社が存続する場合に限る。）（会社234条1項5号，749条1項2号）

⑥ 合併契約に基づく設立時発行株式の発行（会社234条1項6号，753条1項7号）

⑦ 株式交換による他の株式会社の発行済株式の全部の取得（会社234条1項7号，768条1項3号）

⑧ 株式移転計画に基づく設立時発行株式の発行（会社234条1項8号，773条1項5号）

⑨ 株式分割又は株式併合（会社235条1項，183条，180条）

　しかし，一般的に競売による売却は，手続に費用と時間がかかる割には，売却価格が低くなるのが実情であり，また市場価格のない株式の場合は買受人が現れる可能性も低いという問題点がある。

第5章　株式に関する事件

　そこで，会社法は，市場価格のない株式については，競売に代えて，裁判所の許可を得て任意売却により売却することを認めている（会社234条2項，235条2項）。

2　申立て
(1)　管　轄

　会社の本店の所在地の地方裁判所である（会社868条1項）。

(2)　申立人

　その株式を発行した株式会社である（会社234条2項，235条2項）。

(3)　申立ての方式

　書面によることを要する（会社876条，会社非訟規1条）。

(4)　申立手数料，予納金等

　申立手数料1,000円（民訴費3条1項，別表第1の16項イ）

　予納郵券

(5)　申立ての趣旨

　「別紙株式目録記載の株式を1株金〇〇〇円で任意売却することを許可する。」との裁判を求める。

(6)　申立ての要件

　① 　端数株式が生じる原因事実

　　申立人株式会社が，会社法234条1項各号の行為（上記1記載の①～⑧），株式の分割又は株式の併合（上記1記載の⑨）を行うこと

　② 　①によって生じた端数株式数

　③ 　当該株式が，市場価格のない株式であり，競売以外の方法による売却が相当であること（会社234条2項）

　④ 　取締役が2名以上いるときは当該許可の申立てについて全取締役の同意があること（会社234条2項，235条2項）

　⑤ 　売却する株式の売買価格

(7)　添付書類

　申立てに係る株式会社の登記事項証明書（会社876条，会社非訟規3条）等

3 申立てを準備するに当たってのポイント

(1) 端数株式が生じる原因事実，その結果端数株式が生じることの疎明

申立人株式会社が，会社法234条1項各号の行為（上記1記載の①～⑧），株式の分割又は株式の併合（上記1記載の⑨）を行うこと，その結果，端数株式が生じることについて，取締役会議事録（取締役会設置会社の場合），株主総会議事録，公告の写し等（書式21，22参照）

裁判所の審理の実務において，「新・会社非訟」によれば，端数株式の合計数及び当該端数株式の合計数が1を上回ることに関し，株主名簿に基づいて株主ごとの端数及び当該端数の合計数を記載した書面の提出を受け，審査するとされている（同書309頁）ことから，この書面の作成準備が必要になろう。

また，同書では，当該株式の売買ないし買取りの見込みの審査のために，端数株式が生じる会社以外の第三者が買い受ける場合には，当該会社と買受人（第三者）との売買契約書等，当該会社が買い取る場合には，会社において①買い取る株式の数（種類株式発行会社にあっては，株式の種類及び種類ごとの数）及び②株式の買取りをするのと引き換えに交付する金銭等の総額を定める必要があることから，これにかかる取締役会議事録（取締役会設置会社の場合）の提出を求め，審査するとされている（同書309頁～310頁）ことから，これら書類の準備も必要になろう。

(2) 会社法234条1項の規定による競売に代えて，市場価格のない株式について，裁判所の許可を得て任意売却をするには，この売却が競売に代えて行うものであることから，競売に代えて売却することの相当性，売買価格の相当性の疎明が必要となる。

市場性がないためやむなく自己買受けする場合などは，主張のみで特段の疎明が求められない場合がある（「類型別会社非訟」133頁）。

売却価格の相当性は審査の対象となると解されており，裁判所は申立に係る株式の売却価格の適正さについて慎重な審査を求められる。そのため，売却価格の相当性についての疎明資料として中立的立場の専門家が作成した価格算定報告書等が望ましい（「新・会社非訟」310頁）。

上場会社の組織再編に伴って端数株式が生じた場合であって，当該組織再編の過程に公開買付けが介在している場合は，当該公開買付けにおける買付価格を基準にした売却許可の申立てが通常であるところ，公開買付けに応じなかった株主は会社に対する株式買取請求ないし取得価格の決定の申立てをすることで公正な価格による買取り又は取得を求めることが可能であるから，会社法234条の規定による端数株式売却許可の手続においては，疎明資料から公開買付価格の形成及び公開買付手続きに特段の問題が見当たらない限りは，当該公開買付価格を基準とする価格での売却を許可してよいとされている（「新・会社非訟」311頁）。
(3) 当該許可の申立ては，取締役が2人以上あるときは，その全員の同意によってしなければならない（会社234条2項後段，235条2項）。

4 専門委員制度

円滑な審理の遂行と当事者が手続を利用する際の便宜を図るため，専門委員制度が設けられている（非訟33条）。所在不明株式や端数株式の売却許可事件等においては，裁判資料の正確な把握，鑑定事項の決定や鑑定の前提条件を整えるため，専門委員の意見を有効に活用して審理を進めることが期待されている。

5 書式例

【書式20】端数相当株式任意売却許可申立書

端数相当株式任意売却許可申立書

平成○○年○月○日

○○地方裁判所　御中

　　　　　　　　　　申立代理人弁護士　　○　○　○　○　㊞
　　　　　　　〒○○○-○○○　東京都○○区○○町○丁目○番○号
　　　　　　　　　　申　　立　　人　　○○株式会社
　　　　　　　　　　同代表者代表取締役　　○　○　○　○

（送達場所）
　　　　　　　〒○○○-○○○　東京都○○区○○町○丁目○番○号
　　　　　　　　　　　　　　　　　　　　○○法律事務所
　　　　　　　　　　同代理人弁護士　　○　○　○　○
　　　　　　　　　　TEL 03-○○○○-○○○○
　　　　　　　　　　FAX 03-○○○○-○○○○

申立ての趣旨

　別紙株式目録記載の株式を1株につき金○○円で任意売却することを許可する。
との裁判を求める。

申立ての理由

1　申立人は，○○を目的とする証券取引所に上場されていない株式会社である（甲1, 2）。
2　申立人は，平成○○年○月○日開催の取締役会において，平成○○年○月○日最終の株主名簿に記載された株主の所有する株式を1株につき○株の割

第5章　株式に関する事件

　　合をもって分割し，分割の結果生じる1株未満の端数株式は，これを一括売却又は買受けし，その処分代金を端数が生じた株主に対しその端数に応じて分配することを決議した（甲3）。
2　申立人は，上記決議に基づき株式分割を行ったところ（甲4），別紙株式目録記載のとおり○株の端数株式（以下「本件株式」という。）が生じた（甲5）。
3　本件株式は，競売されるべきものではあるが，市場価格のない株式であることから，競売により買受人が現れ株価鑑定書記載の価額以上の価額で売却することは期待できない。
4　そこで，申立人は，平成○○年○月○日開催の取締役会において，裁判所の許可を条件として，上記端数相当株式○株を申立人において1株○円で買い受けることを決定した（甲6）。
5　よって，会社法235条1項・2項，同234条2項に基づき，本件株式の任意売却の許可を求める。

　　　　　　　　　　　　　疎　明　資　料

甲第1号証　　　　履歴事項全部証明書
甲第2号証　　　　定　　款
甲第3号証　　　　取締役会議事録（株式分割）
甲第4号証　　　　会社法124条3項にかかる公告（写し）
甲第5号証　　　　端数相当株式目録
甲第6号証　　　　取締役会議事録（端数株式の買取り）
甲第7号証　　　　株価鑑定書

　　　　　　　　　　　　　添　付　書　類

商業登記事項証明書　　　1通
委任状　　　　　　　　　1通
申立書副本　　　　　　　1通
甲号証写し　　　　　　　各2通

別　紙
　○○株
　　ただし，申立人が平成○年○月○日付をもって株式1株につき○株に分割した結果生じた端数の合計○株に相当する株式（なお，合計数のうち1株に満たない端数は切り捨て）

【書式21】 取締役会議事録（株式分割）

○○○○株式会社取締役会議事録

1　日　　時　　平成○○年○月○日（○曜日）　午前10時
2　場　　所　　東京都○○区○○町○丁目○番○号　当社本店会議室
3　出席取締役及び監査役　　取締役総数○名中出席取締役○名
　　　　　　　　　　　　　　監査役総数○名中出席監査役○名
4　議　　長　　　　　　　　代表取締役○○○○
5　議事の経過の要領及びその結果
 (1) 議長は，定刻午前10時に開会を宣言した。
 (2) 議案　株式分割の件
　　　議長は，○○の目的のため，下記の概要で株式分割を行いたい旨を説明し，その賛否を諮ったところ，一同異議なくこれを承認したので，本議案は可決された。

記

　① 分割の方法
　　　平成○年○月○日（○曜日）最終の株主名簿に記載された株主の所有株式1株につき，○株の割合をもって分割する。ただし，分割の結果生じる1株未満の端数株式は，一括売却又は買受けし，その処分代金を端数の生じた株主に対し，その端数に応じて分配する。

　② 分割により増加する株式数
　　　株式分割前の当社発行済株式総数　　　○○○株
　　　今回の分割により増加する株式数　　　○○○株

第5章　株式に関する事件

　　　　　株式分割後の当社発行済株式総数　　○○○株
　　　　　株式分割後の発行可能株式総数　　　○○○○株
　　③　日　程
　　　　基準日公告日　　平成○○年○月○日（○曜日）
　　　　基　準　日　　　平成○○年○月○日（○曜日）
　　　　効力発生日　　　平成○○年○月○日（○曜日）
 6　以上をもって，本取締役会の議案の審議が終了したので，午前○時○分議長は閉会を宣した。
　　上記議事の経過の要領及びその結果を明確にするため，この議事録を作成し，出席取締役及び監査役は記名押印する。

平成○○年○月○日

○○○○株式会社　取締役会

　　　　　　　　　　　　　議長取締役　　○　○　○　○
　　　　　　　　　　　　　取締役　　　　○　○　○　○
　　　　　　　　　　　　　取締役　　　　○　○　○　○
　　　　　　　　　　　　　監査役　　　　○　○　○　○

【書式22】会社法124条3項にかかる公告

株式分割に関する基準日設定公告

平成○○年○月○日

株主各位

東京都○○区○○町○丁目○番○号
○○○○株式会社　代表取締役　○　○　○　○

　当社は，平成○○年○月○日開催の取締役会において，平成○○年○月○日付をもって当社株式1株を○株に分割することを決議いたしました。
　つきましては，この株式の分割により株式の分割を受ける権利の基準日を平成○○年○月○日と定めましたので，公告いたします。

以　上

第3節　株式価格の決定に関する事件

　組織再編行為や一定の定款変更等，会社の組織的基礎の変更や株主としての地位に重要な影響を及ぼす変更が資本多数決をもって行われるため，少数派の株主や新株予約権者等の権利，とりわけ投下資本回収の手段を保護すべく，反対株主や新株予約権者等に，法律上，会社に対する株式等の公正な価格での買取り等を請求する権利が認められている場合がある。このような場合において，当事者間で買取価格等に関する協議が調わないとき，裁判所における価格決定のための審理手続が認められている。あるいは，単元未満株主が会社に対して単元未満株式の買取ないし売渡請求をした場合なども同様である。本手続は，会社による合併比率算定などの適正性が「公正な価格」決定を通じた裁判所による事後審査の対象となり得ることで経営に対するチェック機能も有している。

第1　一定の定款変更等に反対する株主の買取請求に際しての株式買取価格の決定申立事件

1　制度の趣旨・目的

　会社が株式譲渡制限や全部取得条項を付す定款変更や種類株式の株主に損害を及ぼすおそれのある株式の併合を行う場合，反対株主の権利，とりわけ投下資本回収の手段を保護する必要があるため，反対株主には法律上会社に対する株式の公正な価格での買取りを請求する権利が認められている（会社116条1項1号〜3号）ところ，当事者間で買取価格に関する協議が調わない場合における裁判所による価格審理の手続を認めるものである（会社117条2項）。

第5章　株式に関する事件

2　申立て

(1) 管　轄

会社の本店所在地の地方裁判所である（会社868条1項）。

(2) 申立人

反対株主又は後述(4)の行為を行った株式会社である（会社117条2項）。

(3) 申立ての方式

・書面によることを要する（会社876条，会社非訟規1条）。

・申立手数料は1,000円である（民訴費3条1項，別表第1の16項イ）。

(4) 申立ての要件[1]

ア　会社が次の①ないし③の行為を行ったこと（会社116条1項1～3号）。

①発行する全部の株式の内容として譲渡制限の定めを設ける定款変更

②ある種類の株式の内容として譲渡制限の定めを設ける定款変更，全部取得条項の定めを設ける定款変更

③(i)　株式の併合又は株式の分割

(ii)　株式無償割当て

(iii)　単元株式数についての定款の変更

(iv)　当該株式会社の株式を引き受ける者の募集

(v)　当該株式会社の新株予約権を引き受ける者の募集

(vi)　新株予約権無償割当て

の各場合について，ある種の株式を有する種類株主に損害を及ぼすおそれがあるとき

イ　反対株主であること（会社116条2項）。

上記アの会社の行為に株主総会の開催を要する場合は，議決権を有する株主は株主総会に先立ち会社に対し反対の意思を通知し，かつ，株主

---

[1]　2(4)アないしウは，価格決定の前提としての株式買取請求の要件である。この観点からは，平成26年改正で株式買取請求の（株式の市場売却による）事実上の撤回制限をより実効化するために創設された振替株式の買取口座への振替申請（社債株式振替155条）及び株式発行株式について株券の会社への提出（会社116条6項）も必要である。

総会において反対の意思を表示した株主，又は議決権を有しない株主。
　　上記アの会社の行為に株主総会決議を要しない場合は，全株主。また，上場会社の場合は，反対株主は原則として個別株主通知を行った後4週間以内に会社に対し買取請求権行使の手続に入る必要がある（社債株式振替154条，同施行令40条）。
　ウ　申立人が所定期間内（上記アの会社の行為の効力発生日の20日前の日からその前日までの間）に買取請求をしたこと（会社116条5項）。
　エ　申立人が所定期間内（協議期間（効力発生日から30日以内）満了後30日以内）に価格決定申立てをしたこと（会社117条2項）。

(5)　添付書類

商業登記簿謄本（会社非訟規3条1項1号）等。後述書式参照。

3　審理・手続のポイント

　裁判所は，会社法所定の申立てがあった場合には，申立人の主張やこれに対する反論や主張の機会を十分に保障するため，利害の対立する関係者に対し，原則として申立書の写しを送付することを要し，また，その裁判の際には，原則として審問の期日を開いて申立人や利害の対立する関係者の陳述を聞いたり，審理を終結する日や裁判の日を定め，申立人らに通知したりすることを要する（会社870条2項各号，870条の2各項）。

　本申立てによる価格の決定の裁判をする場合にも，裁判所は，会社法の規定にのっとり，申立人や価格の決定の申立てをすることができる者の主張反論の機会を十分に保障することが求められている（詳細は，総論第3節部分参照）。

第5章　株式に関する事件

4　書式例

【書式23】株式買取価格決定申立書（株式譲渡制限を付す定款変更）

株式買取価格決定申立書

平成○○年○月○日

○○地方裁判所民事第○部　御中

　　　　　　　　　　　申立人代理人弁護士　　　吾　田　四　郎　㊞

〒○○○－○○○○　東京都○○区○○町○丁目○番○号
　　　　　　　　　　　　　　　申　立　人　甲　野　太　郎
〒○○○－○○○○　東京都千代田区○○町○丁目○番○号
　　　　　　　　　　　　　　　○○○ビル○階　○○法律事務所
　　　　　　　　　　　　　　　電話　03（○○○○）○○○○
　　　　　　　　　　　　　　　FAX　03（○○○○）○○○○
　　　　　　　　　　　同代理人弁護士　　　吾　田　四　郎
〒○○○－○○○○　東京都○○区○○町○丁目○番○号
　　　　　　　　　　　　相　手　方　　　　乙川株式会社
　　　　　　　　　　　同代表者代表取締役　　乙　川　花　子

申立ての趣旨

「申立人が所有する相手方の株式の買取価格は1株につき金○○円とする。」
との裁判を求める。

申立ての理由

1　申立人は，相手方の発行済株式総数○○○株中○○株の株式（以下「本件株式」という。）を有する株主である（甲2）。
2　相手方は，平成○○年○月○日開催の株主総会（以下「本件総会」という。）において，相手方の発行する全部の株式の内容として，譲渡による当

第3節　株式価格の決定に関する事件

　　該株式の取得について相手方の承認を要することを定める定款の変更（以下「本件定款変更」という。）を承認する旨の決議をした（甲3）。
3　申立人は，本件定款変更に反対であったので，本件総会に先立ち，平成〇〇年〇月〇日到達の書面により，相手方に対して本件定款変更に反対する旨の通知を行った（甲4の1，2）。
4　申立人は，本件総会において本件定款変更の承認に反対した（甲3）。
5　申立人は，平成〇〇年〇月〇日到達の書面により，相手方に対して本件株式を公正な価格で買い取ることを請求した（甲5の1，2）。
6　本件定款変更は，平成〇〇年〇月〇日に効力を生じたが，申立人と相手方との間では平成〇〇年〇月〇日までに本件株式の価格の決定について協議が調わなかった。
7　本件株式の価格は，公認会計士〇〇〇〇作成の株価鑑定書によれば，1株金〇〇円である（甲6）。
8　よって，申立人は，会社法117条2項に基づき，本件株式の買取価格の決定を求める。

　　　　　　　　　　　疎　明　方　法

甲第1号証　　　　　定　款
甲第2号証　　　　　株主であることの証明書[注]
甲第3号証　　　　　株主総会議事録
甲第4号証の1　　　決議反対通知書
甲第4号証の2　　　配達証明書
甲第5号証の1　　　株式買取請求書
甲第5号証の2　　　配達証明書
甲第6号証　　　　　株価鑑定書

　　　　　　　　　　　添　付　書　類

商業登記事項証明書　　　1通
委任状　　　　　　　　　1通
申立書副本　　　　　　　1部
甲号各証写し　　　　　　各2部

（注）ほかに，株券（株券発行会社），株主名簿，上場会社においては口座管理機関に対し個別株主通知の申出を行った際に交付された受付票など

157

第5章 株式に関する事件

【書式24】反対通知書

反対通知書

平成〇〇年〇月〇日

東京都〇〇区〇〇町〇丁目〇番〇号
乙川株式会社
代表取締役　　乙　川　花　子　殿

東京都〇〇区〇〇町〇丁目〇番〇号
甲　野　太　郎　㊞

　私は，貴社より〇〇〇〇の承認を議題とする株主総会を平成〇〇年〇月〇日に開催する旨の通知を受けましたが，私は〇〇〇〇については反対ですので，その旨あらかじめ本書をもって通知いたします。

以　上

【書式25】株式買取通知書

株式買取通知書

平成○○年○月○日

東京都○○区○○町○丁目○番○号
乙川株式会社
代表取締役　　乙　川　花　子　殿

東京都○○区○○町○丁目○番○号
甲　野　太　郎　㊞

　平成○○年○月○日に開催された貴社株主総会において，私が反対したにもかかわらず，○○○○を承認する決議がなされました。よって，私は貴社に対し，私が保有する貴社○○株式○○株を公正な価格を持って買い取るよう本書をもって請求いたします。

以　　上

第5章　株式に関する事件

第2　事業譲渡等に反対する株主の買取請求に際しての株式買取価格の決定申立事件

1　制度の趣旨・目的

　会社が事業譲渡や事業譲受等を行う場合，反対株主の権利，とりわけ投下資本回収の手段を保護する必要があるため，反対株主には，法律上，会社に対する株式の公正な価格での買取りを請求する権利が認められている（会社469条1項）ところ，当事者間で買取価格に関する協議が調わない場合における裁判所による価格審理の手続を認めるものである（会社470条2項）。

2　申立て

(1)　管　轄

　会社の本店所在地の地方裁判所である（会社868条1項）。

(2)　申立人

　反対株主又は後述(4)の行為を行った株式会社である（会社470条2項）。

(3)　申立ての方式

・書面によることを要する（会社876条，会社非訟規1条）。

・申立手数料は1,000円である（民訴費3条1項，別表第1の16項イ）。

(4)　申立ての要件[2]

ア　会社が次の①ないし④の行為を行ったこと（会社469条1項，467条1項1～4号）。

①　事業の全部の譲渡

②　事業の重要な一部の譲渡（当該譲渡により譲り渡す資産の帳簿価額が当該株式会社の総資産額として法務省令で定める方法により算定される額の5分

---

[2]　2(4)アないしウは，価格決定の前提としての株式買取請求の要件である。この観点からは，平成26年改正で株式買取請求の（株式の市場売却による）事実上の撤回制限をより実効化するために創設された振替株式の買取口座への振替申請（社債株式振替155条）及び株式発行株式について株券の会社への提出（会社469条6項）も必要である。

160

の1（これを下回る割合を定款で定めた場合にあっては，その割合）を超えないものを除く。）
③　他の会社（外国会社その他の法人を含む。）の事業の全部の譲受け
④　事業の全部の賃貸，事業の全部の経営の委任，他人と事業上の損益の全部を共通にする契約その他これらに準ずる契約の締結，変更又は解約

イ　反対株主であること（会社469条2項）。

上記アの会社の行為に株主総会の開催を要する場合は，議決権を有する株主は株主総会に先立ち会社に対し反対の意思を通知し，かつ，株主総会において反対の意思を表示した株主，又は議決権を有しない株主。上記アの会社の行為に株主総会決議を要しない場合は，全株主。また，上場会社の場合は，反対株主は原則として個別株主通知を行った後4週間以内に会社に対し買取請求権行使の手続に入る必要がある（社債株式振替154条，同施行令40条）。

ウ　申立人が所定期間内（上記アの会社の行為の効力発生日の20日前の日からその前日までの間）に買取請求をしたこと（会社469条5項）。

エ　申立人が所定期間内（協議期間（効力発生日から30日以内）満了後30日以内）に価格決定申立てをしたこと（会社470条2項）。

(5)　添付書類

商業登記簿謄本（会社非訟規3条1項1号）等。後述書式参照。

3　審理・手続のポイント

裁判所は，会社法所定の申立てがあった場合には，申立人の主張やこれに対する反論や主張の機会を十分に保障するため，利害の対立する関係者に対し，原則として申立書の写しを送付することを要し，また，その裁判の際には，原則として審問の期日を開いて申立人や利害の対立する関係者の陳述を聞いたり，審理を終結する日や裁判の日を定め，申立人らに通知したりすることを要する（会社870条2項各号，870条の2各項）。

本申立てによる価格の決定の裁判をする場合にも，裁判所は，会社法の規

第5章　株式に関する事件

定にのっとり，申立人や価格の決定の申立てをすることができる者の主張反論の機会を十分に保障することが求められている（詳細は，総論第3節部分参照）。

4　書式例

【書式26】株式買取価格決定申立書（事業譲渡）

株式買取価格決定申立書

平成〇〇年〇月〇日

〇〇地方裁判所民事第〇部　御中

申立人代理人弁護士　　吾　田　四　郎　㊞

〒〇〇〇-〇〇〇〇　東京都〇〇区〇〇町〇丁目〇番〇号
　　　　申　立　人　　　　　甲　野　太　郎
〒〇〇〇-〇〇〇〇　東京都千代田区〇〇町〇丁目〇番〇号
　　　　　　〇〇〇ビル〇階　〇〇法律事務所
　　　　　　電話　03（〇〇〇〇）〇〇〇〇
　　　　　　FAX　03（〇〇〇〇）〇〇〇〇
　　　　同代理人弁護士　　吾　田　四　郎
〒〇〇〇-〇〇〇〇　東京都〇〇区〇〇町〇丁目〇番〇号
　　　　相　手　方　　　　乙川株式会社
　　　　同代表者代表取締役　　乙　川　花　子

申立ての趣旨

「申立人が所有する相手方の株式の買取価格は1株につき金〇〇円とする。」との裁判を求める。

申立ての理由

1　申立人は，相手方の発行済株式総数〇〇〇株中〇〇株の株式（以下「本件株式」という。）を有する株主である（甲2）。
2　相手方は，平成〇〇年〇月〇日開催の株主総会（以下「本件総会」という。）において，丙山株式会社（東京都〇〇区〇〇町〇丁目〇番〇号　代表者代表取締役丙山次郎）に対して相手方事業の全部の譲渡（以下「本件事業譲渡」という。）を承認する旨の決議をした（甲3）。
3　申立人は，本件事業譲渡に反対であったので，本件総会に先立ち，平成〇〇年〇月〇日到達の書面により，相手方に対して本件事業譲渡に反対する旨の通知を行った（甲4の1，2）。
4　申立人は，本件総会において本件事業譲渡の承認に反対した（甲3）。
5　申立人は，平成〇〇年〇月〇日到達の書面により，相手方に対して本件株式を公正な価格で買い取ることを請求した（甲5の1，2）。
6　本件事業譲渡は，平成〇〇年〇月〇日に効力を生じたが，申立人と相手方との間では平成〇〇年〇月〇日までに本件株式の価格の決定について協議が調わなかった。
7　本件株式の価格は，公認会計士〇〇〇〇作成の株価鑑定書によれば，1株金〇〇円である（甲6）。
8　よって，申立人は，会社法470条2項に基づき，本件株式の買取価格の決定を求める。

疎　明　方　法

甲第1号証	定　款
甲第2号証	株主であることの証明書[注]
甲第3号証	株主総会議事録
甲第4号証の1	決議反対通知書
甲第4号証の2	配達証明書
甲第5号証の1	株式買取請求書
甲第5号証の2	配達証明書
甲第6号証	株価鑑定書

第5章　株式に関する事件

```
　　　　　　　　　添　付　書　類
商業登記事項証明書　　1通
委任状　　　　　　　　1通
申立書副本　　　　　　1部
甲号各証写し　　　　　各2部
```

（注）ほかに，株券（株券発行会社），株主名簿，上場会社においては口座管理機関に対し個別株主通知の申出を行った際に交付された受付票など

第3 組織再編行為に反対する株主の買取請求に際しての株式買取価格の決定申立事件

1 制度の趣旨・目的

会社が組織再編行為を行う場合，反対株主の権利，とりわけ投下資本回収の手段を保護する必要があるため，反対株主には，法律上，会社に対する株式の公正な価格での買取りを請求する権利が認められている（会社785条1項，797条1項，806条1項）ところ，当事者間で買取価格に関する協議が調わない場合における裁判所による価格審理の手続を認めるものである（会社786条2項，798条2項，807条2項）。

2 申立て

(1) 管 轄

会社の本店所在地の地方裁判所である（会社868条1項）。

(2) 申立人

反対株主又は後述(4)の行為を行った株式会社である（会社786条2項，798条2項，807条2項）。

(3) 申立ての方式

・書面によることを要する（会社876条，会社非訟規1条）。

・申立手数料は1,000円である（民訴費3条1項，別表第1の16項イ）。

(4) 申立ての要件[3]

ア 会社が次の①ないし③の行為を行ったこと（会社785条1項，797条1項，806条1項）。

　① 消滅会社となる吸収合併，分割会社となる吸収分割（簡易分割の場

---

[3] 2(4)アないしウは，価格決定の前提としての株式買取請求の要件である。この観点からは，平成26年改正で株式買取請求の（株式の市場売却による）事実上の撤回制限をより実効化するために創設された振替株式の買取口座への振替申請（社債株式振替155条）及び株式発行株式について株券の会社への提出（会社785条6項，797条6項，806条6項）も必要である。

合を除く。)，完全子会社となる株式交換（株主全員の同意を要する場合を除く。)
② 存続会社となる吸収合併，承継会社となる吸収分割，完全親会社となる株式交換
③ 新設合併（株主全員の同意を要する場合を除く。)，新設分割（簡易分割の場合を除く。)，株式移転
イ 反対株主であること（会社785条2項，797条2項，806条2項)。
　上記アの会社の行為に株主総会の開催を要する場合は，議決権を有する株主は株主総会に先立ち会社に対し反対の意思を通知し，かつ，株主総会において反対の意思を表示した株主，又は議決権を有しない株主。
　上記アの会社の行為に株主総会決議を要しない場合は，全株主。また，上場会社の場合は，反対株主は原則として個別株主通知を行った後4週間以内に会社に対し買取請求権行使の手続に入る必要がある（社債株式振替154条，同施行令40条)。
ウ 申立人が所定期間内（上記アの会社の行為の効力発生日の20日前の日からその前日までの間。ただし，上記ア③の場合は会社が通知又は公告をした日から20日以内）に買取請求をしたこと（会社785条5項，797条5項，806条5項)。
エ 申立人が所定期間内（協議期間（効力発生日から30日以内。ただし，上記ア③の場合は設立会社の成立日から30日以内）満了後30日以内）に価格決定申立てをしたこと（会社786条2項，798条2項，807条2項)。

(5) 添付書類

商業登記簿謄本（会社非訟規3条1項1号）等。後述書式参照。

3　審理・手続のポイント

　裁判所は，会社法所定の申立てがあった場合には，申立人の主張やこれに対する反論や主張の機会を十分に保障するため，利害の対立する関係者に対し，原則として申立書の写しを送付することを要し，また，その裁判の際には，原則として審問の期日を開いて申立人や利害の対立する関係者の陳述を聞いたり，審理を終結する日や裁判の日を定め，申立人らに通知したりする

ことを要する（会社870条2項各号，870条の2各項）。

本申立てによる価格の決定の裁判[4]をする場合にも，裁判所は，会社法の規定にのっとり，申立人や価格の決定の申立てをすることができる者の主張反論の機会を十分に保障することが求められている（詳細は，総論第3節部分参照）。

4 書式例

【書式27】株式買取価格決定申立書（吸収合併）

株式買取価格決定申立書

平成〇〇年〇月〇日

〇〇地方裁判所民事第〇部　御中

　　　　　　　　　　申立人代理人弁護士　　吾　田　四　郎　㊞

〒〇〇〇-〇〇〇〇　東京都〇〇区〇〇町〇丁目〇番〇号
　　　　　　申　立　人　　　甲　野　太　郎
〒〇〇〇-〇〇〇〇　東京都千代田区〇〇町〇丁目〇番〇号
　　　　　　〇〇〇ビル〇階　〇〇法律事務所
　　　　　　電　話　03（〇〇〇〇）〇〇〇〇
　　　　　　FAX　03（〇〇〇〇）〇〇〇〇
　　　　　　同代理人弁護士　　吾　田　四　郎

---

[4] 公正な価格に関する裁判例
　企業再編によるシナジーが発生しないいわゆる「ナカリセバ」事例（旧商法（平成13年法律第128号）「決議ナカリセバ其ノ有スベカリシ公正ナル価格」との規定に由来）につき，最決平成23年4月19日民集65巻3号1311頁（楽天対TBS事件）及び最決平成23年4月26日裁判集民236号519頁（インテリジェンス事件），いわゆるシナジー分配事例につき，最決平成24年2月29日民集66巻3号1784頁（テクモ事件）参照。

第5章　株式に関する事件

〒○○○-○○○○　東京都○○区○○町○丁目○番○号
相　手　方　　　　　乙川株式会社
同代表者代表取締役　　乙　川　花　子

申立ての趣旨

「申立人が所有する相手方の株式の買取価格は1株につき金○○円とする。」
との裁判を求める。

申立ての理由

1　申立人は，相手方の発行済株式総数○○○株中○○株の株式（以下「本件株式」という。）を有する株主である（甲2）。
2　相手方は，平成○○年○月○日開催の株主総会（以下「本件総会」という。）において，相手方を存続会社とし，丙山株式会社（東京都○○区○○町○丁目○番○号　代表者代表取締役丙山次郎）を消滅会社とする吸収合併契約（以下「本件吸収合併契約」という。）を承認する旨の決議をした（甲3）。
3　申立人は，本件吸収合併契約に反対であったので，本件総会に先立ち，平成○○年○月○日到達の書面により，相手方に対して本件吸収合併契約に反対する旨の通知を行った（甲4の1，2）。
4　申立人は，本件総会において本件吸収合併契約の承認に反対した（甲3）。
5　申立人は，平成○○年○月○日到達の書面により，相手方に対して本件株式を公正な価格で買い取ることを請求した（甲5の1，2）。
6　本件吸収合併契約は，平成○○年○月○日に効力を生じたが，申立人と相手方との間では平成○○年○月○日までに本件株式の価格の決定について協議が調わなかった。
7　本件株式の価格は，公認会計士○○○○作成の株価鑑定書によれば，1株金○○円である（甲6）。
8　よって，申立人は，会社法798条2項に基づき，本件株式の買取価格の決定を求める。

疎　明　方　法

甲第1号証　　　　定　款
甲第2号証　　　　株主であることの証明書[注]

168

第3節　株式価格の決定に関する事件

甲第3号証	株主総会議事録
甲第4号証の1	決議反対通知書
甲第4号証の2	配達証明書
甲第5号証の1	株式買取請求書
甲第5号証の2	配達証明書
甲第6号証	株価鑑定書

添　付　書　類

商業登記事項証明書	1通
委任状	1通
申立書副本	1部
甲号各証写し	各2部

（注）ほかに，株券（株券発行会社），株主名簿，上場会社においては口座管理機関に対し個別株主通知の申出を行った際に交付された受付票など

第4　一定の定款変更の場合における新株予約権者の買取請求に際しての新株予約権買取価格の決定申立事件

1　制度の趣旨・目的

会社が株式譲渡制限や全部取得条項を付す定款変更を行う場合，自らの意思を反映させられない新株予約権者等の権利，とりわけ投下資本回収の手段を保護する必要があるため，新株予約権者には，法律上，会社に対する新株予約権の公正な価格での買取りを請求する権利が認められている（会社118条1項）ところ，当事者間で買取価格に関する協議が調わない場合における裁判所による価格審理の手続を認めるものである（会社119条2項）。

2　申立て

(1)　管　轄

会社の本店所在地の地方裁判所である（会社868条1項）。

(2)　申立人

新株予約権者又は後述(4)の行為を行った株式会社である（会社119条2項）。

(3)　申立ての方式

・書面によることを要する（会社876条，会社非訟規1条）。

・申立手数料は1,000円である（民訴費3条1項，別表第1の16項イ）。

(4)　申立ての要件[5]

ア　会社が次の①ないし②の行為を行ったこと（会社118条1項1号・2号）。

①　発行する全部の株式の内容として譲渡制限の定めを設ける定款変更。

②　ある種類の株式の内容として譲渡制限の定めを設ける定款変更，

---

5)　2(4)ア及びイは価格決定の前提としての新株予約権買取請求の要件である。この観点からは，平成26年改正で新株予約権買取請求の事実上の撤回制限をより実効化するために創設された振替新株予約権の買取口座への振替申請（社債株式振替183条），及び新株予約権証券発行新株予約権について新株予約権証券の会社への提出（会社118条6項）も必要である。

第3節　株式価格の決定に関する事件

　　　　全部取得条項の定めを設ける定款変更。
　　イ　申立人が所定期間内（上記アの会社の行為の効力発生日の20日前の日からその前日までの間）に買取請求をしたこと（会社118条5項）。
　　ウ　申立人が所定期間内（協議期間（定款変更日の20日前の日から定款変更日の前日）満了後30日以内）に価格決定申立てをしたこと（会社119条2項）。
　(5)　添付書類
　　　商業登記簿謄本（会社非訟規3条1項1号）等。後述書式参照。

3　審理・手続のポイント

　裁判所は，会社法所定の申立てがあった場合には，申立人の主張やこれに対する反論や主張の機会を十分に保障するため，利害の対立する関係者に対し，原則として申立書の写しを送付することを要し，また，その裁判の際には，原則として審問の期日を開いて申立人や利害の対立する関係者の陳述を聞いたり，審理を終結する日や裁判の日を定め，申立人らに通知したりすることを要する（会社870条2項各号，870条の2各項）。

　本申立てによる価格の決定の裁判をする場合にも，裁判所は，会社法の規定にのっとり，申立人や価格の決定の申立てをすることができる者の主張反論の機会を十分に保障することが求められている（詳細は，総論第3節部分参照）。

第5章　株式に関する事件

4　書式例

【書式28】新株予約権買取価格決定申立書（株式譲渡制限を付す定款変更）

新株予約権買取価格決定申立書（定款変更）

平成○○年○月○日

○○地方裁判所民事第○部　御中

申立人代理人弁護士　　吾　田　四　郎　㊞

〒○○○-○○○○　東京都○○区○○町○丁目○番○号
　　　　　　　　　　申　立　人　　　甲　野　太　郎
〒○○○-○○○○　東京都千代田区○○町○丁目○番○号
　　　　　　　　　　○○○ビル○階　○○法律事務所
　　　　　　　　　　電　話　03（○○○○）○○○○
　　　　　　　　　　FAX　03（○○○○）○○○○
　　　　　　　　　同代理人弁護士　　吾　田　四　郎
〒○○○-○○○○　東京都○○区○○町○丁目○番○号
　　　　　　　　　　相　手　方　　　　乙川株式会社
　　　　　　　　　　同代表者代表取締役　乙　川　花　子

申立ての趣旨

「申立人が所有する相手方の新株予約権の買取価格は金○○円とする。」との裁判を求める。

申立ての理由

1　申立人は，相手方（発行済株式総数○○○株）の○○株の新株予約権（以下「本件新株予約権」という。）を有する新株予約権者である（甲2）。
2　相手方は，平成○○年○月○日開催の株主総会（以下「本件総会」という。）において，相手方の発行する全部の株式の内容として，譲渡による当

該株式の取得について相手方の承認を要することを定める定款の変更(以下「本件定款変更」という。)を承認する旨の決議をした(甲3)。
3 申立人は,平成○○年○月○日到達の書面により,相手方に対して本件新株予約権を公正な価格で買い取ることを請求した(甲4の1,2)。
4 本件定款変更は,平成○○年○月○日に効力を生じたが,申立人と相手方との間では平成○○年○月○日までに本件新株予約権の価格の決定について協議が調わなかった。
5 本件新株予約権の価格は,公認会計士○○○○作成の新株予約権価格鑑定書によれば,金○○円である(甲5)。
6 よって,申立人は,会社法119条2項に基づき,本件新株予約権の買取価格の決定を求める。

疎 明 方 法

甲第1号証	定 款
甲第2号証	新株予約権者であることの証明書
甲第3号証	株主総会議事録
甲第4号証の1	新株予約権買取請求書
甲第4号証の2	配達証明書
甲第5号証	新株予約権価格鑑定書

添 付 書 類

商業登記事項証明書	1通
委任状	1通
申立書副本	1部
甲号各証写し	各2部

第5章　株式に関する事件

第5 組織再編行為の場合における新株予約権者の買取請求に際しての新株予約権買取価格の決定申立事件

1　制度の趣旨・目的

　会社が組織再編行為を行う場合，自らの意思を反映させられない新株予約権者等の権利，とりわけ，新株予約権の消滅等に伴う投下資本回収の手段を保護する必要があるため，新株予約権者には，法律上，会社に対する株式等の公正な価格での買取りを請求する権利が認められている（会社777条1項，787条1項，808条1項）ところ，当事者間で買取価格に関する協議が調わない場合における裁判所による価格審理の手続を認めるものである（会社778条2項，788条2項，809条2項）。

2　申立て

(1)　管　轄

　会社の本店所在地の地方裁判所である（会社868条1項）。

(2)　申立人

　新株予約権者又は後述(4)の行為を行った株式会社である（会社778条2項，788条2項，809条2項）。

(3)　申立ての方式

・書面によることを要する（会社876条，会社非訟規1条）。

・申立手数料は1,000円である（民訴費3条1項，別表第1の16項イ）。

(4)　申立ての要件[6]

ア　会社が次の①ないし③の行為を行ったこと（会社777条1項，787条1項，808条1項）。

---

[6]　2(4)ア及びイは価格決定の前提としての新株予約権買取請求の要件である。この観点からは，平成26年改正で新株予約権買取請求の事実上の撤回制限をより実効化するために創設された振替新株予約権の買取口座への振替申請（社債株式振替183条），及び新株予約権証券発行新株予約権について新株予約権証券の会社への提出（会社777条6項，787条6項，808条6項）も必要である。

第3節　株式価格の決定に関する事件

　　　① 組織変更，消滅会社となる吸収合併，分割会社となる吸収分割，完全子会社となる株式交換
　　　② 存続会社となる吸収合併，承継会社となる吸収分割，完全親会社となる株式交換
　　　③ 新設合併，新設分割，株式移転
　　イ　申立人が所定期間内（アの会社の行為の効力発生日の20日前の日からその前日までの間。ただし，上記③の場合は会社が通知又は公告をした日から20日以内）に買取請求をしたこと（会社777条5項，787条5項，808条5項）。
　　ウ　申立人が所定期間内（協議期間（効力発生日から30日以内。ただし，上記③の場合は設立会社の成立日から30日以内）満了後30日以内）に価格決定申立てをしたこと（会社778条2項，788条2項，809条2項）。
　(5)　添付書類
　　商業登記簿謄本（会社非訟規3条1項1号）等。後述書式参照。

3　審理・手続のポイント

　裁判所は，会社法所定の申立てがあった場合には，申立人の主張やこれに対する反論や主張の機会を十分に保障するため，利害の対立する関係者に対し，原則として申立書の写しを送付することを要し，また，その裁判の際には，原則として審問の期日を開いて申立人や利害の対立する関係者の陳述を聞いたり，審理を終結する日や裁判の日を定め，申立人らに通知したりすることを要する（会社870条2項各号，870条の2各項）。
　本申立てによる価格の決定の裁判をする場合にも，裁判所は，会社法の規定にのっとり，申立人や価格の決定の申立てをすることができる者の主張反論の機会を十分に保障することが求められている（詳細は，総論第3節部分参照）。

第5章 株式に関する事件

4 書式例

【書式29】新株予約権買取価格決定申立書（吸収合併）

新株予約権買取価格決定申立書

平成〇〇年〇月〇日

〇〇地方裁判所民事第〇部　御中

　　　　　　　　　　　　申立人代理人弁護士　　吾　田　四　郎　㊞

　　〒〇〇〇－〇〇〇〇　東京都〇〇区〇〇町〇丁目〇番〇号
　　　　　　　　　　　　申　立　人　　　甲　野　太　郎
　　〒〇〇〇－〇〇〇〇　東京都千代田区〇〇町〇丁目〇番〇号
　　　　　　　　　　　　〇〇〇ビル〇階　〇〇法律事務所
　　　　　　　　　　　　電話　03（〇〇〇〇）〇〇〇〇
　　　　　　　　　　　　FAX　03（〇〇〇〇）〇〇〇〇
　　　　　　　　　　　　同代理人弁護士　　吾　田　四　郎
　　〒〇〇〇－〇〇〇〇　東京都〇〇区〇〇町〇丁目〇番〇号
　　　　　　　　　　　　相　手　方　　　乙川株式会社
　　　　　　　　　　　　同代表者代表取締役　乙　川　花　子

申立ての趣旨

「申立人が所有する相手方の新株予約権の買取価格は金〇〇円とする。」との裁判を求める。

申立ての理由

1　申立人は，相手方（発行済株式総数〇〇〇株）の〇〇株の新株予約権（以下「本件新株予約権」という。）を有する新株予約権者である（甲2）。
2　相手方は，平成〇〇年〇月〇日開催の株主総会（以下「本件総会」とい

第3節　株式価格の決定に関する事件

う。）において，相手方を消滅会社とし，丙山株式会社（東京都○○区○○町○丁目○番○号　代表者代表取締役丙山次郎）を存続会社とする吸収合併契約（以下「本件吸収合併契約」という。）を承認する旨の決議をした（甲3）。
3　申立人は，平成○○年○月○日到達の書面により，相手方に対して本件新株予約権を公正な価格で買い取ることを請求した（甲4の1，2）。
4　本件吸収合併契約は，平成○○年○月○日に効力を生じたが，申立人と相手方との間では平成○○年○月○日までに本件新株予約権の価格の決定について協議が調わなかった。
5　本件新株予約権の価格は，公認会計士○○○○作成の新株予約権価格鑑定書によれば，金○○円である（甲5）。
6　よって，申立人は，会社法788条2項に基づき，本件新株予約権の買取価格の決定を求める。

疎　明　方　法

甲第1号証	定　款
甲第2号証	新株予約権者であることの証明書
甲第3号証	株主総会議事録
甲第4号証の1	新株予約権買取請求書
甲第4号証の2	配達証明書
甲第5号証	新株予約権価格鑑定書

添　付　書　類

商業登記事項証明書	1通
委任状	1通
申立書副本	1部
甲号各証写し	各2部

第5章　株式に関する事件

第6　全部取得条項付種類株式を会社が取得することを決定した場合の株式価格の決定申立事件

1　制度の趣旨・目的

　全部取得条項付種類株式は，その内容として，会社が取得する際の取得対価の価額の決定方法が定款に定められているが（会社108条2項7号），取得条項付株式や取得請求権付株式と異なり，対価の具体的内容，数量，算定方法までは定める必要がなく，この定款の定めの範囲内で，取得を決議する株主総会において決定されるため，会社が全部取得条項付種類株式を取得することに反対する全部取得条項付種類株式の株主あるいは当該株主総会において議決権を行使できない全部取得条項付種類株式の株主の権利を保障すべく，当事者間で取得価格に関する協議が調わない場合における裁判所による価格審理の手続を認めるものである（会社172条1項）。

2　申立て

(1)　管　轄

　会社の本店所在地の地方裁判所である（会社868条1項）。

(2)　申立人

　株主総会に先立ち会社に対し当該株式会社による全部取得条項付種類株式の取得に反対の意思を通知し，かつ，株主総会において反対の意思を表示した株主，又は議決権を有しない株主である（会社172条1項）。

(3)　申立ての方式

　・書面によることを要する（会社876条，会社非訟規1条）。

　・申立手数料は1,000円である（民訴費3条1項，別表第1の16項イ）。

(4)　申立ての要件（上記(2)の申立人に関するものを除く。）

　申立人が所定期間内（取得日の20日前の日から取得日の前日まで）に価格決定申立てをしたこと。

(5)　添付書類

　商業登記簿謄本（会社非訟規3条1項1号）等。後述書式参照。

第3節　株式価格の決定に関する事件

3　審理・手続のポイント

　裁判所は，会社法所定の申立てがあった場合には，申立人の主張やこれに対する反論や主張の機会を十分に保障するため，利害の対立する関係者に対し，原則として申立書の写しを送付することを要し，また，その裁判の際には，原則として審問の期日を開いて申立人や利害の対立する関係者の陳述を聞いたり，審理を終結する日や裁判の日を定め，申立人らに通知したりすることを要する（会社870条2項各号，870条の2各項）。

　本申立てによる価格の決定の裁判をする場合にも，裁判所は，会社法の規定にのっとり，申立人や当該株式会社の主張反論の機会を十分に保障することが求められている（詳細は，総論第3節部分参照）。

4　書式例

【書式30】株式取得価格決定申立書

```
　　　　　　　　　株式取得価格決定申立書

　　　　　　　　　　　　　　　　　　　　　　平成〇〇年〇月〇日

　〇〇地方裁判所民事第〇部　御中

　　　　　　　　　　　　申立人代理人弁護士　　吾　田　四　郎　㊞

　　　　〒〇〇〇－〇〇〇〇　東京都〇〇区〇〇町〇丁目〇番〇号
　　　　　　　　　　　　　　申　立　人　　　甲　野　太　郎
　　　　〒〇〇〇－〇〇〇〇　東京都千代田区〇〇町〇丁目〇番〇号
　　　　　　　　　　　　　　〇〇〇ビル〇階　〇〇法律事務所
　　　　　　　　　　　　　　電　話　03（〇〇〇〇）〇〇〇〇
　　　　　　　　　　　　　　FAX　03（〇〇〇〇）〇〇〇〇
　　　　　　　　　　　　　　同代理人弁護士　　吾　田　四　郎
```

第5章　株式に関する事件

〒○○○-○○○○　東京都○○区○○町○丁目○番○号
　　　　　　　　相　　手　　方　　乙川株式会社
　　　　　　　　同代表者代表取締役　　乙 川 花 子

申立ての趣旨

「申立人が所有する相手方の株式の取得価格は1株につき金○○円とする。」との裁判を求める。

申立ての理由

1　申立人は，相手方の発行済株式総数○○○株中○○株の株式（以下「本件株式」という。）を有する株主である（甲2）。
2　相手方は，平成○○年○月○日開催の株主総会（以下「本件総会」という。）において，平成○○年○月○日を取得日とする，相手方発行の全部取得条項付種類株式の全部の取得（以下「本件全部取得」という。）を承認する旨の決議をした（甲3）。
3　申立人は，本件全部取得に反対であったので，本件総会に先立ち，平成○○年○月○日到達の書面により，相手方に対して本件全部取得に反対する旨の通知を行った（甲4の1，2）。
4　申立人は，本件総会において本件全部株式取得の承認に反対した（甲3）。
5　本件株式の価格は，公認会計士○○○○作成の株価鑑定書によれば，1株金○○円である（甲5）。
6　よって，申立人は，会社法172条1項に基づき，本件株式の取得価格の決定を求める。

疎　明　方　法

甲第1号証　　　　定　款
甲第2号証　　　　株主であることの証明書(注)
甲第3号証　　　　株主総会議事録
甲第4号証の1　　決議反対通知書
甲第4号証の2　　配達証明書
甲第5号証　　　　株価鑑定書

###　添　付　書　類

商業登記事項証明書	1通
委任状	1通
申立書副本	1部
甲号各証写し	各2部

（注）ほかに，株券（株券発行会社），株主名簿，上場会社においては口座管理機関に対し個別株主通知の申出を行った際に交付された受付票など

第5章　株式に関する事件

第7　単元未満株式の株主の買取請求・売渡請求権行使に際しての株式価格の決定申立事件

1　制度の趣旨・目的

単元未満株式は，株主総会における議決権が認められなかったり，定款の定めによって一単元株式と比較して権利を制限されたりするため，株主の権利，とりわけ投下資本回収の手段や単元株式としての権利行使を保障すべく，単元未満株主には法律上会社に対する株式の買取りや売渡しを請求する権利が認められているところ，当事者間で買取価格や売渡価格に関する協議が調わない場合などにおける裁判所による価格審理の手続を認めるものである（会社193条2項，194条4項）。

2　申立て

(1)　管　轄

会社の本店所在地の地方裁判所である（会社868条1項）。

(2)　申立人

単元未満株主又は会社である（会社193条2項，194条4項）。

(3)　申立ての方式

・書面によることを要する（会社876条，会社非訟規1条）。

・申立手数料は1,000円である（民訴費3条1項，別表第1の16項イ）。

(4)　申立ての要件

ア　申立人が相手方に対し買取（売渡）請求をしたこと。

イ　申立人が所定期間内（買取（売渡）請求日から20日以内）に価格決定申立てをしたこと。

(5)　添付書類

商業登記簿謄本（会社非訟規3条1項1号）等。後述書式参照。

3　審理・手続のポイント

裁判所は，会社法所定の申立てがあった場合には，申立人の主張やこれに

第3節　株式価格の決定に関する事件

対する反論や主張の機会を十分に保障するため，利害の対立する関係者に対し，原則として申立書の写しを送付することを要し，また，その裁判の際には，原則として審問の期日を開いて申立人や利害の対立する関係者の陳述を聞いたり，審理を終結する日や裁判の日を定め，申立人らに通知したりすることを要する（会社870条2項各号，870条の2各項）。

本申立てによる価格の決定の裁判をする場合にも，裁判所は，会社法の規定にのっとり，申立人や価格の決定の申立てをすることができる者の主張反論の機会を十分に保障することが求められている（詳細は，総論第3節部分参照）。

4　書式例

【書式31】株式取得価格決定申立書

```
              株式取得価格決定申立書

                                    平成○○年○月○日

  ○○地方裁判所民事第○部　御中

                    申立人代理人弁護士　　吾　田　四　郎　㊞

    〒○○○－○○○○　東京都○○区○○町○丁目○番○号
                       申　立　人　　　甲　野　太　郎
    〒○○○－○○○○　東京都千代田区○○町○丁目○番○号
                       ○○○ビル○階　○○法律事務所
                       電話　03（○○○○）○○○○
                       FAX　03（○○○○）○○○○
                       同代理人弁護士　　吾　田　四　郎
    〒○○○－○○○○　東京都○○区○○町○丁目○番○号
                       相　　手　　方　　乙川株式会社
                       同代表者代表取締役　　乙　川　花　子
```

183

申立ての趣旨

「申立人が所有する相手方の普通株式〇〇株の単元未満株式の買取価格は1株につき金〇〇円とする。」との裁判を求める。

申立ての理由

1 相手方における普通株式の単元株式数は〇〇〇株であり，申立人は，相手方の普通株式〇〇株（以下「本件株式」という。）を有する単元未満株式の株主である（甲2）。
2 申立人は，平成〇〇年〇月〇日到達の書面により，相手方に対して本件株式を公正な価格で買い取ることを請求した（甲3の1,2）。
3 申立人と相手方との間では平成〇〇年〇月〇日までに本件株式の価格の決定について協議が調わなかった。
4 本件株式の価格は，公認会計士〇〇〇〇作成の株価鑑定書によれば，1株金〇〇円である（甲4）。
5 よって，申立人は，会社法193条2項に基づき，本件株式の取得価格の決定を求める。

疎 明 方 法

甲第1号証	定 款
甲第2号証	株主であることの証明書[注]
甲第3号証の1	株式買取請求書
甲第3号証の2	配達証明書
甲第4号証	株価鑑定書

添 付 書 類

商業登記事項証明書	1通
委任状	1通
申立書副本	1部
甲号各証写し	各2部

（注）ほかに，株券（株券発行会社），株主名簿，上場会社においては口座管理機関に対し個別株主通知の申出を行った際に交付された受付票など

第8 株式併合による端数株式について反対する株主からの買取請求権行使に際しての株式買取価格の決定申立事件

1 制度の趣旨・目的

　株式併合がMBO（上場株式の非上場化）等に使われる可能性に鑑み，平成26年改正により，事前・事後の情報開示（会社182条の2，182条の6）や差止め（会社182条の3）と合わせ，株式併合に際して端数が生じる場合の反対株主の株式買取請求権が新設された。

　この結果，MBOにおいては，仕組が複雑な全部取得条項付種類株式の取得ではなく，第一段階の株式公開買付けにより90％以上を取得できた場合は特別支配株主の株式売渡請求（会社179条以下），90％未満の取得にとどまった場合は端数を生じる株式併合が使われることが実務上定着しつつある（神田秀樹『会社法』（弘文堂，第19版，2017）122頁）。

2 申立て

(1) 管　轄

　会社の本店所在地の地方裁判所である（会社868条1項）。

(2) 申立人

　反対株主又は後述(4)の行為を行った株式会社である（会社182条の5第2項）。

(3) 申立ての方式

・書面によることを要する（会社876条，会社非訟規1条）。

・申立手数料は1,000円である（民訴費3条1項，別表第1の16項イ）。

(4) 申立ての要件[7]

　ア　会社が株式の併合をすることにより，株式の数に一株に満たない端

---

[7]　2(4)アないしウは，価格決定の前提としての株式買取請求の要件である。この観点からは，平成26年改正で株式買取請求の（株式の市場売却による）事実上の撤回制限

第5章 株式に関する事件

数が生ずること（会社182条の4第1項）。
イ 反対株主であること（会社182条の4第1項・2項）。
議決権を有する株主は株主総会に先立って会社に対し株式の併合に反対の意思を通知し，かつ，株主総会において反対の意思を表示した株主，又は議決権を有しない株主。
なお，上場会社の場合は，反対株主は原則として個別株主通知を行った後4週間以内に会社に対し買取請求権行使の手続に入る必要がある（社債株式振替154条，同施行令40条）。
ウ 申立人が所定期間内（上記アの会社の行為の効力発生日の20日前の日からその前日までの間）に買取請求をしたこと（会社182条の4第4項）。
エ 申立人が所定期間内（協議期間（効力発生日から30日以内）満了後30日以内）に価格決定申立てをしたこと（会社182条の5第2項）。

(5) 添付書類
商業登記簿謄本（会社非訟規3条1項1号）等。後述書式参照。

3 審理・手続のポイント

裁判所は，会社法所定の申立てがあった場合には，申立人の主張やこれに対する反論や主張の機会を十分に保障するため，利害の対立する関係者に対し，原則として申立書の写しを送付することを要し，また，その裁判の際には，原則として審問の期日を開いて申立人や利害の対立する関係者の陳述を聞いたり，審理を終結する日や裁判の日を定め，申立人らに通知したりすることを要する（会社870条2項各号，870条の2各項）。

本申立てによる価格の決定の裁判をする場合にも，裁判所は，会社法の規定にのっとり，申立人や価格の決定の申立てをすることができる者の主張反論の機会を十分に保障することが求められている（詳細は，総論第3節部分参照）。

をより実効化するために創設された振替株式の買取口座への振替申請（社債株式振替155条），及び株券発行株式について株券の会社への提出（会社182条の第5項）も必要である。

第3節　株式価格の決定に関する事件

4　書式例

【書式32】株式買取価格決定申立書（株式併合による端数株式）

株式買取価格決定申立書

平成○○年○月○日

○○地方裁判所民事第○部　御中

　　　　　　　　　　　申立人代理人弁護士　　吾　田　四　郎　㊞

　　　　〒○○○－○○○○　　東京都○○区○○町○丁目○番○号
　　　　　　　　　　　　　　　申　立　人　甲　野　太　郎
　　　　〒○○○－○○○○　　東京都千代田区○○町○丁目○番○号
　　　　　　　　　　　　　　　○○○ビル○階　○○法律事務所
　　　　　　　　　　　　　　　電　話　03（○○○○）○○○○
　　　　　　　　　　　　　　　FAX　03（○○○○）○○○○
　　　　　　　　　　　　　　　同代理人弁護士　　吾　田　四　郎
　　　　〒○○○－○○○○　　東京都○○区○○町○丁目○番○号
　　　　　　　　　　　　　　　相　手　方　　乙川株式会社
　　　　　　　　　　　　　　　同代表者代表取締役　　乙　川　花　子

申立ての趣旨

「申立人が所有する相手方の株式の買取価格は1株につき金○○円とする。」
との裁判を求める。

申立ての理由

1　申立人は，相手方の発行済株式総数○○○株中○○株の株式（以下「本件株式」という。）を有する株主である（甲2）。
2　相手方は，平成○○年○月○日開催の株主総会（以下「本件総会」という。）において，株式併合を決議し，これにより端数株式が生じることと

第5章　株式に関する事件

　　なった（甲3）。
3　申立人は，本件株式併合に反対であったので，本件総会に先立ち，平成○○年○月○日到達の書面により，相手方に対して本件定款変更に反対する旨の通知を行った（甲4の1，2）。
4　申立人は，本件総会において本件株式併合に反対した（甲3）。
5　申立人は，平成○○年○月○日到達の書面により，相手方に対して本件株式を公正な価格で買い取ることを請求した（甲5の1，2）。
6　本件株式併合は，平成○○年○月○日に効力を生じたが，申立人と相手方との間では平成○○年○月○日までに本件株式の価格の決定について協議が調わなかった。
7　本件株式の価格は，公認会計士○○○○作成の株価鑑定書によれば，1株金○○円である（甲6）。
8　よって，申立人は，会社法117条2項に基づき，本件株式の買取価格の決定を求める。

疎　明　方　法

甲第1号証	定　款
甲第2号証	株主であることの証明書[注]
甲第3号証	株主総会議事録
甲第4号証の1	決議反対通知書
甲第4号証の2	配達証明書
甲第5号証の1	株式買取請求書
甲第5号証の2	配達証明書
甲第6号証	株価鑑定書

添　付　書　類

商業登記事項証明書	1通
委任状	1通
申立書副本	1部
甲号各証写し	各2部

（注）ほかに，株券（株券発行会社），株主名簿，上場会社においては口座管理機関に対し個別株主通知の申出を行った際に交付された受付票など

第3節　株式価格の決定に関する事件

第9　譲渡不承認株式の売買価格決定申立事件

1　制度の趣旨・目的

　譲渡制限株式（会社107条1項1号）の譲渡について，株式会社が譲渡の承認をしない場合，対象株式の株主又は株式取得者（これらの者を以下「譲渡等承認請求者」という。）は，株式会社に対し，株式会社又は指定買取人において譲渡制限株式を買い取ることを請求することができる（会社138条1号ハ・2号ハ）。

　この場合の売買価格は株式会社又は指定買取人と譲渡等承認請求者との協議によって定める（会社144条1項・7項）が，株式会社（又は指定買取人）又は譲渡等承認請求者は，協議が調うかどうかにかかわりなく，株式会社（又は指定買取人）による買取りの通知があった日から20日以内に，裁判所に対し，売買価格の決定の申立てをすることができる（会社144条2項）。

2　申立て

(1)　管　轄

　会社の本店の所在地を管轄する地方裁判所である（会社868条1項）。

(2)　申立人

　譲渡等承認請求者（会社144条2項）

　株式会社（会社144条2項）

　指定買取人（会社144条7項・2項）

(3)　申立ての方式

　書面でしなければならない（会社876条，会社非訟規1条）。

(4)　申立手数料，予納金

　印紙額1,000円（民訴費3条1項，別表第1の16項イ）

　　申立人が複数である場合又は相手方が複数である場合には，1,000円×人数分となる。

　郵　券

　　株価の鑑定を行う場合は，鑑定人を選任する前に，鑑定人の報酬及び

189

費用の予定額を予納する必要がある。
(5) **申立ての趣旨**
「別紙株式目録記載の株式について，その売買価格を1株当たり〇〇円とする。」
(6) **申立ての要件**
① 譲渡等承認請求者が申立てに係る譲渡制限株式を有していること。
② 売買価格決定申立前に必要な手続が所定の期間内に行われていること。
③ 売買価格決定申立てが申立期間内に行われていること。
(7) **添付書類**
申立に係る株式会社の登記事項証明書（会社876条，会社非訟規則3条），定款（譲渡制限に関する規定があることの確認のため），株主名簿，鑑定書（鑑定を実施している場合）等

3　申立前の手続その他のポイント
(1) **売買価格決定申立前に必要な手続が所定の期間内に行われていること**
　ア　譲渡等承認請求
　　(ア)　株主からの承認請求
　　　譲渡制限株式の株主は，株式会社に対し，他人が譲渡制限株式を取得することについて承認をするか否かの決定をすることを請求することができる（会社136条）（書式35参照）。
　　　この譲渡等承認請求は，次の事項を明らかにしてしなければならない（会社138条1号）。
　　　① 当該請求をする株主が譲り渡そうとする譲渡制限株式の数（種類株式発行会社にあっては，譲渡制限株式の種類及び種類ごとの数）
　　　② ①の譲渡制限株式を譲り受ける者の氏名又は名称
　　　③ 株式会社が会社法136条の承認をしない旨の決定をする場合において，当該株式会社又は会社法140条4項に規定する指定買取人が①の譲渡制限株式を買い取ることを請求するときは，その旨

第3節　株式価格の決定に関する事件

　(イ)　株式取得者からの承認請求
　　譲渡制限株式を取得した株式取得者は，株式会社に対し，当該譲渡制限株式を取得したことについて承認するか否かの決定をすることを請求することができる（会社137条1項）。
　　この請求は，利害関係人の利益を害するおそれがないものとして法務省令（会社規24条）で定める場合を除き，その取得した株式の株主として株主名簿に記載され，若しくは記録された者又はその相続人その他の一般承継人と共同してしなければならず（会社137条2項），かつ，次の事項を明らかにしてしなければならない（会社138条2号）。
　　①　当該請求をする株式取得者の取得した譲渡制限株式の数（種類株式発行会社にあっては，譲渡制限株式の種類及び種類ごとの数）
　　②　①の株式取得者の氏名又は名称
　　③　株式会社が会社法137条1項の承認をしない旨の決定をする場合において，当該株式会社又は会社法140条4項に規定する指定買取人が①の譲渡制限株式を買い取ることを請求するときは，その旨
　イ　譲渡等不承認決定の通知（会社139条）
　　株式会社が会社法136条又は137条1項の承認をするか否かの決定をするには，株主総会（取締役会設置会社にあっては，取締役会）の決議によらなければならない。ただし，定款に別段の定めがある場合は，この限りでない（会社139条1項）（書式36参照）。
　　株式会社が，譲渡等を承認するか否かの決定をしたときは，譲渡等承認請求者に対し，当該決定の内容を通知しなければならない（会社139条2項）（書式37参照）。
　　この通知は，会社法136条又は137条1項の規定による請求の日から2週間（これを下回る期間を定款で定めた場合にあっては，その期間）以内にしなければならない。株式会社が期間内にこの通知をしなかった場合は会社法136条又は137条1項の承認をする旨の決定をしたものとみなされる（会社145条1号）。

第5章　株式に関する事件

　２週間の期間は，譲渡等承認請求書が会社に到達した日の翌日から(民97条1項, 140条)，２週間目が終了するまで(民141条)であり，この間に通知書が譲渡等承認請求者に到達しなければならない。
ウ　株式会社又は指定買取人による買取りの通知
　(ｱ)　株式会社による買取りの場合
　株式会社は，会社法138条1号ハ又は2号ハの請求を受けた場合において，会社法136条又は137条1項の承認をしない旨の決定をしたときは，当該譲渡等承認請求に係る譲渡制限株式(以下「対象株式」という。)を買い取らなければならない(会社140条1項)。
　この場合には，次の事項を定めなければならない(会社140条1項各号)。
　①　対象株式を買い取る旨
　②　株式会社が買い取る対象株式の数(種類株式発行会社にあっては，対象株式の種類及び種類ごとの数)
　①・②の事項の決定は，株主総会の決議によらなければならない(会社140条2項)(書式39参照)。
　株式会社は，①・②の事項を決定したときは，譲渡等承認請求者に対し，これらの事項を通知しなければならない(会社141条1項)(書式40参照)。
　この通知をしようとするときは，1株当たりの純資産額(1株当たりの純資産額として法務省令(会社規25条)で定める方法により算定される額をいう。)に会社法140条1項2号の対象株式の数を乗じて得た額をその本店所在地の供託所に供託し，かつ，その供託を証する書面を譲渡等承認請求者に交付しなければならない(会社141条2項)。
　この通知は，会社法139条2項の規定による通知の日から40日(これを下回る期間を定款で定めた場合にあっては，その期間)以内にしなければならない(会社145条2号)。
　40日の期間は，会社法139条2項の通知が譲渡等承認請求者に到達した日の翌日から(民97条1項, 140条)，40日目が終了するまで(民141

第3節　株式価格の決定に関する事件

条）であり，この間に通知が譲渡等承認請求者に到達しなければならない。

　株式会社が，期間内にこの通知をしなかったときは，株式会社は，譲渡等を承認する旨の決定をしたものとみなされる（会社145条2号）。

　また，期間内に譲渡等承認請求者に対して会社法141条2項の供託を証する書面を交付しなかったときも，同様である（会社145条3号，会社規26条1号）。

(イ)　株式会社が指定買取人を指定した場合

　会社法140条1項の規定にかかわらず，同項に規定する場合には，株式会社は，対象株式の全部又は一部を買い取る者（以下「指定買取人」という。）を指定することができる（会社140条4項）。この指定は，株主総会（取締役会設置会社にあっては，取締役会）の決議によらなければならない。ただし，定款に別段の定めがある場合はこの限りでない（会社140条5項）（書式36参照）。

　指定買取人は，会社法140条4項の規定による指定を受けたときは，譲渡等承認請求者に対し，次の事項を通知しなければならない（会社142条1項）（書式38参照）。

①　指定買取人として指定を受けた旨
②　指定買取人が買い取る対象株式の数（種類株式発行会社にあっては，対象株式の種類及び種類ごとの数）

　この通知をしようとするときは，1株当たりの純資産額（1株当たりの純資産額として法務省令（会社規25条）で定める方法により算定される額をいう。）に会社法142条1項2号の対象株式の数を乗じて得た額をその本店所在地の供託所に供託し，かつ，その供託を証する書面を譲渡等承認請求者に交付しなければならない（会社142条2項）。

　この通知は，会社法139条2項の規定による通知の日から10日（これを下回る期間を定款で定めた場合にあっては，その期間）以内にしなければならない（会社145条2号）。

　指定買取人が，期間内にこの通知をせず，かつ，株式会社が上記(ア)

193

記載の期間内に買取りの通知をしなかったときは，株式会社は，譲渡等を承認する旨の決定をしたものとみなされる（会社145条2号）。

また，期間内に譲渡等承認請求者に対して会社法142条2項の供託を証する書面を交付しなかったときも，同様である（会社145条3号，会社規26条2号）。

エ　株券供託証明について

対象株式が株券発行会社の株式である場合には，会社法141条2項（又は会社142条2項）の供託を証する書面の交付を受けた譲渡等承認請求者は，当該交付を受けた日から1週間以内に，対象株式に係る株券を当該株券発行会社の本店の所在地の供託所に供託しなければならない。この場合においては，当該譲渡等承認請求者は，当該株券発行会社に対し，遅滞なく，当該供託をした旨を通知しなければならない（会社141条3項，142条3項）。

譲渡等承認請求者が会社法141条3項（又は142条3項）の期間内に株券の供託をしなかったときは，株券発行会社は，対象株式の売買契約を解除することができる（会社141条4項，142条4項）。

株券供託証明書は，価格決定の申立ての要件ではないため，申立書の添付書類としては求められていない。

(2) 売買価格決定申立てが申立期間内に行われていること

株式会社又は譲渡等承認請求者は，会社法141条1項の規定による通知があった日から20日以内に，裁判所に対し，売買価格の決定の申立てをすることができる（会社144条2項）。

この期間内に売買価格の決定の申立てがないとき（当該期間に会社法144条1項の協議が調った場合を除く。）は，1株当たり純資産額に対象株式数の数を乗じて得た額をもって当該対象株式の売買価格とする（会社144条5項）。

指定買取人又は譲渡等承認請求者は，会社法141条1項の規定による通知があった日から20日以内に，裁判所に対し，売買価格の決定の申立てをすることができる（会社144条7項・2項）。

この期間内に売買価格の決定の申立てがないとき（当該期間に会社法144条

1項の協議が調った場合を除く。）は、1株当たり純資産額に対象株式数の数を乗じて得た額をもって当該対象株式の売買価格とする（会社144条7項・5項）。

(3) 自己株式取得に関する規制との関係

会社法138条1号ハ又は2号ハの請求に応じて行う当該株式会社の株式の買取り行為により、株主に対して交付する金銭等（当該株式会社の株式を除く。）の帳簿価格の総額は、当該行為がその効力を生ずる日における分配可能額を超えてはならない（会社461条1項1号）。

会社法461条1項1号の規定に違反して株式の買取り行為（自己株式の取得）をした場合には、当該行為により金銭等の交付を受けた者並びに当該行為に関する職務を行った業務執行者、株主総会・取締役会の議案提案者は、当該株式会社に対して、連帯して、当該金銭等の交付を受けた者が交付を受けた金銭等の帳簿価格に相当する金銭を支払う義務を負う（会社462条1項1号・2号）。

株式売買価格決定手続において、対象株式の評価額の総額が会社法461条1項の制限に違反することが見込まれる場合であっても、この財源規制は資本充実の観点から設けられていることから、対象株式の評価は客観的に決定されるべきであり、財源規制の枠内に収まるように決定することは許されない（財源規制が導入された平成6年改正商法（204条の4第6項）に関して法務省民事局参事官室編『一問一答　平成6年改正商法』（商事法務研究会、1994年）154頁。会社法の解釈として「類型別会社非訟」85頁）。

株式売買価格の決定の結果、株式の買取り行為が取得財源規制に違反すると見込まれる場合、譲渡等承認請求者が、株式会社との間の対象株式にかかる売買契約を解除できると解すると、解除により、株式会社が譲渡等を承認する旨の決定をしたものとみなされることになる（会社145条3号、会社規26条3号）。（「類型別会社非訟」86頁）[8]。

---

[8] これに対し高村隆司弁護士は、会社法は商法とは規定の仕方が異なる（旧商法204条の4第6項・7項の趣旨の条文がない）のに財源規制に服さないとする商法の解釈をそのまま待ち込み、それを前提に「取得財源の規制に違反すると見込まれる株式売買

第5章　株式に関する事件

　会社法138条1号ハ又は2号ハの請求に応じて行う当該株式会社の株式の買取り行為（自己株式の取得）により，当該行為をした日の属する事業年度に係る計算書類につき，分配可能額がマイナスになるおそれがあるときは，会社は自己株式を取得してはならない（会社465条1項1号）。もし，自己株式の取得によりマイナスが生じた場合には，当該取得を行った業務執行者は，株式会社に対して連帯して，マイナス額と当該取得によって株主に交付した金銭などの帳簿価格の総額とのいずれか少ない額を支払う義務が生じる（会社465条1項1号）。

4　審理のポイント

　平成17年会社法制定の際，当事者等の手続き保障を実現するために事件類型ごとに陳述聴取の要否が再検討され，裁判所に陳述聴取を義務付ける事件類型が列挙されていた（改正前会社法870条各号）。これに対して，整備法では，裁判所に陳述聴取が義務付けられる事件類型として列挙された事件類型をさらに2つに区分し，特に紛争性が高いと認められる事件類型については，利害の対立する当事者等に十分な主張の機会を保証するため，裁判所は必ず審問期日を開いて申立人及び所定の利害関係人の陳述を聴かなければならないとした上，事件類型ごとに陳述聴取の対象者を明示して会社法870条を再構築した（会社870条2項）。

　株式等の売買価格の決定にかかる事件は，審問期日を開いて陳述を聴くことが必要される事件類型となり（会社870条2項3号），申立人の主張やこれに対する反論や主張の機会を十分に保障するため，「利害の対立する関係者」（株式取得者（又は株主）が申し立てた場合は会社（又は指定買取人），会社（又は指定買

価格が決定された場合，譲渡等承認請求者が，株式会社との間の対象株式に係る売買契約を解除できると解すると，解除により，株式会社が譲渡を承認する旨の決定をしたものとみなされることになる（会145条3号，会施規26条3号）。」（「類型別会社非訟」86頁）と解することの問題点を指摘され，裁判所による譲渡制限株式の売買価格の決定に関する会社法144条3項にも財源規制の制約（会社461条）があると主張されている（高村隆司「裁判所による譲渡制限株式の売買価格の決定と財源規制」法律実務研究33号）。

第3節　株式価格の決定に関する事件

取人）が申し立てた場合は株式取得者（又は株主）が利害の対立関係者となる。）に対し，原則として申立書の写しを送付することを要し，また，その裁判の際には，原則として，審問の期日を開いて申立人や利害の対立する関係者の陳述を聞いたり，審理を終結する日や裁判の日を定め，申立人らに通知したりすることを要することとされている（会社法870条2項各号，870条の2各項）。

　しかしながら，利害の対立する関係者という立場だけでは行うことができない証拠申出など，「当事者」でなければできない手続を行うためには，当事者参加（非訟20条）又は利害関係参加（非訟21条）をすることが必要なる。「新・会社非訟」239頁では「特に，実質的に，会社と株主（株式取得者）が，価格をめぐって鋭く対立しているような場合には，当事者参加（又は利害関係参加）をすることが望ましい。」とされている。

　円滑な審理の遂行と当事者が手続きを利用する際の便宜を図るため，専門委員制度が設けられている（非訟33条）。株式の売買価格の算定を要する本申立事件については専門委員の意見を有効に活用して審理を進めることが期待できる。

　専門委員は，説明（民訴92条の2）にとどまらず，意見まで述べることが可能であるが，意見の内容が複雑なものとなる場合や特段の調査作業を要する場合には，専門委員の負担等も留意し，専門委員の関与ではなく証拠調べとしての鑑定によることも考えられ，合理的な審理運営のために，事案ごとに両者のすみ分けを検討することが重要であるとされている（「新・会社非訟」239頁～240頁）。

　当事者の協議により解決できる事件類型についても非訟事件手続きが利用されるようになっているため，当事者の便宜と紛争解決の迅速化のため，和解により，又は調停に付することにより事件を終了することができるようになっている。和解を調書に記載したときは，確定した終局判決と同一の効力をもつ（非訟65条）。株式売買価格決定申立事件は和解が想定される類型の事件である。

5 書式例

【書式33】株式売買価格決定申立書（申立人株主，相手方指定買取人の場合）

株式売買価格決定申立書

[収入印紙]

　　　　　　　　　　　　　　　　　　　　　　　平成〇〇年〇月〇日

〇〇地方裁判所　御中

　　　　　　　　　　　　　申立代理人弁護士　　吾　田　四　郎　㊞

　　　　　　　　　〒〇〇〇-〇〇〇〇　東京都〇〇区〇〇町〇丁目〇番〇号
　　　　　　　　　　　　　　　　申　立　人　　〇　〇　〇　〇
　　　　　　　　　〒〇〇〇-〇〇〇〇　東京都〇〇区〇〇町〇丁目〇番〇号
　　　　　　　　　　　　　　　　〇〇法律事務所（送達場所）
　　　　　　　　　　　　　　上記申立人代理人弁護士　吾　田　四　郎
　　　　　　　　　　　　　　　　　TEL　〇〇-〇〇〇〇-〇〇〇〇
　　　　　　　　　　　　　　　　　FAX　〇〇-〇〇〇〇-〇〇〇〇
　　　　　　　　　〒〇〇〇-〇〇〇〇　東京都〇〇区〇〇町〇丁目〇番〇号
　　　　　　　　　　　　　　　　相　手　方　　〇　〇　〇　〇

申立ての趣旨

別紙株式目録記載の株式について，その売買価格を1株当たり〇円とする，との裁判を求める。

申立ての理由

1　申立人は，東京都〇〇区〇〇町〇丁目〇番〇号を本店所在地とする株式会社〇〇（以下「本件会社」という。）の株主である（甲1）。
　本件会社の定款〇条には，「当社の株式を譲渡するには取締役会の承認を必要とする。」と定められている（甲2）。
2　申立人は，本件会社に対し，平成〇〇年〇月〇日付内容証明郵便により，

別紙株式目録記載の株式（以下「本件株式」という。）について，○○に譲渡することを承認するか否かの決定をすること及び承認しない場合には本件会社又は指定買取人が本件株式を買い取ることを請求し（甲3の1），同内容証明郵便は平成○○年○月○日に申立人に到達した（甲3の2）。
3　本件会社は，申立人に対し，平成○○年○月○日付内容証明郵便により，申立人の株式譲渡を承認しない旨を通知し（甲4の1），同内容証明郵便は平成○○年○月○日に申立人に到達した（甲4の2）。
4　相手方は，1株当たり純資産額（○万円）に○○株を乗じて得た額として○○○万円を平成○○年○月○日に本件会社の本店の所在地の○○法務局に供託し（甲5），同日付内容証明郵便に上記供託の証明書を添付して，申立人に対し，相手方が指定買取人として指定を受けたこと及び相手方が本件株式を買い取る旨を通知し（甲6の1），同内容証明郵便は平成○○年○月○日に申立人に到達した（甲6の2）。
5　公認会計士○○作成の株価鑑定書によれば，本件株式の売買価格は1株当たり○万円（総額○○○万円）が相当である（甲7）。しかし，相手方は，本件株式1株当たり○万円（総額○○○万円）と主張している。
6　よって，申立人は，会社法144条7項・2項に基づき本件株式の価格の裁判を求める。

疎　明　資　料

甲第1号証	株主であることを証する証明書
甲第2号証	○○株式会社の定款
甲第3号証の1	譲渡承認請求書（内容証明郵便）
甲第3号証の2	同配達証明書
甲第4号証の1	譲渡不承認決議通知書（内容証明郵便）
甲第4号証の2	配達証明書
甲第5号証	供託証明書
甲第6号証の1	買取通知書（内容証明郵便）
甲第6号証の2	同配達証明書
甲第7号証	株価鑑定書

添　付　書　類

商業登記事項証明書　　　1通

第5章 株式に関する事件

```
委任状           1通
申立書副本         1部
甲号証写し         各2部
```

```
別紙
              株式目録

  株主名義    ○○○○
  会社名     ○○株式会社
  株式数     ○○○株
  種類      ○○株券
  番号      ○○〜○○
```

【書式34】株式売買価格決定申立書（申立人会社，相手方株主の場合）

```
             株式売買価格決定申立書

 ┌──┐
 │収入│
 │印紙│                 平成○○年○月○日
 └──┘

  ○○地方裁判所　御中

                 申立代理人弁護士　　吾　田　四　郎　㊞

         〒○○○-○○○○　東京都○○区○○町○丁目○番○号
                 申　立　人　　株式会社○○○○
                 上記代表者代表取締役　○　○　○　○
         〒○○○-○○○○　東京都○○区○○町○丁目○番○号
                 ○○法律事務所（送達場所）
                 上記申立人代理人弁護士　吾　田　四　郎
                 TEL　○○-○○○○○-○○○○○
                 FAX　○○-○○○○○-○○○○○
```

第3節　株式価格の決定に関する事件

〒○○○-○○○○　東京都○○区○○町○丁目○番○号
　　　　　　　　　　相　手　方　　○　○　○　○

申立ての趣旨

　別紙株式目録記載の株式について，その売買価格を1株当たり○円とする，との裁判を求める。

申立ての理由

1　申立人は，定款第○条に「当社の株式を譲渡するには取締役会の承認を必要とする。」との規定が設けている株式会社である（甲1）。
　　相手方は，別紙株式目録記載の株式（以下「本件株式」という。）を有する申立人の株主である（甲2）。
2　相手方は，申立人に対し，平成○○年○月○日付内容証明郵便により本件株式について，○○に譲渡することを承認するか否かの決定をすること及び承認しない場合には申立人又は指定買取人が本件株式を買い取ることを請求し（甲3の1），同内容証明郵便は平成○○年○月○日に申立人に到達した（甲3の2）。
3　申立人は，平成○○年○月○日開催の取締役会において相手方請求にかかる本件株式の譲渡を承認しないことを決定し（甲4），相手方に対し，同年○月○日付内容証明郵便により当該決定の内容を通知し（甲5の1），同内容証明郵便は平成○○年○月○日に相手方に到達した（甲5の2）。
4　申立人は，平成○○年○月○日開催の臨時株主総会において本件株式を買い取ることを決議した（甲6）。
5　申立人は，1株当たり純資産額（○万円）に○○株を乗じて得た額として○○○万円を平成○○年○月○日に申立人の本店の所在地の○○法務局に供託し（甲7），同日付内容証明郵便に上記供託の証明書を添付して，相手方に対し，申立人が本件株式を買い取る旨を通知し（甲8の1），同内容証明郵便は平成○年○月○日に申立人に到達した（甲8の2）。
6　公認会計士○○作成の株価鑑定書によれば，本件株式の売買価格は1株当たり○万円（総額○○○万円）が相当である（甲9）。しかし，相手方は，本件株式1株当たり○万円（総額○○○万円）と主張している。
7　よって，申立人は，会社法144条2項に基づき本件株式の価格の裁判を求める。

第5章　株式に関する事件

<pre>
            疎　明　資　料

 甲第1号証   申立人の定款
 甲第2号証   株主名簿
 甲第3号証の1   譲渡承認請求書（内容証明郵便）
 甲第3号証の2   配達証明書
 甲第4号証   取締役会議事録
 甲第5号証の1   譲渡不承認決議通知書（内容証明郵便）
 甲第5号証の2   配達証明書
 甲第6号証   株主総会議事録
 甲第7号証   供託証明書
 甲第8号証の1   買取通知書（内容証明郵便）
 甲第8号証の2   配達証明書
 甲第9号証   株価鑑定書

            添　付　書　類

 商業登記事項証明書   1通
 委任状   1通
 申立書副本   1部
 甲号証写し   各2部
</pre>

<pre>
 別紙
                株式目録

   株主名義   ○○○○
   会社名   ○○株式会社
   株式数   ○○○株
   種類   ○○株券
   番号   ○○～○○
</pre>

第3節　株式価格の決定に関する事件

【書式35】株式譲渡承認並びに買取請求書

株式譲渡承認並びに買取請求書

平成○○年○月○日

○○○株式会社　御中

　　　　　　　　　　　　　　住所　○○○○○
　　　　　　　　　　　　　　氏名　○　○　○　○　㊞

　私は，私の所有する貴社株式○○株を，東京都○○区○○町○丁目○番○号の○○○○に譲渡いたしたく，貴社の承認を請求いたします。
　なお，ご承認いただけない場合には，会社又は指定買取人にて買い取ることを請求いたします。

【書式36】取締役会議事録

○○株式会社取締役会議事録

1　日　　時　　平成○○年○月○日（○曜日）　午前10時
2　場　　所　　東京都○○区○○町○丁目○番○号　当社本店会議室
3　出席取締役及び監査役　　取締役総数○名中出席取締役○名
　　　　　　　　　　　　　　監査役総数○名中出席監査役○名

4　議　　長　　　　　　　代表取締役　　○○○○
5　議事の経過の要領及びその結果
　(1)　議長は，定刻午前10時に開会を宣言した。
　(2)　決議事項
　　　第1号議案　株式譲渡承認に関する件
　　　　議長より株主○○○○氏より次のとおり株式譲渡の承認請求がなされた

203

第5章　株式に関する事件

　　ことの報告があり，これを受けて当社取締役会において承認するか否かを諮ったところ全員一致で譲渡の承認を認めないこととした。
　　　（譲渡の相手方）　東京都〇〇区〇〇町〇丁目〇番〇号
　　　　　　　　　　　　△△　〇　〇
　　　（対象となる株式）　当社株式〇〇株
　　　　不承認の場合には当社又は指定買取人が買い取ること。

　第2号議案　指定買取人の指定の件
　　議長より第1号議案のとおり譲渡承認を否決したことに基づき，次の者を指定買取人として指定したい旨を説明し，賛否を諮ったところ一同異議なくこれを承認したので本議案は可決された。

　　　　　東京都〇〇区〇〇町〇〇丁目〇番〇号
　　　　　　〇　〇　〇　〇

　　　　　　　　　　（以下略）

【書式37】株式譲渡承認並びに指定買取人通知書

株式譲渡不承認並びに指定買取人通知書

　　　　　　　　　　　　　　　　　　　　　　　平成〇〇年〇月〇日
〇〇〇〇〇　殿

　　　　　　　　　　　　　　　〇〇〇　株式会社
　　　　　　　　　　　　　　　代表取締役　甲野　太郎　㊞

　貴殿から，平成〇〇年〇月〇日付株式譲渡承認並びに買取請求書にて，貴殿所有の当社株式〇〇株の〇〇〇〇氏への譲渡承認請求を受けましたが，当社取締役会はこれを承認できないことを決定し，当該株式を買い取る者として下記の者が指定されましたので，本書面をもって通知いたします。

　　　　　　　　　　　　　　記

204

第3節　株式価格の決定に関する事件

東京都○○区○○町○丁目○番○号
　　　　　○　　○　　○　　○

【書式38】買取通知書

買取通知書

平成○○年○月○日

○○○○○　殿

東京都○○区○○町○丁目○番○号
　　　　　○　　○　　○　　○　㊞

　私は，○○○株式会社より，貴殿所有の株式○○株の指定買取人に指定されましたので，供託証明書を添付の上，本件株式の買取を請求いたします。

【書式39】株主総会議事録

株式会社○○臨時株主総会議事録

1　日　　時　　平成○○年○月○日（○曜日）　午前10時から11時
2　場　　所　　東京都○○区○○町○丁目○番○号　当社本店○会議室
3　出席取締役及び監査役　　取締役総数○名中出席取締役○名
　　　　　　　　　　　　　出席者　○○○○，○○○○，○○○○，
　　　　　　　　　　　　　監査役総数○名中出席監査役○名
　　　　　　　　　　　　　出席者　○○○○
4　議　　長　　代表取締役　○○○○
5　出席株主数及び議決権数　議決権を有する株主の総数　　　○名
　　　　　　　　　　　　　総議決権数　　　　　　　　　　○○○個
　　　　　　　　　　　　　本日出席の株主数　　　　　　　　○名
　　　　　　　　　　　　　その有する議決権数　　　　　　○○○個

205

第5章　株式に関する事件

6　議事の経過の要領及びその結果
 (1)　議長は，定刻午前10時に開会を宣言した。
 (2)　議長は，本日の出席株主総数と議決権数を報告し，本臨時株主総会が議案を審議できる法令及び定款の定足数を充足している旨を述べ，議案の審議に入った。

［報告事項］
　　議長より株主○○○○氏より次のとおり株式譲渡の承認請求がなされ，不承認の場合には当社において買い取るか，他に買い取る者を指定されたい旨の請求があったこと，これを受け平成○○年○月○日開催の当社取締役会において譲渡承認をしないことを決定したことの報告があった。

　　（譲渡しようする相手方）
　　　　東京都○○区○○町○丁目○番○号
　　　　○　○　○　○
　　　（対象となる株式）
　　　　当社株式○○株

続いて議長は出席株主に対し，質問の有無を確認したところ，質疑がなかったので決議事項である議案の審議に入った。

［決議事項］
　　議案　譲渡承認請求に係る株式を当社において買い取る件
　　　　議長より，前記報告事項記載のとおり譲渡不承認とした○○○○所有の株式全てを会社法140条1項・2項に基づき当社において買い取りたい旨を説明し賛否を諮ったところ満場一致をもって可決された。
　　　　なお，株主○○○○氏は会社法140条3項の規定により議決権を行使していない。

【書式40】 株式買取通知書

株式買取通知書

平成○○年○月○日

○○○○　殿

○○○　株式会社
代表取締役　甲　野　太　郎　㊞

　当社は会社法140条1項・2項に基づき貴殿所有の当社株式○○株を買い取ることに致しましたので，供託証明書を添付の上，本件株式の買取を請求いたします。

第5章 株式に関する事件

第10 相続人等に対する売渡しの請求

1 制度の趣旨・目的
　株式会社は，相続その他の一般承継により当該株式会社の株式（譲渡制限株式に限る。）を取得した者に対し，当該株式を当該株式会社に売り渡すことを請求することができる旨を定款で定めることができる（会社174条）。
　この定款の定めに基づき，株式会社から相続人その他の一般承継により株式を取得した者に対し，売渡しの請求があった場合には，株式の売買価格は株式会社と株式取得者との協議によって定める（会社177条1項）が，株式会社又は株式取得者は売渡しの請求があった日から20日以内に，裁判所に対し，売買価格の決定の申立てをすることができる（会社177条2項）。

2 申立て
(1) 管　轄
　会社の本店の所在地を管轄する地方裁判所である（会社868条1項）。
(2) 申立人
　株式会社（会社177条2項）
　会社法175条1項2号の株式取得者（会社177条2項）
(3) 申立ての方式
　書面でしなければならない（会社876条，会社非訟規1条）。
(4) 申立手数料，予納金等
　印紙額1,000円（民訴費3条1項，別表第1の16項イ）
　　申立人が複数である場合又は相手方が複数である場合には，1,000円×人数分となる。
　予納郵券
　　株価の鑑定を行う場合は，鑑定人を選任する前に，鑑定人の報酬及び費用の予定額を予納する必要がある。

第3節　株式価格の決定に関する事件

(5)　申立ての趣旨

「別紙株式目録記載の株式について，その売買価格を1株当たり〇〇円とする。」

(6)　申立ての要件

① 　相続その他の一般承継により当該株式会社の株式（譲渡制限株式に限る。）を取得した者が，申立てに係る株式数の株式を有していること。

② 　売買価格決定申立前に必要な手続が所定の期間内に行われていること。

③ 　売買価格決定申立が申立期間内に行われていること。

(7)　添付書類

申立てに係る株式会社の登記事項証明書（会社876条，会社非訟規3条）等

3　申立前の手続のポイント

(1)　売買価格決定申立前に必要な手続が所定の期間内に行われていること

株式会社は，相続人等に対する売渡しの請求に関する定款の定めがある場合において，会社法176条1項の規定による請求をしようとするときは，その都度，株主総会の決議によって，次に掲げる事項を定めなければならない（会社175条1項1号・2号）（書式42参照）。

① 　会社法176条1項の規定による請求をする株式の数（種類株式発行会社にあっては，株式の種類及び種類ごとの数）（1号）

② 　①の株式を有する者の氏名又は名称（2号）

株式会社は，上記会社法175条1項各号に掲げる事項を定めたときは，同項2号の者に対し，同項1号の株式を当該株式会社に売り渡すことを請求することができる（会社176条1項本文）。ただし，当該株式会社が相続その他の一般承継があったことを知った日から1年を経過したときは，この限りでない（会社176条1項）。

会社法176条1項の規定による請求は，その請求に係る株式の数（種類株式発行会社にあっては，株式の種類及び種類ごとの数）を明らかにしてしなければならない（会社176条2項）（書式43参照）。

209

なお，株式会社は，いつでも，会社法176条1項の規定による請求を撤回することができる（会社176条3項）。

【定款規定例】

> 第〇条（相続人等に対する売渡しの請求）
>   当会社は，相続その他の一般承継により当会社の株式を取得した者に対し，当該株式を当会社に売り渡すことを請求することができる。

(2) 売買価格決定申立てが申立期間内に行われていること

　会社法176条1項の規定による請求があった場合には，会社法175条1項1号の株式の売買価格は，株式会社と株式取得者との協議によって定める（会社法177条1項）が，株式会社又は会社法175条1項2号の者は，会社法176条1項の規定による請求があった日から20日以内に，裁判所に対し，売買価格の決定の申立てをすることができる（会社177条2項）。

　この期間内に売買価格の決定の申立てがないとき（当該期間内に会社法177条1項の協議が調った場合を除く。）は，会社法176条1項の規定による請求は，その効力を失う（会社177条5項）。

(3) 自己株式取得に関する規制との関係

　自己株式取得に関する規制との関係は，第9の3(3)（195頁～196頁）参照。

4　審理のポイント

　第9の4（196頁～197頁）参照。

5 書式例

【書式41】株式売買価格決定申立書

株式売買価格決定申立書

収入
印紙

平成○○年○月○日

○○地方裁判所　御中

　　　　　　　　　　申立代理人弁護士　　吾　田　四　郎　㊞

　　　〒○○○-○○○○　東京都○○区○○町○丁目○番○号
　　　　　　　　　　　　申　立　人　株式会社○○○○
　　　　　　　　　　　　上記代表者代表取締役　○　○　○　○
　　　〒○○○-○○○○　東京都○○区○○町○丁目○番○号
　　　　　　　　　　　　○○法律事務所（送達場所）
　　　　　　　　　　　　上記申立人代理人弁護士　吾　田　四　郎
　　　　　　　　　　　　　　TEL　○○-○○○○-○○○○
　　　　　　　　　　　　　　FAX　○○-○○○○-○○○○
　　　〒○○○-○○○○　東京都○○区○○町○丁目○番○号
　　　　　　　　　　　　相　手　方　○　○　○　○

申立ての趣旨

　別紙株式目録記載の株式について，その売買価格を1株当たり○円とする，との裁判を求める。

申立ての理由

1　申立人は，定款により「当会社は，相続その他の一般承継により当会社の株式を取得した者に対し，当該株式を当会社に売り渡すことを請求することができる。」こと及び「当社の株式を譲渡するには取締役会の承認を要する。」ことを定めている株式会社である（甲1）。

2　相手方は，申立人の株主〇〇〇〇が平成〇〇年〇月〇日に死亡したことにより，別紙株式目録記載の株式（以下「本件株式」という。）を相続により取得した者である（甲2, 3）。

3　申立人は，平成〇〇年〇月〇日開催の臨時株主総会において，相手方に対し，会社法176条1項の規定により本件株式を申立人に売り渡すことを請求する決議を行った（甲4）。

4　申立人は，相手方に対し，平成〇〇年〇月〇日付内容証明郵便により本件株式を申立人に売り渡すことを請求し（甲5の1），同内容証明郵便は平成〇〇年〇月〇日に相手方に到達した（甲5の2）。

5　公認会計士〇〇作成の株価鑑定書によれば，本件株式の売買価格は1株当たり〇万円（総額〇〇万円）が相当である（甲6）。しかし，相手方は本件株式について1株当たり〇円（総額〇〇万円）を主張している。

6　よって，申立人は，会社法177条2項に基づき本件株式について売買価格の決定の裁判を求める。

疎　明　資　料

甲第1号証	〇〇株式会社の定款
甲第2号証	〇〇株式会社の株主名簿
甲第3号証	戸籍謄本
甲第4号証	株主総会議事録
甲第5号証の1	売渡請求書（内容証明郵便）
甲第5号証の2	配達証明書
甲第6号証	株価鑑定書

添　付　書　類

商業登記事項証明書	1通
委任状	1通
申立書副本	1通
甲号証写し	各2通

第3節　株式価格の決定に関する事件

```
別紙
                    株式目録

   株主名義    ○　○　○　○
   会社名     ○○株式会社
   株式数     ○○○株
   種類      ○○株券
   番号      ○○～○○
```

【書式42】売渡請求の決定を行う株主総会議事録該当部分

```
議案　相続人に対する当社株式の売渡請求の件
      議長は，○○○○を報告し，○○○○の理由から当社定款第○条に基
  づき当社株式を相続した相続人に対し当社株式の売渡請求を行いたいこ
  と，当該売渡請求を行うに当たり下記の事項を定める必要がある旨を述
  べ，その賛否を諮ったところ，一同異議なくこれを承認したので，本議
  案は可決された。
                     記

  ①　売渡請求する株式の数        ○○株
  ②　請求の相手方            甲　野　三　郎
```

【書式43】売渡しの請求を行う請求書

```
                  株式売渡請求書

                              平成○○年○月○日

  甲野三郎　殿
```

第5章　株式に関する事件

　　　　　　　　　　　　　東京都〇〇区〇〇町〇丁目〇番〇号
　　　　　　　　　　　　　株式会社〇〇〇〇
　　　　　　　　　　　　　上記代表者代表取締役　〇　〇　〇　〇
　　　　　　　　　　　　　お問い合わせ先　〇〇〇〇
　　　　　　　　　　　　（TEL　〇〇－〇〇〇〇－〇〇〇〇）

　当社は，当社定款第〇条において相続人等に対する売渡請求の規定を設けているところ，会社法175条1項に基づく平成〇〇年〇月〇日開催の臨時株主総会において，貴殿が〇〇〇〇氏から相続により取得された当社株式〇〇株の売渡請求につき決議いたしましたので，本書をもって売渡しの請求をいたします。
　　　　　　　　　　　　　　　　　　　　　　　　　　　以　　上

第11　特別支配株主の株式等売渡請求に際しての売渡株式等の売買価格の決定の申立事件

1　制度の趣旨・目的

　特別支配株主の株式等売渡請求の手続においては，売渡株式等の売買価格を特別支配株主が定め，これが対象会社に承認された後，売渡株主等に通知される（会社179条の2第1項2号，179条の3第1項，179条の4第1項1号）。

　このように特別支配株主と対象会社との間の手続で定められた売買価格に不満のある少数株主の権利保護のため，売買価格に不服のある売渡株主等は，取得日の20日前の日から取得日の前日までの間に，裁判所に対し，その有する売渡株式等の売買価格の決定の申立てをすることができることとされた（会社179条の8第1項）。

2　申立て

(1)　管　轄

　対象会社の本店の所在地を管轄する地方裁判所である（会社868条3項）。

(2)　申立人

　売渡株主（特別支配株主が株式売渡請求に併せて新株予約権売渡請求をする場合にあっては，売渡株主及び売渡新株予約権者）（会社179条の8第1項，179条の4第1項1号）。

(3)　申立ての方式

　書面でしなければならない（会社876条，会社非訟規1条）。

(4)　申立手数料

　1,000円（民訴費3条1項，別表第1の16項イ）

(5)　申立ての要件

　ア　特別支配株主から対象会社への通知（会社179条の3第1項）（書式44）

　　特別支配株主が，対象会社に対し，特別支配株主の株式等売渡請求をしようとする旨及び会社179条の2第1項各号に定められている以下の各事項を通知したこと。

(ア)　株式売渡請求によりその有する対象会社の株式を売り渡す株主に対して当該株式の対価として交付する金銭の額又はその算定方法（2号）

　(イ)　売渡株主に対する(ア)の金銭の割当てに関する事項（3号）

　(ウ)　特別支配株主が売渡株式を取得する日（5号）

　(エ)　特別支配株主完全子法人に対して株式売渡請求をしないこととするときは，その旨及び当該特別支配株主完全子法人の名称（1号）

　(オ)　株式売渡請求に併せて新株予約権売渡請求をするときは，その旨及び次に掲げる事項（4号）

　　①　特別支配株主完全子法人に対して新株予約権売渡請求をしないこととするときは，その旨及び当該特別支配株主完全子法人の名称（同号イ）

　　②　新株予約権売渡請求によりその有する対象会社の新株予約権を売り渡す新株予約権者に対して当該新株予約権の対価として交付する金銭の額又はその算定方法（同号ロ）

　　③　売渡新株予約権者に対する②の金銭の割当てに関する事項（同号ハ）

　(カ)　そのほか，会社規33条の5第1項各号で定める事項（6号）

イ　対象会社による承認（会社179条の3第1項）

　アの通知を受けた対象会社が，株式等売渡請求を承認したこと。

　対象会社が取締役会設置会社である場合には，承認をするか否かの決定をするには，取締役会の決議によらなければならない（会社179条の3第3項）。

　対象会社は，承認をするか否かの決定をしたときは，特別支配株主に対し，当該決定の内容を通知しなければならない（会社179条の3第4項）。

ウ　対象会社から売渡株主等への通知（会社179条の4第1項）

　対象会社が，イの承認後，取得日の20日前までに，売渡株主等に対しては当該承認をした旨，特別支配株主の氏名又は名称及び住所，会社179条の2第1項1号から5号までに掲げる事項及び会社規33条6で定

める事項を通知し（書式45），売渡株式の登録株式質権者に対しては，当該承認した旨を通知又は公告したこと（会社179条の4第1項・2項）。

　対象会社がこの通知又は公告をしたときに，特別支配株主から売渡株主等に対して株式等売渡請求がされたものとみなされる（会社179条の4第3項）。

　エ　所定期間内であること（会社179条の8第1項）

　売渡株主等は，取得日の20日前の日から取得日の前日までの間に，裁判所に対し，その有する売渡株式等の売買価格の決定の申立てをすることができる。

(6)　添付書類

　申立てに係る会社の登記事項証明書（会社非訟規3条1項1号）

3　審理のポイント

　本申立てにおいて相手方となる特別支配株主は，当事者である売渡株主と利害が対立することになるが，本申立て手続きの中で売渡株主と同様の手続行為を行うためには，利害関係参加（非訟21条）を行うことが必要となる。

　「新・会社非訟」292頁では，特別支配株主が「自ら手続主体となって証拠の申出等を行うため，あるいは事実の調査の通知を受けるためには，手続に参加（21条）する必要がある。売渡株式等の株式売買価格決定申立事件において，裁判所は，特別支配株主に対して，参加申出を行うように促すのが望ましい場合が多いと考えられる。」とされている。

4　書式例

【書式44】株式売渡請求の通知

平成○○年○月○日

東京都○○区○○町○丁目○番○号
株式会社○○　御中

東京都○○区○○町○丁目○番○号
特別支配株主　　△　△　△　△

株式売渡請求の通知

　私は，会社法179条1項に規定する特別支配株主として，貴社株主に対し，その有する貴社株式の全部（以下「本売渡株式」という。）を私に売り渡す旨の請求（以下「本売渡請求」という。）を行いますので，会社法179条の3第1項の規定に従い，その旨及び会社法179条の2第1項各号に掲げる事項を通知し，貴社の承認を求めます。

1　売渡株主に対して本売渡株式の対価として交付する金銭の額及びその割当てに関する事項
　　私は，売渡株主に対し，本売渡株式の対価（以下「本売渡対価」という。）として，その有する本売渡株式1株につき○○円の割合をもって，金銭を割り当て交付いたします。

2　特別支配株主が売渡株式を取得する日（以下「取得日」という。）
　　平成○○年○月○日

3　株式売渡対価の支払のための資金を確保する方法
　　私は，本売渡対価を，私が保有する現預金により支払います。私は，本売渡対価支払のための資金に相当する額の銀行預金を有しています。

第3節　株式価格の決定に関する事件

4　そのほか本売渡請求に係る取引条件
　　本売渡対価は，取得日後，売渡株主から対価振込口座の確認が取れた後○営業日以内に，私が同口座に振り込み送金する方法で交付します。ただし，当該方法による交付ができない場合には，私が指定した場所及び方法により，売渡株主に対して本売渡対価を支払います。

以　上

（注）特別支配株主完全子法人が存在し，同法人に対して株式売渡請求をしない場合には，その旨及び当該特別支配株主完全子法人の名称（会社179条の２第１項１号），株式売渡請求に併せて新株予約権売渡請求をするときは，その旨及びそのほか新株予約権売渡請求に関する事項（会社179条の２第１項４号）についても通知する必要がある。本例はこれらの該当事項がないものである。「株式売渡請求をしない特別支配株主完全子法人」，「新株予約権売渡請求に関する事項」という項目を示して「該当事項はありません。」と記載する例もある。
　　本書の例はいずれもこれらの該当事項がないものとして作成している。

【書式45】株式売渡請求の承認に関する通知

平成○○年○月○日
東京都○○区○○町○丁目○番○号
　株主　△△△△　殿

　　　　　　　　　　　　　　　東京都○○区○○町○丁目○番○号
　　　　　　　　　　　　　　　○○株式会社
　　　　　　　　　　　　　　　代表取締役社長　○○　○○

株式売渡請求の承認に関する通知

　当社は，会社法179条１項に規定する特別支配株主である△△△△氏から，平成○○年○月○日付で，同法179条の３第１項の規定による株式売渡請求

(以下「本売渡請求」という。）の通知を受け，平成〇〇年〇月〇日開催の当社取締役会において本売渡請求を承認いたしましたので，会社法179条の4第1項1号の規定により，その旨及び以下1から4の各事項を通知いたします。

1 　特別支配株主の氏名及び住所
　　氏名：△△△△
　　住所：東京都〇〇区〇〇町〇丁目〇番〇号

2 　売渡株主に対して売渡株式の対価として交付する金銭の額及びその割当てに関する事項
　　△△△△は，当社株主の全員（ただし，当社及び△△△△を除きます。以下「本売渡株主」という。）に対し，その保有する当社株式（以下「本売渡株式」という。）の売渡しの対価（以下「本売渡対価」という。）として，本売渡株式1株につき〇〇円の割合をもって，金銭を割り当て交付いたします。

3 　特別支配株主が売渡株式を取得する日（以下「取得日」という。）
　　平成〇〇年〇月〇日

4 　そのほか本売渡請求に係る取引条件
　　本売渡対価は，取得日後，本売渡株主から対価振込口座の確認が取れた後〇営業日以内に，△△△△が同口座に振り込み送金する方法で交付するものとします。ただし，当該方法による交付ができない場合には，△△△△が指定した場所及び方法により，本売渡株主に対して本売渡対価を支払うものとします。

　　　　　　　　　　　　　　　　　　　　　　　　　　以　上

【書式46】 株式売渡請求に関する事前開示事項

平成〇〇年〇月〇日

東京都〇〇区〇〇町〇丁目〇番〇号
〇〇株式会社
代表取締役社長　〇〇　〇〇

株式売渡請求に関する事前開示事項

　当社は，当社の特別支配株主である△△△△氏から，平成〇〇年〇月〇日付で通知を受けた，当社の株式に係る株式売渡請求を承認いたしました。会社法179条の5第1項及び会社法施行規則33条の7に掲げる事項は以下のとおりです。

1　特別支配株主の氏名及び住所
　　氏名：△△△△
　　住所：東京都〇〇区〇〇町〇丁目〇番〇号

2　売渡株主に対して売渡株式の対価として交付する金銭の額及びその割当てに関する事項
　　△△△△は，当社株主の全員（ただし，当社及び△△△△を除きます。以下，「本売渡株主」という。）に対し，その保有する当社株式（以下「本売渡株式」という。）の売渡しの対価（以下「本売渡対価」という。）として，本売渡株式1株につき〇〇円の割合をもって，金銭を割り当て交付いたします。

3　特別支配株主が売渡株式を取得する日（以下「取得日」という。）
　　平成〇〇年〇月〇日

4　株式売渡対価の支払のための資金を確保する方法
　　△△△△は，本売渡対価を，△△△△が保有する現預金により支払います。
　　△△△△は，本売渡対価支払のための資金に相当する額の銀行預金を有して

第5章　株式に関する事件

います。

5　そのほか本売渡請求に係る取引条件
　　本売渡対価は，取得日後，本売渡株主から対価振込口座の確認が取れた後○営業日以内に，△△△△が同口座に振り込み送金する方法で交付します。ただし，当該方法による交付ができない場合には，△△△△が指定した場所及び方法により，本売渡株主に対して本売渡対価を支払います。

6　株式売渡対価の総額及びその割当てについての定めの相当性に関する事項
　　当社の直近の事業年度である平成○○年○月○日付決算報告書で計上された当社の純資産は○○○○円であり，1株当たりの簿価純資産は○○円でした。
　　これに加え，当社は，△△△△及び当社から独立した第三者算定機関である公認会計士・税理士○○氏に対して当社株価の算定を依頼し，同人による平成○○年○月○日付株価鑑定書では，当社の株価が1株当たり○○円から○○円とされております。
　　このように，1株当たりの簿価純資産は○○円であること及び上記株価鑑定書による，当社の株価の上限が1株当たり○○円であることから，これらの金額に相当程度のプレミアムが付加された○○円は，売渡株主に対して売渡株式の対価として交付する金銭の額として相当であると判断しております。

7　会社法179条の3第1項の承認に当たり売渡株主の利益を害さないように留意した事項
　　会社法179条の3第1項の承認をした当社取締役会決議においては，当社の特別支配株主である△△△△は特別利害関係人に該当する可能性がある者として，その決議には参加しておりません。

8　株式売渡対価の支払のための資金を確保する方法の相当性その他の株式売渡対価の交付の見込みに関する事項
　　△△△△は，本売渡対価を，△△△△が保有する現預金により支払います。△△△△が平成○○年○月○日時点において本売渡対価支払のための資金に相当する額の銀行預金を有していることを客観的資料により確認しております。

また，△△△△から聴取したところ，現時点において，本売渡対価の支払に支障を来す可能性のある事象は存在しないとのことでした。
　　　よって，株式売渡対価の支払のための資金を確保する方法は相当性であり，株式売渡対価の交付の見込みがあると考えております。

9　株式等売渡請求に係る取引条件の相当性に関する事項
　　　第5項記載の取引条件は，取得日後，本売渡株主から対価振込口座の確認が取れた後〇営業日以内に△△△△が同口座に振り込み送金する方法で本売渡対価を交付することとされており，支払までの期間が短く，また，当該方法による交付ができない場合にも，△△△△が指定した場所及び方法により，本売渡株主に対して本売渡対価を支払うこととされており，株式等売渡請求に係る取引条件は相当なものであると考えております。
　　　　　　　　　　　　　　　　　　　　　　　　　　　　　　以　上

【書式47】売買価格決定申立書

売買価格決定申立書

収入
印紙

　　　　　　　　　　　　　　　　　　　　　　　平成〇〇年〇月〇日
〇〇地方裁判所民事部　御中
　　　　　　　　　　　　　申立人代理人弁護士　　〇　〇　〇　〇　㊞

　　　　　　　　〒〇〇〇-〇〇〇〇　東京都〇〇区〇〇町〇丁目〇番〇号
　　　　　　　　　　　　　　　　　申立人　　　〇　〇　〇　〇
　　　　　　　　〒〇〇〇-〇〇〇〇　東京都〇〇区〇〇町〇丁目〇番〇号
　　　　　　　　　　　　　　　　　〇〇法律事務所（送達場所）
　　　　　　　　　　上記申立人代理人弁護士　　〇　〇　〇　〇
　　　　　　　　　　電　話　03-〇〇〇〇-〇〇〇〇
　　　　　　　　　　ＦＡＸ　03-〇〇〇〇-〇〇〇〇

第5章　株式に関する事件

　　　　　　　〒○○○-○○○○　東京都○○区○○町○丁目○番○号
　　　　　　　　　　　相手方　　　　○　○　○　○

　　　　　　　　　申　立　て　の　趣　旨

　申立人が所有する株式会社○○（東京都○○区○○町○丁目○番○号）の株式について，その売買価格を1株当たり○円とする，
との裁判を求める。

　　　　　　　　　申　立　て　の　理　由

1　当事者
　(1)　東京都○○区○○町○丁目○番○号に本店を有する○○株式会社（以下「対象会社」という。）は，発行済株式総数○○株の株式会社であり，取締役会設置会社である。(甲1，2)。
　(2)　申立人は，対象会社の株式（以下「本件株式」という。）○○株を保有する株主である（甲3）。
　(3)　相手方は，対象会社の総株主の議決権の10分の9以上を保有する株主である（甲4）。

2　相手方から対象会社への通知
　　相手方は対象会社に対し，平成○○年○月○日，株式売渡請求をしようとする旨及び，相手方が定めた以下(1)から(5)の各事項を通知した（甲4）。
　(1)　売渡株主に対して当該株式の対価として交付する金銭の額
　　　　1株につき○○円
　(2)　売渡株主に対する(1)の金銭の割当てに関する事項
　　　　金銭を割当交付する。
　(3)　特別支配株主が売渡株式を取得する日
　　　　平成○○年○月○日
　(4)　株式売渡対価支払のための資金を確保する方法
　　　　相手方は，株式売渡対価の支払のための資金に相当する額の銀行預金を保有している。
　(5)　株式等売渡請求に係る取引条件
　　　　株式売渡対価は，取得日後，売渡株主から対価振込口座の確認が取れた

224

後○営業日以内に，相手方が同口座に振り込み送金する方法で交付する。ただし，当該方法による交付ができない場合には，相手方が指定した場所及び方法により，売渡株主に対して株式売渡対価を支払う。

3 対象会社の承認及び相手方に対する通知

対象会社は，平成○○年○月○日，取締役会決議により前項で相手方が通知した株式売渡請求を承認し，同日，これを相手方に通知した（甲4）。

4 対象会社から申立人に対する通知

対象会社は，申立人に対し，平成○○年○月○日，前項の承認をした旨及び以下(1)から(4)の各事項を通知した（甲5）。

(1) 売渡株主に対して当該株式の対価として交付する金銭の額
　　1株につき○○円
(2) 売渡株主に対する(1)の金銭の割当てに関する事項
　　金銭を割当交付する。
(3) 特別支配株主が売渡株式を取得する日
　　平成○○年○月○日
(4) 株式等売渡請求に係る取引条件
　　株式売渡対価は，取得日後，売渡株主から対価振込口座の確認が取れた後○営業日以内に，相手方が同口座に振り込み送金する方法で交付する。ただし，当該方法による交付ができない場合には，相手方が指定した場所及び方法により，売渡株主に対して株式売渡対価を支払う。

5 本件株式の価格

本件株式の価格は，1株につき○○円が相当である（甲6）。

6 結語

よって，申立人は，会社法179条の8第1項に基づき，本件株式の売買価格の決定の申立てをするものである。

疎　明　資　料

甲第1号証	○○株式会社の全部事項証明書
甲第2号証	○○株式会社の定款

第5章　株式に関する事件

甲第3号証	株主であることを証する証明書（株券，株主名簿，会社発行の株主証明書など，上場会社の場合は口座管理機関に対し個別株主通知の申出をしたことを証する受付票）
甲第4号証	株式売渡請求に関する事前開示事項（書式46）
甲第5号証	株式売渡請求の通知
甲第6号証	株価鑑定書

添　付　書　類

1	全部事項証明書	1通
2	委任状	1通
3	申立書副本	1部
4	甲号証写し	各2部

第4節　無効判決による払戻金増額申立事件

第1　新株発行，自己株式の処分，新株予約権の無効判決による払戻金増減の申立事件

1　制度の趣旨・目的

　新株発行の無効の訴えに係る請求を認容する判決が確定したときは，当該株式会社は，当該判決の確定時における当該株式に係る株主に対し，払込みを受けた金額又は給付を受けた財産の給付の時における価格に相当する金銭を支払わなければならない（会社840条1項前段）。

　金銭の金額が会社法840条1項の判決が確定した時における会社財産の状況に照らして著しく不相当であるときは，裁判所は，同項前段の株式会社又は株主の申立てにより，当該金額の増減を命ずることができる（会社840条2項）。

　この申立ては，判決が確定した日から6か月以内にしなければならない（会社840条3項）。

　自己株式の処分，新株予約権の発行の無効の訴えに係る請求を認容する判決が確定したときについても同様の申立てができる（会社841条，842条）。

2　申立て

(1)　管　轄

　会社の本店の所在地の地方裁判所である（会社868条1項）。

(2)　申立人

　株式会社又は株主（会社840条2項，841条2項）

　新株予約権者（会社842条2項）

(3) 申立ての方式

書面によることを要する（会社876条，会社非訟規1条）。

(4) 申立手数料，予納金等

印紙額1,000円（民訴費3条1項，別表第1の16項イ）

予納郵券

(5) 申立ての趣旨

「申立人の新株発行を無効とする判決の確定により，申立人が被申立人から払込みを受けた金額の払戻しをする額を〇〇円とする。」との決定を求める。

(6) 申立ての要件

① 新株発行の無効の訴え（自己株式の処分の無効の訴え，新株予約権の発行の無効の訴え）に係る請求を認容する判決が確定し，当該株式会社において，当該判決の確定時における当該株式に係る株主（当該自己株式に係る株主，当該新株予約権に係る新株予約権者）に対し，払込みを受けた金額又は給付を受けた財産の給付の時における価格に相当する金銭を支払わなければならないこと。

② ①の金銭の金額が，判決が確定した時における会社財産の状況に照らして著しく不相当であること。

(7) 添付書類

申立てに係る株式会社の登記事項証明書（会社876条，会社非訟規3条）等

3 審理のポイント

裁判の結果に一定の利害関係をもつ者が手続きに主体的に関与することを認め，主張，反論の機会を保証するための制度として当事者参加制度と利害関係参加制度が設けられている（非訟20条，21条）。新株発行無効判決決定後の払戻金増減命令事件（会社840条2項）において，所定期間内に申立てをしなかった株主は，非訟21条2項の「裁判の結果により直接の影響を受けるもの」として手続参加が可能となる。

第4節　無効判決による払戻金増額申立事件

4　書式例

【書式48】新株発行の無効判決による払戻金増額申立書

新株発行の無効判決による払戻金減額申立書

平成〇〇年〇月〇日

〇〇地方裁判所　御中

申立代理人弁護士　吾　田　四　郎　㊞

〒〇〇〇－〇〇〇〇　東京都〇〇区〇〇町〇丁目〇番〇号
　　　　申　立　人　　　　〇〇株式会社
　　　　同代表者代表取締役　〇　〇　〇　〇
（送達場所）
〒〇〇〇－〇〇〇〇　東京都〇〇区〇〇町〇丁目〇番〇号
　　　　〇〇法律事務所
　　　　同代理人弁護士　吾　田　四　郎
　　　　　TEL 03－〇〇〇〇－〇〇〇〇
　　　　　FAX 03－〇〇〇〇－〇〇〇〇
〒〇〇〇－〇〇〇〇　東京都〇〇区〇〇町〇丁目〇番〇号
　　　　被　申　立　人　　〇〇株式会社
　　　　同代表者代表取締役　〇　〇　〇　〇

申立ての趣旨

　申立人の新株発行を無効とする判決の確定により，申立人が被申立人から払込みを受けた金額の払戻しをする額を〇〇円とする。
との決定を求める。

申立ての理由

1　申立人は，平成〇〇年〇月〇日開催の臨時株主総会において，被申立人〇〇株式会社（以下「被申立人」という。）を割当先とする募集株式総数引受

229

第5章　株式に関する事件

　　契約に基づき，次のとおり募集株式を発行することを決議した（以下「本件新株発行」という。甲1）。
　　① 募集株式の数　　　　　　○○株
　　② 募集株式の払込金額　　　1株につき金○円
　　③ 払込期日　　　　　　　　平成○年○月○日
　　④ 増加する資本金及び資本準備金の額
　　　　　　　　　　　　　　　　増加資本金　　　金○万円
　　　　　　　　　　　　　　　　増加資本準備金　金○万円
　　⑤ 割当方法　　　　　　　　○○株式会社に対する第三者割当
　　⑥ 払込取扱場所　　　　　　○○銀行○○支店
　　　　　　　　　　　　　　　　普通預金口座○○○○
　　　　　　　　　　　　　　　　名義人　株式会社○○代表取締役○○○○
2　被申立人は，本件新株発行について，平成○○年○月○日に全額の払込みを行い，同年○月○日に株主となった（甲2）。
　　しかし，本件新株発行は，東京地方裁判所平成○○年（ワ）第○○号事件により無効の判決が言い渡され，同判決は平成○○年○月○日に確定した（甲3の1，2）。
3　そのため，申立人は，被申立人に対し，払込みを受けた金額を支払う必要がある。
　　しかし，上記判決が確定した時における申立人の会社財産の状況は○○であり，かかる状況に照らせば，払込みを受けた金額を被申立人に支払うことは著しく不相当である（甲4）。
4　よって，本申立てに及んだ次第である。

　　　　　　　　　　　　疎　明　資　料

甲第1号証　　　　　株主総会議事録
甲第2号証　　　　　会社法208条1項の規定による払込みがあったことを
　　　　　　　　　　証する書面
甲第3号証の1　　　判決書謄本
甲第3号証の2　　　確定証明書
甲第4号証　　　　　決算書など

　　　　　　　　　　　　添　付　書　類

第4節　無効判決による払戻金増額申立事件

商業登記事項証明書	1通
委任状	1通
申立書副本	1通
甲号証写し	各2通

第6章
社債に関する事件

第1節　社債管理者に関する事件

　社債管理者は，社債権者全体の法定代理人的立場に立って，社債権の保全や回収等の権限を行使するもので（会社705条，706条等），公平かつ誠実に，善良な管理者の注意をもって社債の管理することが求められている（会社704条）。平成5年商法改正における社債発行限度規制の廃止に伴い設置が義務付けられ，平成18年会社法施行により，その義務や責任が強化された。社債管理者は銀行，信託会社，又はこれらに準ずるものとされ（会社703条），発行会社のメインバンクが社債管理者になっていることが多い。

第1　社債管理者による発行会社の業務及び財産の状況調査許可申立事件

1　制度の趣旨・目的
　社債管理者が管理の委託を受けた社債につき，社債権の保全，回収，処分する権限の行使（会社705条1項，706条1項）を実効化するために認められた制度である（会社705条4項，706条4項）。

2　申立て
(1)　管　轄
　　社債発行会社の本店所在地の地方裁判所である（会社868条3項）。
(2)　申立人
　　社債管理者である（会社705条4項，706条4項）。
(3)　申立ての方式
　　書面によることを要する（会社876条，会社非訟規1条）。申立手数料は

第6章 社債に関する事件

1,000円である（民訴費3条1項，別表第1の16項イ）。

(4) 申立ての要件

社債管理者が，①社債権者のために社債に係る債権の弁済を受け，又は社債に係る債権の実現を保全するために必要な一切の裁判上又は裁判外の行為をするために必要があるとき（会社705条4項），あるいは，②当該社債の全部についてするその支払の猶予，その債務の不履行によって生じた責任の免除又は和解（③に掲げる行為を除く。），又は，③当該社債の全部についてする訴訟行為又は破産手続，再生手続，更生手続若しくは特別清算に関する手続に属する行為（①の行為を除く。）をするために必要があるとき（会社706条4項）。なお，申立ての原因となる事実を疎明することを要する（会社869条）。

(5) 添付書類

商業登記簿謄本（会社非訟規3条1項1号）等。後述書式参照。

3　書式例

【書式49】社債管理者による発行会社の業務及び財産状況調査許可申立書

```
         社債管理者による発行会社の業務及び
              財産状況調査許可申立書

                                    平成○○年○月○日
 ○○地方裁判所民事第○部　御中

                    申立人代理人弁護士　吾　田　四　郎　㊞

        〒○○○－○○○○　東京都○○区○○町○丁目○番○号
                        申　立　人　　甲野社債管理株式会社
                        同代表者代表取締役　甲　野　太　郎
        〒○○○－○○○○　東京都千代田区○○町○丁目○番○号
                               ○○○ビル○階　○○法律事務所
```

第1節　社債管理者に関する事件

電　話　03（〇〇〇〇）〇〇〇〇
FAX　03（〇〇〇〇）〇〇〇〇
同代理人弁護士　吾　田　四　郎

〒〇〇〇-〇〇〇〇　東京都〇〇区〇〇町〇丁目〇番〇号
　　　　　　　　社 債 発 行 会 社　　乙 川 株 式 会 社
　　　　　　　　同代表者代表取締役　　乙　川　花　子

申立ての趣旨

「申立人が乙川株式会社（東京都〇〇区〇〇町〇丁目〇番〇号）の業務及び財産状況を調査することを許可する」との決定を求める。

申立ての理由

1　乙川株式会社は，〇〇を目的とする株式会社である。
2　申立人は，乙川株式会社との間で，平成〇〇年〇月〇日，乙川株式会社第〇回社債の社債権者のために社債を管理することに関する委託契約を締結し，会社法702条に規定する社債管理者となり，その任務を遂行してきた（甲2）。
3　しかるに，乙川株式会社は，平成〇〇年〇月〇日，突如として〇〇〇〇にかかる業務を全く行わなくなり，これにより同社の〇〇事業の遂行に多大な支障が生じている（甲3）。
4　そこで，申立人は，乙川株式会社に対し，財産及び業務の状況，財産目録，並びに計算書類の閲覧及び調査を求めたが，同社はこれを拒否し続けた。
5　それにとどまらず，申立人が平成〇〇年〇月〇日，乙川株式会社を訪れた際，同社内の什器備品類が持ち出されていた（甲3）。
6　よって，会社法705条4項，706条4項に基づき，本申立てに及ぶ次第である。

疎　明　方　法

甲第1号証　　　定　款
甲第2号証　　　社債管理委託契約書
甲第3号証　　　陳述書

添　付　書　類

商業登記事項証明書　　　2通
委任状　　　　　　　　　1通
甲号各証写し　　　　　　各1部

第6章　社債に関する事件

第2　社債権者と社債管理者との利益が相反する場合の特別代理人の選任申立事件

1　制度の趣旨・目的

　社債権者と社債管理者との利益が相反する場合に社債権者のために裁判上又は裁判外の行為をする必要があるときに（例えば，社債管理者が社債権者に対して損害賠償責任を負う場合など），社債管理者としての職務を全うさせるために認められた制度である（会社707条）。

2　申立て

(1)　管　轄

　社債発行会社の本店所在地の地方裁判所である（会社868条3項）。

(2)　申立人

　社債権者集会である（会社707条）。

(3)　申立ての方式

　書面によることを要する（会社876条，会社非訟規1条）。

　申立手数料は1,000円である（民訴費3条1項，別表第1の16項イ）。

(4)　申立ての要件

　社債権者と社債管理者との利益が相反する場合において，社債権者のために裁判上又は裁判外の行為をする必要があるとき（会社707条）。

(5)　添付書類

　商業登記簿謄本（会社非訟規3条1項1号）等。後述書式参照。

3 書式例

【書式50】 特別代理人選任申立書

特別代理人選任申立書

平成○○年○月○日

○○地方裁判所民事第○部　御中

申立人代理人弁護士　　吾　田　四　郎　㊞

〒○○○-○○○○　東京都○○区○○町○丁目○番○号
　　　　　　　　　申　立　人　　乙川株式会社第○回社債権者
　　　　　　　　　同代表者執行者　　　　　丙　川　次　郎
〒○○○-○○○○　東京都千代田区○○町○丁目○番○号
　　　　　　　　　○○○ビル○階　○○法律事務所
　　　　　　　　　　　　電　話　03（○○○○）○○○○
　　　　　　　　　　　　FAX　03（○○○○）○○○○
　　　　　　　　　同代理人弁護士　　吾　田　四　郎
〒○○○-○○○○　東京都○○区○○町○丁目○番○号
　　　　　　　　　社　債　発　行　会　社　　乙川株式会社
　　　　　　　　　同代表者代表取締役　　乙　川　花　子

申立ての趣旨

　甲野社債管理株式会社（東京都○○区○○町○丁目○番○号　代表者代表取締役甲野太郎）に対する裁判外及び裁判上の損害賠償請求を行うため，乙川株式会社第○回社債権者の特別代理人の選任を求める。

申立ての理由

1　申立外甲野社債管理株式会社（以下「申立外甲野」という。）は，乙川株式会社との間で，平成○○年○月○日，乙川株式会社第○回社債の社債権者

第6章　社債に関する事件

のために社債を管理することに関する委託契約を締結し，会社法702条に規定する社債管理者となり，その任務を遂行してきた（甲2）。
2　しかるに，申立外甲野は，平成〇〇年〇月〇日，〇〇〇〇により，会社法704条規定の社債管理者の義務に違反して申立人ら社債権者に対し損害賠償義務を負担し（甲3），申立人らとの間で利益が相反するに至った。
3　申立人らは，平成〇〇年〇月〇日，社債権者集会において，申立外甲野に対して裁判外及び裁判上の損害賠償請求を行うため，御庁に対して特別代理人の選任の請求を求める決議をなし，丙川次郎がその執行者に選任された（甲4）。
4　よって，会社法707条に基づき，申立ての趣旨記載の申立てに及ぶ。

疎　明　方　法

甲第1号証　　　定　款
甲第2号証　　　社債管理委託契約書
甲第3号証　　　陳述書
甲第4号証　　　議事録

添　付　書　類

商業登記事項証明書　　　1通
委任状　　　　　　　　　1通
甲号各証写し　　　　　　各1部

第1節 社債管理者に関する事件

第3 社債管理者の辞任許可申立事件

1 制度の趣旨・目的
社債管理者は，発行会社及び社債権者集会の同意を得て辞任することができるが（他に社債管理者がないときは，あらかじめ事務を承継する社債管理者を定めなければならない。），それにかかわらず，やむを得ない事由があるときの辞任を認めるための制度である（会社711条3項）。

2 申立て
(1) 管 轄
社債発行会社の本店所在地の地方裁判所である（会社868条3項）。
(2) 申立人
社債管理者である（会社711条3項）。
(3) 申立ての方式
書面によることを要する（会社876条，会社非訟規1条）。
申立手数料は1,000円である（民訴費3条1項，別表第1の16項イ）。
(4) 申立ての要件
やむを得ない事由があるとき（会社711条3項）。やむを得ない事由とは，管理会社の解散その他事務処理を不可能とするような事情の発生をいう（「会社訴訟非訟」731頁）。
なお，申立ての原因となる事実を疎明することを要する（会社869条）。
(5) 添付書類
商業登記簿謄本（会社非訟規3条1項1号）等。後述書式参照。

第6章 社債に関する事件

3 書式例

【書式51】社債管理者辞任許可申立書

社債管理者辞任許可申立書

平成○○年○月○日

○○地方裁判所民事第○部　御中

申立人代理人弁護士　　吾　田　四　郎　㊞

〒○○○－○○○○　東京都○○区○○町○丁目○番○号
　　　　　　　　　　申　立　人　　甲野社債管理株式会社
　　　　　　　　　　同代表者代表取締役　甲　野　太　郎
〒○○○－○○○○　東京都千代田区○○町○丁目○番○号
　　　　　　　　　　○○○ビル○階　○○法律事務所
　　　　　　　　　　電話　03（○○○○）○○○○
　　　　　　　　　　FAX　03（○○○○）○○○○
　　　　　　　　　　同代理人弁護士　　吾　田　四　郎
〒○○○－○○○○　東京都○○区○○町○丁目○番○号
　　　　　　　　　　社 債 発 行 会 社　　乙川株式会社
　　　　　　　　　　同代表者代表取締役　　乙　川　花　子

申立ての趣旨

「委託者乙川株式会社（東京都○○区○○町○丁目○番○号　代表者代表取締役乙川花子）・受託者甲野社債管理株式会社（東京都○○区○○町○丁目○番○号　代表者代表取締役甲野太郎）間の，乙川株式会社第○回社債に関する，平成○○年○月○日付け社債管理委託契約に基づく申立人の受託者としての任務を辞任することを許可する。」との裁判を求める。

申立ての理由

1 申立人は，乙川株式会社との間で，平成○○年○月○日，乙川株式会社第○回社債の社債権者のために社債を管理することに関する委託契約を締結し，会社法702条に規定する社債管理者となり，その任務を遂行している（甲2）。
2 しかるに，申立人は，○○○○により経営状況が悪化し，上記任務を継続することが著しく困難となった（甲3）。
3 よって，会社法711条3項に基づき，申立ての趣旨記載の申立てに及ぶ。

疎 明 方 法

甲第1号証　　　定　款
甲第2号証　　　社債管理委託契約書
甲第3号証　　　陳述書

添 付 書 類

商業登記事項証明書　　　2通
委任状　　　　　　　　　1通
甲号各証写し　　　　　　各1部

第4　社債管理者の解任請求申立事件

1　制度の趣旨・目的
社債管理者による社債管理業務の適正化，実効化を担保するために認められた制度である（会社713条）。

2　申立て
(1)　管　轄
　社債発行会社の本店所在地の地方裁判所である（会社868条3項）。
(2)　申立人
　社債発行会社又は社債権者集会である（会社713条）。
(3)　申立ての方式
　書面によることを要する（会社876条，会社非訟規1条）。
　申立手数料は1,000円である（民訴費3条1項，別表第1の16項イ）。
(4)　申立ての要件
　社債管理者がその義務に違反したとき，その事務処理に不適任であるときその他正当な理由があるとき（会社713条）。正当な理由とは，管理会社が職務を著しく怠るとか，解散した場合などがこれに当たる（「会社訴訟非訟」732頁）。
(5)　添付書類
　商業登記簿謄本（会社非訟規3条1項1号）等。後述書式参照。

3 書式例

【書式52】社債管理者解任請求申立書

```
          社債管理者解任請求申立書

                           平成○○年○月○日

  ○○地方裁判所民事第○部　御中

                  申立人代理人弁護士　　吾　田　四　郎　㊞

       〒○○○－○○○○　　東京都○○区○○町○丁目○番○号
                    申　立　人　　　　乙川株式会社
                    同代表者代表取締役　　乙　川　花　子
       〒○○○－○○○○　　東京都千代田区○○町○丁目○番○号
                    ○○○ビル○階　○○法律事務所
                    電　話　03（○○○○）○○○○
                    FAX　03（○○○○）○○○○
                    同代理人弁護士　　吾　田　四　郎

                  申立ての趣旨

  「委託者乙川株式会社（東京都○○区○○町○丁目○番○号　代表者代表取締役乙川花子）・受託者甲野社債管理株式会社（東京都○○区○○町○丁目○番○号　代表者代表取締役甲野太郎）間の，乙川株式会社第○回社債に関する，平成○○年○月○日付け社債管理委託契約に基づく乙川株式会社の受託者たる地位を解任する。」との裁判を求める。

                  申立ての理由

  1　申立人は，申立外甲野社債管理株式会社（以下「申立外甲野」という。）
    との間で，平成○○年○月○日，申立人第○回社債の社債権者のために社債
    を管理することに関する委託契約を締結し，申立外甲野は会社法702条に規
```

第6章　社債に関する事件

　定する社債管理者となり，その任務を遂行してきた（甲2）。
2　しかるに，申立外甲野は，平成○○年○月○日，○○○○により，会社法704条規定の社債管理者の義務に違反した（甲3）。
3　よって，会社法713条に基づき，申立ての趣旨記載の申立てに及ぶ。

疎　明　方　法

　甲第1号証　　　定　款
　甲第2号証　　　社債管理委託契約書
　甲第3号証　　　陳述書

添　付　書　類

　商業登記事項証明書　　　2通
　委任状　　　　　　　　　1通
　甲号各証写し　　　　　　各1部

第5 社債管理者の承継社債管理者選任許可（選任）申立事件

1 制度の趣旨・目的

社債管理者の資格喪失，辞任，解任，解散により社債管理者がなくなったとき，社債発行会社は社債権者集会の同意を得て事務を承継する社債管理者を定めて社債の管理を委託しなければならないが，正当な理由なくその同意が得られなかった場合に事務を承継する社債管理者を選任するために認められた制度である（会社714条1項・3項）。

2 申立て

(1) 管 轄

社債発行会社の本店所在地の地方裁判所である（会社868条3項）。

(2) 申立人

社債発行会社又は利害関係人（利害関係人が申し立てる場合は，やむを得ない事由が必要）である（会社714条1項・3項）。

(3) 申立ての方式

書面によることを要する（会社876条，会社非訟規1条）。

申立手数料は1,000円である（民訴費3条1項，別表第1の16項イ）。

(4) 申立ての要件

ア 社債管理者の資格喪失，辞任，解任，解散のいずれかの事由により社債管理者がなくなった場合であること。

イ 他に社債管理者がないこと。

ウ ［社債発行会社による同意に代わる裁判所の許可申立ての場合］社債権者集会の同意を得て，事務を承継する社債管理者を定め，社債権者のために社債の管理を行うことを委託することができないこと。なお，申立ての原因となる事実を疎明することを要する（会社869条）。

［利害関係人による選任申立ての場合］やむを得ない事由が必要であること（会社714条1項前段・3項）。やむを得ない事由とは，社債発行

第6章　社債に関する事件

会社と社債権者との意見が不一致のため，会社法所定の選任ができないとき，管理会社が2つ以上ある場合にその1つが辞任し，又は解任されたため，残存管理会社のみで事務を継続することが困難であるような事情があるときなどがこれに当たる（「会社訴訟非訟」732頁）。

(5)　添付書類

商業登記簿謄本（会社非訟規3条1項1号）等。後述書式参照。

3　書式例

【書式53】社債管理者の承継社債管理者選任許可申立書

社債管理者の承継社債管理者選任許可申立書

平成〇〇年〇月〇日

〇〇地方裁判所民事第〇部　御中

申立人代理人弁護士　　吾　田　四　郎　㊞

〒〇〇〇－〇〇〇〇　東京都〇〇区〇〇町〇丁目〇番〇号
　　　　　　　　　　申　立　人　　　　乙　川　株　式　会　社
　　　　　　　　　　同代表者代表取締役　乙　川　花　子
〒〇〇〇－〇〇〇〇　東京都千代田区〇〇町〇丁目〇番〇号
　　　　　　　　　　〇〇〇ビル〇階　〇〇法律事務所
　　　　　　　　　　電話　03（〇〇〇〇）〇〇〇〇
　　　　　　　　　　FAX　03（〇〇〇〇）〇〇〇〇
　　　　　　　　　　同代理人弁護士　　吾　田　四　郎

申立ての趣旨

「丙山社債管理株式会社（東京都〇〇区〇〇町〇丁目〇番〇号　代表者代表取締役丙山次郎）を，委託者乙川株式会社（東京都〇〇区〇〇町〇丁目〇番〇

号　代表者代表取締役乙川花子）・受託者甲野社債管理株式会社（東京都〇〇区〇〇町〇丁目〇番〇号　代表者代表取締役甲野太郎）間の，乙川株式会社第〇回社債に関する，平成〇〇年〇月〇日付け社債管理委託契約に基づく事務に関する申立人の事務承継社債管理者に選任することを許可する。」との裁判を求める。

申立ての理由

1　申立外甲野社債管理株式会社（以下「申立外甲野」という。）は，申立人との間で，平成〇〇年〇月〇日，申立人第〇回社債の社債権者のために社債を管理することに関する委託契約を締結し，会社法702条に規定する社債管理者となり，その任務を遂行してきた（甲2）。
2　しかるに，申立外甲野は，平成〇〇年〇月〇日，会社法711条3項の規定により，社債管理者を辞任するに至ったことから（甲3），上記社債に関する社債管理者が不存在となった。
3　そこで，申立人は，丙山社債管理株式会社（以下「丙山」という。）を，上記社債に関する申立外甲野の事務承継社債管理者とするため，平成〇〇年〇月〇日，社債権者集会を招集し，丙山を上記事務承継社債管理者とすることにつき同意を求めたところ，社債権者はこれに同意しない（甲4）。
4　よって，会社法714条1項に基づき，上記同意に代わる許可を求める次第である。

疎　明　方　法

甲第1号証	定　款
甲第2号証	社債管理委託契約書
甲第3号証	決定書
甲第4号証	社債権者集会議事録

添　付　書　類

商業登記事項証明書	3通
委任状	1通
甲号各証写し	各1部

第6 社債管理者等に対する報酬及び事務処理費用の負担許可申立事件

1 制度の趣旨・目的

社債発行会社との契約に定めがない場合における社債管理者等に対して与えるべき報酬、その事務処理のために要する費用及び利息、自己の過失なくして受けた損害の賠償額を社債発行会社の負担とするために認められた制度である（会社741条1項）。

2 申立て

(1) 管　轄

社債発行会社の本店所在地の地方裁判所である（会社868条3項）。

(2) 申立人

社債管理者、代表社債権者又は決議執行者である（会社741条2項）。

(3) 申立ての方式

書面によることを要する（会社876条、会社非訟規1条）。

申立手数料は1,000円である（民訴費3条1項、別表第1の16項イ）。

(4) 申立ての要件

社債管理者と社債発行会社との契約に社債管理者、代表社債権者又は決議執行者に対して与えるべき報酬、その事務処理のために要する費用及びその支出の日以降における利息並びにその事務処理のために自己の過失なくして受けた損害の賠償額についての定めがないこと（会社741条）。なお、申立ての原因となる事実を疎明することを要する（会社869条）。

(5) 添付書類

商業登記簿謄本（会社非訟規3条1項1号）等。後述書式参照。

3 書式例

【書式54】社債管理者に対する報酬及び費用の負担許可申立書

社債管理者に対する報酬及び費用の負担許可申立書

平成○○年○月○日

○○地方裁判所民事第○部　御中

申立人代理人弁護士　　吾　田　四　郎　㊞

〒○○○-○○○○　東京都○○区○○町○丁目○番○号
　　　　　　　　　申　立　人　　甲野社債管理株式会社
　　　　　　　　　同代表者代表取締役　　甲　野　太　郎
〒○○○-○○○○　東京都千代田区○○町○丁目○番○号
　　　　　　　　　○○○ビル○階　○○法律事務所
　　　　　　　　　電　話　03（○○○○）○○○○
　　　　　　　　　FAX　03（○○○○）○○○○
　　　　　　　　　同代理人弁護士　　吾　田　四　郎
〒○○○-○○○○　東京都○○区○○町○丁目○番○号
　　　　　　　　　社 債 発 行 会 社　　乙 川 株 式 会 社
　　　　　　　　　同代表者代表取締役　　乙　川　花　子

申立ての趣旨

　「委託者乙川株式会社（東京都○○区○○町○丁目○番○号　代表者代表取締役乙川花子）・受託者甲野社債管理株式会社（東京都○○区○○町○丁目○番○号　代表者代表取締役甲野太郎）間の，乙川株式会社第○回社債に関する，平成○○年○月○日付け社債管理委託契約に基づく事務に関する別紙記載の申立人の報酬及び費用を乙川株式会社の負担とすることを許可する。」との裁判を求める。

第6章 社債に関する事件

申立ての理由

1 申立人は，乙川株式会社との間で，平成○○年○月○日，乙川株式会社第○回社債の社債権者のために社債を管理することに関する委託契約を締結し，会社法702条に規定する社債管理者となり，その任務を遂行している（甲2）。
2 申立人は，上記社債管理の業務を遂行し，そのために別紙記載の費用を負担した。
3 しかるに，上記契約においては，報酬及び費用等に関する規定が存在しない。
4 よって，会社法741条1項に基づき，申立ての趣旨記載の申立てに及ぶ。

疎 明 方 法

甲第1号証　　　定　款
甲第2号証　　　社債管理委託契約書

添 付 書 類

商業登記事項証明書　　　2通
委任状　　　　　　　　　1通
甲号各証写し　　　　　　各1部

第2節　社債権者集会に関する事件

　社債権者集会は，社債権者の利害に重大な関係がある事項について，社債権者の総意を決定するために，社債権者によって構成される合議体である。社債権者は共同の利益のために統一的かつ団体的行動を取ることができ，他方，社債発行会社も個々の社債権者を相手に交渉しなくて済むという便宜がある。

第1　社債権者集会の招集許可申立事件

1　制度の趣旨・目的

　招集権者による招集請求の後，速やかな招集がなされない場合（①遅滞なく招集の手続が行われない場合か，②8週間以内の日を集会日とする招集通知が発せられない場合）における招集手続の履践を担保するために認められている制度である（会社718条3項）。

2　申立て

(1)　管　轄

　社債発行会社の本店所在地の地方裁判所である（会社868条3項）。

(2)　申立人

　会社法718条1項による招集請求（後述(4)ア参照）をした社債権者である（会社718条1項・3項）。

(3)　申立ての方式

　書面によることを要する（会社876条，会社非訟規1条）。

　申立手数料は1,000円である（民訴費3条1項，別表第1の16項イ）。

第6章 社債に関する事件

(4) 申立ての要件
　ア　ある種類の社債の総額（償還済みの額を除く。）の10分の1以上に当たる社債を有する社債権者が，社債発行会社又は社債管理者に対し，社債権者集会の目的である事項及び招集の理由を示して，社債権者集会の招集を請求したこと（会社718条1項）。
　イ　上記アの請求の後遅滞なく招集の手続が行われないか（会社718条3項1号），上記アの請求があった日から8週間以内の日を社債権者集会の日とする社債権者集会の招集の通知が発せられないこと（会社718条3項2号）。なお，申立ての原因となる事実の疎明が必要とされている（会社869条）。
　ウ　なお，上記ア・イによる招集をしようとする無記名社債の社債権者は，その社債券を社債発行会社又は社債管理者に提示しなければならない（会社718条4項）。

(5) 添付書類
　商業登記簿謄本（会社非訟規3条1項1号）等。後述書式参照。

3　書式例

【書式55】社債権者集会招集許可申立書

```
　　　　　　　　　　　社債権者集会招集許可申立書

　　　　　　　　　　　　　　　　　　　　　平成○○年○月○日

○○地方裁判所民事第○部　御中

　　　　　　　　　　　　申立人代理人弁護士　　吾　田　四　郎　㊞

　　　　　〒○○○－○○○○　東京都○○区○○町○丁目○番○号
　　　　　　　　　　　　　申　立　人　　甲　野　太　郎
```

〒○○○-○○○○　東京都千代田区○○町○丁目○番○号
　　　　　　　　　　○○○ビル○階　○○法律事務所
　　　　　　　　　　電　話　03（○○○○）○○○○
　　　　　　　　　　FAX　03（○○○○）○○○○
　　　　　　　　　　同代理人弁護士　　吾　田　四　郎
〒○○○-○○○○　東京都○○区○○町○丁目○番○号
　　　　　　　　　　社　債　発　行　会　社　　乙　川　株　式　会　社
　　　　　　　　　　同代表者代表取締役　　乙　川　花　子

　　　　　　　　　　申立ての趣旨

「○○○○を目的とする○○社債の社債権者集会を申立人において招集することを許可する。」との裁判を求める。

　　　　　　　　　　申立ての理由

1　申立人は、乙川株式会社（本店　東京都○○区○○町○丁目○番○号）の○○社債額面○○，○○○円を保有し、同種の社債総額の10分の1以上に当たる社債を保有している（甲2）。
2　申立人は、乙川株式会社に対し、平成○○年○月○日付け同月○日到着の内容証明郵便をもって、申立ての趣旨記載の集会の目的及び招集の理由を示して社債権者集会の招集の請求をした（甲3の1，2）。
3　しかし、乙川株式会社は、今日まで社債権者集会の招集の手続を行わない。
4　よって、会社法718条3項に基づき、社債権者集会の招集の許可を求める。

　　　　　　　　　　疎　明　方　法

甲第1号証　　　　　定　款
甲第2号証　　　　　社債券
甲第3号証の1　　　社債権者集会招集請求通知
甲第3号証の2　　　配達証明書

　　　　　　　　　　添　付　書　類

商業登記事項証明書　　　1通
委任状　　　　　　　　　1通
甲号各証写し　　　　　　各1部

第6章 社債に関する事件

第2　社債権者集会決議認可申立事件

1　制度の趣旨・目的

　社債権者集会における決議の効力を生じさせ，欠席者・反対者を含めた総社債権者を決議に拘束させるために認められている制度である（会社732条）。

2　申立て

(1) 管　轄

　社債発行会社の本店所在地の地方裁判所である（会社868条3項）。

(2) 申立人

　社債権者集会の招集者である（会社732条）。

(3) 申立ての方式

　書面によることを要する（会社876条，会社非訟規1条）。

　申立手数料は1,000円である（民訴費3条1項，別表第1の16項イ）。

(4) 申立ての要件

　以下のア〜エの不認可事由に該当しないこと。

　ア　社債権者集会の招集の手続又はその決議の方法が法令又は会社法676条の募集のための当該社債発行会社の事業その他の事項に関する説明に用いた資料に記載され，若しくは記録された事項に違反するとき（会社733条1号）。

　イ　決議が不正の方法によって成立するに至ったとき（会社733条2号）。

　ウ　決議が著しく不公正であるとき（会社733条3号）。

　エ　決議が社債権者の一般の利益に反するとき（会社733条4号）。

(5) 添付書類

　商業登記簿謄本（会社非訟規3条1項1号），社債権者集会の議事録の写し（会社非訟規3条1項2号）等。後述書式参照。

(6) 費用の負担

　招集の通知費用，公告費用，会場使用料等の集会に関する費用は社債発

行会社が負担することとされているところ（会社742条1項），社債権者集会決議認可申立て（会社732条）に関する費用についても社債発行会社が負担するのが原則ではあるが，抗告により決議不認可の決定があった場合等，費用が多額でその全部を社債発行会社に負担させることが適切でない場合には，裁判所は，社債発行会社その他利害関係人の申立てにより，その費用の全部又は一部について，招集者その他利害関係人の中から別に負担者を定めることができる（会社742条2項）。

3　書式例

【書式56】社債権者集会決議認可申立書

```
                社債権者集会決議認可申立書

                                    平成○○年○月○日

    ○○地方裁判所民事第○部　御中

                    申立人代理人弁護士　　吾　田　四　郎　㊞

    〒○○○－○○○○　　東京都○○区○○町○丁目○番○号
                    申　立　人　　　株式会社甲野銀行
                    同代表者代表取締役　　甲　野　太　郎
    〒○○○－○○○○　　東京都千代田区○○町○丁目○番○号
                            ○○○ビル○階　○○法律事務所
                            電　話　03（○○○○）○○○○
                            FAX　03（○○○○）○○○○
                    同代理人弁護士　　吾　田　四　郎
    〒○○○－○○○○　　東京都○○区○○町○丁目○番○号
                    社　債　発　行　会　社　　乙川株式会社
```

第6章　社債に関する事件

　　　　　　　　　　　　同代表者代表取締役　　乙　川　花　子

　　　　　　　　　　　申立ての趣旨

　「平成○○年○月○日午前○○時開催の乙川株式会社（本店　東京都○○区○○町○丁目○番○号）が発行した乙川株式会社第○回○○社債に関する社債権者集会における下記記載の決議を認可する。」との裁判を求める。

　　　　　　　　　　　　　　記
1　○○の件
　　出席議決権者の議決権総数　　○○
　　賛　　成　　　　　　　　　　○○
　　反　　対　　　　　　　　　　○○

　　　　　　　　　　　申立ての理由
1　申立人は，平成○○年○月○日，乙川株式会社（本店　東京都○○区○○町○丁目○番○号）との間において，同社が発行する乙川株式会社第○回○○社債の社債権者のために社債を管理することの委託契約を締結し，社債管理者となった（甲2）。
2　申立人は，平成○○年○月○日午前○時より，申立ての趣旨記載の事項を会議の目的として本件社債権者集会を招集し，同記載のとおり決議された。
3　よって，会社法732条に基づき，社債権者集会の決議の許可を求める。

　　　　　　　　　　　疎　明　方　法

甲第1号証　　　定　款
甲第2号証　　　社債管理委託契約書

　　　　　　　　　　　添　付　書　類

商業登記事項証明書　　2通
社債権者集会議事録　　1通
委任状　　　　　　　　1通
甲号各証写し　　　　　各1部

第2節　社債権者集会に関する事件

第3　社債権者異議期間伸張申立事件

1　制度の趣旨・目的

資本減少や組織再編行為などの場合における債権者保護手続において，社債権者が異議を述べるには社債権者集会の決議によらなければならないところ，異議申述のための十分な期間の確保のために認められている制度である（会社740条）。

2　申立て

(1)　管　轄

社債発行会社の本店所在地の地方裁判所である（会社868条3項）。

(2)　申立人

利害関係人である（会社740条1項後段）。

(3)　申立ての方式

書面によることを要する（会社876条，会社非訟規1条）。

申立手数料は1,000円である（民訴費3条1項，別表第1の16項イ）。

(4)　申立ての要件

会社法449条（資本減少），627条（合同会社の資本減少），635条（合同会社が社員に対して行う持分の払戻額が当該払戻日における剰余金額を超える場合），670条（持分会社が任意清算を行う場合に財産処分の方法を定めた場合），779条（組織変更），789条，799条（吸収合併，吸収分割，株式交換契約新株予約権が新株予約権付社債に付された新株予約権である場合等），810条（新設合併，新設分割，株式移転計画新株予約権が新株予約権付社債に付された新株予約権である場合）の規定により社債権者が異議を述べる場合であること。

(5)　添付書類

商業登記簿謄本（会社非訟規3条1項1号）等。後述書式参照。

259

第6章　社債に関する事件

3　書式例

【書式57】社債権者異議期間伸張申立書

社債権者異議期間伸張申立書

平成○○年○月○日

○○地方裁判所民事第○部　御中

申立人代理人弁護士　　吾　田　四　郎　㊞

〒○○○-○○○○　東京都○○区○○町○丁目○番○号
　　　　　　　　　　申　立　人　　　甲　野　太　郎
〒○○○-○○○○　東京都千代田区○○町○丁目○番○号
　　　　　　　　　　○○○ビル○階　○○法律事務所
　　　　　　　　　　電　話　03（○○○○）○○○○
　　　　　　　　　　FAX　03（○○○○）○○○○
　　　　　　　　　　同代理人弁護士　　吾　田　四　郎
〒○○○-○○○○　東京都○○区○○町○丁目○番○号
　　　　　　　　　　社 債 発 行 会 社　乙川株式会社
　　　　　　　　　　同代表者代表取締役　乙　川　花　子

申立ての趣旨

「申立人が，乙川株式会社（本店　東京都○○区○○町○丁目○番○号）の吸収合併について異議を述べる期間を，平成○○年○月○日まで伸張する。」との裁判を求める。

申立ての理由

1　乙川株式会社（本店　東京都○○区○○町○丁目○番○号）は，平成○○年○月○日，○○株式会社（本店　東京都○○区○○町○丁目○番○号）と

の間で，前者を吸収合併存続会社，後者を吸収合併消滅会社とする吸収合併契約（以下「本件吸収合併契約」という。）を締結した（甲２）。
2　乙川株式会社は，平成○○年○月○日，その債権者に対し，本件吸収合併契約に異議があれば，平成○年○月○日までにこれを述べるべき旨を官報により公告し，知れている債権者に催告した。
3　しかしながら，社債権者である申立人が，上記期日までに異議を述べるために必要とされる社債権者集会の決議を得るべく社債権者集会を開催することは，社債権者への通知や会場の手配等の都合により困難である。
4　よって，会社法740条１項に基づき，異議期間を平成○年○月○日まで伸張することを求める。

疎　明　方　法

甲第１号証　　　定　款
甲第２号証　　　吸収合併契約書

添　付　書　類

商業登記事項証明書　　　１通
委任状　　　　　　　　　１通
甲号各証写し　　　　　　各１部

第7章

会社組織に関する事件

第1節　合併及び会社分割に関する事件

第1　合併無効判決確定による債務負担部分及び財産持分の決定申立事件

1　制度の趣旨・目的

　合併後，合併無効判決の確定までの間に存続会社又は新設会社が負担した債務については，合併会社が連帯して弁済する責任を負い（会社843条1項1号・2号），上記期間に存続会社又は新設会社が取得した財産については合併会社の共有に属する（会社843条2項）ところ，債務の負担部分及び財産の共有持分に関する合併会社間の協議が調わない場合にそれらを決定するために認められた制度である（会社843条4項）。

2　申立て

(1)　管　轄

　　合併無効の訴えの第1審の受訴裁判所（存続会社又は新設会社の本店所在地の地方裁判所）である（会社868条5項，835条1項）。

(2)　申立人

　　合併をした各会社である（会社843条4項）。

(3)　申立ての方式

　　書面によることを要する（会社876条，会社非訟規1条）。

　　申立手数料は1,000円である（民訴費3条1項，別表第1の16項イ）。

(4)　申立ての要件

　　ア　合併無効判決が確定したこと

　　イ　合併の効力が生じた日以後に，存続会社又は新設会社が負担した債

第7章　会社組織に関する事件

務の負担部分又はそれらの会社が取得した財産の共有持分に関する合併会社間の協議が調わないこと（会社843条4項）。
(5) 添付書類
商業登記簿謄本（会社非訟規3条1項1号），合併無効判決書写し及び確定証明書（会社非訟規3条1項4号）等。後述書式参照。

3　書式例

【書式58】合併無効による負担部分及び共有持分決定申立書

```
           合併無効による負担部分及び共有持分決定申立書

                                              平成○○年○月○日

  ○○地方裁判所民事第○部　御中

                         申立人代理人弁護士　　吾　田　四　郎　㊞

            〒○○○－○○○○　東京都○○区○○町○丁目○番○号
                         申　立　人　　　　　甲　野　株　式　会　社
                         同代表者代表取締役　　甲　野　太　郎
            〒○○○－○○○○　東京都千代田区○○町○丁目○番○号
                              ○○○ビル○階　○○法律事務所
                              電　話　03（○○○○）○○○○
                              FAX　03（○○○○）○○○○
                         同代理人弁護士　　　吾　田　四　郎


                         申立ての趣旨

  乙川株式会社（本店　東京都○○区○○町○丁目○番○号）と合併して存続した甲野株式会社が負担した別紙1記載の債務について，甲野株式会社及び乙
```

川株式会社の各負担部分，並びに，甲野株式会社が取得した別紙2記載の財産について，甲野株式会社及び乙川株式会社の各共有持分部分の確定を求める。

申立ての理由

1　甲野株式会社と乙川株式会社とは，平成○○年○月○日，甲野株式会社を存続会社とする合併契約を締結した（甲2）。
2　上記合併について，平成○○年○月○日○○地方裁判所において無効の判決がなされ（甲3），同判決は平成○○年○月○日確定した。
3　そこで，甲野株式会社と乙川株式会社は，合併後から合併無効判決確定までの間に，甲野株式会社が負担した別紙1記載の債務各負担部分，及び，甲野株式会社が取得した別紙2記載の財産の各共有持分部分について協議をしたが，調わない（甲4）。
4　よって，申立人は，会社法843条4項に基づき，本申立てに及ぶ次第である。

疎　明　方　法

甲第1号証　　　定　款
甲第2号証　　　合併契約書
甲第3号証　　　判決書
甲第4号証　　　陳述書

添　付　書　類

商業登記事項証明書　　2通
委任状　　　　　　　　1通
判決書写し　　　　　　1通
確定証明書　　　　　　1通
甲号各証写し　　　　　各1部

別紙1・2（省略）

第7章　会社組織に関する事件

第2　会社分割無効判決確定による債務負担部分及び財産持分の決定申立事件

1　制度の趣旨・目的

　会社分割後，会社分割無効判決の確定までの間に承継会社又は設立会社が負担した債務については分割会社が連帯して弁済する責任を負い（会社843条1項3号・4号），上記期間に承継会社又は設立会社が取得した財産については分割会社の共有に属する（会社843条2項）ところ，債務の負担部分及び財産の共有持分に関する分割会社間の協議が調わない場合にそれらを決定するために認められた制度である（会社843条4項）。

2　申立て

(1)　管　轄

　　会社分割無効の訴えの第1審の受訴裁判所（承継会社又は設立会社の本店所在地の地方裁判所。2つ以上の裁判所が管轄権を有する場合は先に訴えのあった地方裁判所（申立て又は職権による移送が認められている。））である（会社868条5項，835条1項〜3項）。

(2)　申立人

　　会社分割をした各会社である（会社843条4項）。

(3)　申立ての方式

　　書面によることを要する（会社876条，会社非訟規1条）。

　　申立手数料は1,000円である（民訴費3条1項，別表第1の16項イ）。

(4)　申立ての要件

　　ア　会社分割無効判決が確定したこと

　　イ　会社分割の効力が生じた日以後に，承継会社又は設立会社が負担した債務の負担部分又はそれらの会社が取得した財産の共有持分に関する分割会社間の協議が調わないこと（会社843条4項）。

(5)　添付書類

　　商業登記簿謄本（会社非訟規3条1項1号），会社分割無効判決書写し及び

第1節　合併及び会社分割に関する事件

確定証明書（会社非訟規3条1項4号）等。後述書式参照。

3　書式例

【書式59】会社分割無効による負担部分及び共有持分決定申立書

会社分割無効による負担部分及び共有持分決定申立書

平成○○年○月○日

○○地方裁判所民事第○部　御中

申立人代理人弁護士　　吾　田　四　郎　㊞

〒○○○-○○○○　東京都○○区○○町○丁目○番○号
　　　　　　　申　立　人　　　　甲野株式会社
　　　　　　　同代表者代表取締役　　甲　野　太　郎
〒○○○-○○○○　東京都千代田区○○町○丁目○番○号
　　　　　　　　　○○○ビル○階　○○法律事務所
　　　　　　　　　電　話　03（○○○○）○○○○
　　　　　　　　　FAX　03（○○○○）○○○○
　　　　　　　同代理人弁護士　　吾　田　四　郎
〒○○○-○○○○　東京都○○区○○町○丁目○番○号
　　　　　　　相　手　方　　　　乙川株式会社
　　　　　　　同代表者代表取締役　　乙　川　花　子

申立ての趣旨

　相手方が会社分割後負担した別紙1記載の債務について，申立人及び相手方の各負担部分，並びに，申立人が取得した別紙2記載の財産について，申立人及び相手方の各共有持分部分の確定を求める。

第7章　会社組織に関する事件

申立ての理由

1　申立人は，平成○○年○月○日，会社分割により相手方を設立した（甲2）。
2　上記会社分割について，平成○○年○月○日○○地方裁判所において無効の判決がなされ（甲3），同判決は平成○○年○月○日確定した。
3　そこで，申立人と相手方は，会社分割後から会社分割無効判決確定までの間に，相手方が負担した別紙1記載の債務各負担部分，及び，相手方が取得した別紙2記載の財産の各共有持分部分について協議をしたが，調わない（甲4）。
4　よって，申立人は，会社法843条4項に基づき，本申立てに及ぶ次第である。

疎　明　方　法

甲第1号証　　　定　款
甲第2号証　　　会社分割契約書
甲第3号証　　　判決書
甲第4号証　　　陳述書

添　付　書　類

商業登記事項証明書　　　2通
判決書写し　　　　　　　1通
確定証明書　　　　　　　1通
委任状　　　　　　　　　1通
申立書副本　　　　　　　1部
甲号各証写し　　　　　　各2部

別紙1・2（省略）

第2節 仮役員等に関する事件

第1 仮取締役・仮監査役・仮会計参与選任申立て，仮清算人選任申立事件

1 制度の趣旨・目的

　役員（取締役，会計参与及び監査役）が欠けた場合又は会社法若しくは定款で定めた役員の員数が欠けた場合には，任期の満了又は辞任により退任した役員は，新たに選任された役員（仮役員の職務を行うべき者を含む。）が就任するまで，なお役員としての権利義務を有するが（会社346条1項），例えば，役員が死亡したり重病であったりして役員としての職務を行うことができない場合等必要があると認められる場合に（そのことだけで選任の必要性が認められるとは限らない。本来的には，株主総会決議による後任の選任手続を経るべきである。），裁判所が利害関係人の申立てにより，仮役員の職務を行うべき者を選任することができるようにしたものである（会社346条2項）。

　清算人が欠けた場合又は会社法若しくは定款で定めた清算人の員数が欠けた場合も同様である（会社479条4項）。

2 申立て

(1) 管　轄

　会社の本店所在地の地方裁判所である（会社868条1項）。

(2) 申立人

　利害関係人である（会社346条2項）。

　会社自身は，選任の効果を直接受ける事実上の当事者であり利害関係人ではないから申立権を有しないと考えられる（「類型別会社非訟」30頁，「注解

非訟事件手続法」498頁)。

(3) 申立ての方式

　書面によることを要する（会社876条，会社非訟規1条）。申立手数料は1,000円である（民訴費3条1項，別表第1の16項イ）。仮役員等報酬相当額の予納金が必要である。

(4) 申立ての要件

　ア　申立人が利害関係人であること（会社346条2項）。なお，上記(2)参照。
　イ　役員（取締役，会計参与及び監査役。会社329条1項）や清算人が欠けた場合又は会社法若しくは定款で定めた役員や清算人の員数が欠けた場合であること（会社346条2項，479条4項）。
　ウ　選任の必要性が認められること（会社346条2項）。

(5) 添付書類

　商業登記簿謄本（会社非訟規3条1項1号）等。後述書式参照。

　なお，法務省令で定めるところにより，役員が欠けた場合又は会社法若しくは定款で定めた役員の員数を欠くこととなるときに備えて補欠の役員を選任することができる（会社329条2項）。補欠役員が選任されていれば仮役員を選任する必要はないので，選任決定する前に補欠役員の存在を確認する必要がある。補欠役員の選任決議の効力は，決議後最初の定時株主総会までとされている（会社規96条3項）ので，直前の株主総会の議事録によって確認することは可能であるから，確認の方法として，直近の株主総会の議事録の提出を受ける（「類型別会社非訟」34頁）。

(6) 事後の手続等

　ア　登記嘱託

　　仮役員等を選任した場合には，裁判所書記官が会社の本店所在地等を管轄する登記所に登記嘱託をする必要がある（会社937条1項2号イ・ロ）。

　イ　任務終了と報酬決定等

　　新たな役員等が選任されるなど欠員の全部が補充されれば仮役員等の任務は当然に終了する。この場合，任務終了報告書が提出された後，裁判所は仮役員等に対する報酬を決定し（会社346条3項。裁判所は，決定前に

会社及び報酬を受ける者の陳述を聴かなければならない（会社870条1項1号）。また，会社及び報酬を受ける者は決定に対して即時抗告することができる（会社872条4号）。），事件は終了する。仮役員等の抹消登記は登記官が職権で行う（商登規68条1項）。

3　書式例

【書式60】仮取締役選任申立書

仮取締役選任申立書

平成〇〇年〇月〇日

〇〇地方裁判所民事第〇部　御中

申立人代理人弁護士　　吾　田　四　郎　㊞

〒〇〇〇－〇〇〇〇　東京都〇〇区〇〇町〇丁目〇番〇号
　　　　申　立　人　　　甲　野　太　郎
〒〇〇〇－〇〇〇〇　東京都千代田区〇〇町〇丁目〇番〇号
　　　　〇〇〇ビル〇階　〇〇法律事務所
　　　　電　話　03（〇〇〇〇）〇〇〇〇
　　　　FAX　03（〇〇〇〇）〇〇〇〇
　　　　同代理人弁護士　　吾　田　四　郎
〒〇〇〇－〇〇〇〇　東京都〇〇区〇〇町〇丁目〇番〇号
　　　　申立てに係る会社　　乙川株式会社
　　　　同代表者代表取締役　　乙　川　花　子

申立ての趣旨

乙川株式会社（本店　東京都〇〇区〇〇町〇丁目〇番〇号）の仮取締役の職

務を行うべき者の選任を求める。

申立ての理由

1 　申立人は，乙川株式会社（本店　東京都○○区○○町○丁目○番○号。以下「本件会社」という。）の発行済株式総数○○○株中○○株の株式（以下「本件株式」という。）を有する株主である（甲２）。
2 　本件会社は，その定款において，「第○条　当会社は取締役会を置く。第○条　取締役は３名以上とし，代表取締役は取締役の互選により，取締役の中から選任する。第○条　株主総会を招集するときは，取締役会の決議によらなければならない。第○条　取締役会の決議は，取締役の過半数が出席し，その過半数をもって行う。」と定めている（甲１）。
3 　本件会社は，平成○○年○月○日開催の定時株主総会において，取締役乙川花子，同丙山次郎，同丁原松子の３名を選任し，同日付で同人らが取締役に就任し，同月○日，定款第○条に従い乙川花子が代表取締役に選任されていた（甲３）。ところが，取締役（代表取締役）乙川花子は，平成○○年○月○日死亡し（甲４），取締役丙川次郎も，平成○○年○月より所在不明で（甲５），さらに，本件会社では補欠取締役は選任されていないため（甲６），定款で定めた役員の員数が欠けており，取締役会決議による株主総会の招集ができない。
4 　よって，申立人は，会社法346条２項に基づき，本件会社の仮取締役の選任を求める。

疎　明　方　法

甲第１号証　　　定　款
甲第２号証　　　株主であることの証明書(注)
甲第３号証　　　株主総会議事録
甲第４号証　　　除籍謄本
甲第５号証　　　報告書
甲第６号証　　　株主総会議事録（直近）

添　付　書　類

商業登記事項証明書　　　１通

第2節　仮役員等に関する事件

委任状　　　　　　　　　1通 甲号各証写し　　　　　　各1部

（注）ほかに，株券（株券発行会社），株主名簿，上場会社においては口座管理機関に対し個別株主通知の申出を行った際に交付された受付票など

【書式61】仮清算人選任申立書

仮清算人選任申立書

| 収入
印紙 |

　　　　　　　　　　　　　　　　　　　　　平成○○年○月○日

○○地方裁判所　御中

　　　　　　　　　　　申立人代理人弁護士　　吾　田　四　郎　㊞

　　　　　　　　　〒○○○－○○○○　東京都港区○○町○丁目○番○号
　　　　　　　　　　申　立　人　　　　　株式会社○○企画
　　　　　　　　　　上記代表者代表取締役　甲　野　太　郎
　　　　　　　　　〒○○○－○○○○　東京都○○区○町○丁目○番○号
　　　　　　　　　　　　　　　　　　○○法律事務所（送達場所）
　　　　　　　　　　上記申立人代理人弁護士　　吾　田　四　郎
　　　　　　　　　　　　　　　　電　話　○○－○○○○－○○○○
　　　　　　　　　　　　　　　　FAX　○○－○○○○－○○○○

　　　　　　　　　　　　　申立ての趣旨

　乙川株式会社（本店　東京都○○区○○町○丁目○番○号）の仮清算人の職務を行うべき者の選任を求める。

第7章　会社組織に関する事件

申立ての理由

1　申立人は，本件会社の株主である。
2　本件会社は，平成○年○月○日，株主総会の決議により解散し，同日，同株主総会決議により，丙山三太郎が清算人に選任され，就任し，清算事務を開始した。
3　ところが丙山三太郎は，平成○年○月○日，急死した。
4　そこで，裁判所から一時清算人の職務を行う者1名の選任を受けて株主総会を招集し，後任の清算人を選任したい。
5　よって，申立人は，会社法会479条4項，346条2項に基づき，本件会社の一時清算人の選任を求める。

疎　明　方　法

甲第1号証　　　株主であることの証明書
甲第2号証　　　株主総会議事録
甲第3号証　　　現在事項全部証明書
甲第4号証　　　戸籍謄本

添　付　書　類

現在事項全部証明書（申立人）　　1通
現在事項全部証明書（本件会社）　1通
甲号証写し　　　　　　　　　　　各1部
委任状　　　　　　　　　　　　　1通

第2　仮代表取締役選任，仮代表清算人選任申立事件

1　制度の趣旨・目的

　代表取締役が欠けた場合又は定款で定めた代表取締役の員数が欠けた場合には，任期の満了又は辞任により退任した代表取締役は，新たに選定された代表取締役（仮代表取締役の職務を行うべき者を含む。）が就任するまで，なお代表取締役としての権利義務を有するが（会社351条1項），例えば，代表取締役が死亡したり重病であったりして代表取締役としての職務を行うことができない場合等必要があると認められる場合に，裁判所が利害関係人の申立てにより仮代表取締役の職務を行うべき者を選任することができるようにしたものである（会社351条2項）。

　代表清算人が欠けた場合又は定款で定めた代表清算人の員数が欠けた場合についても同様である（会社483条6項）。

2　申立て

(1)　管　轄

　　会社の本店所在地の地方裁判所である（会社868条1項）。

(2)　申立人

　　利害関係人である（会社351条2項）。

　　会社自身は，選任の効果を直接受ける事実上の当事者であり利害関係人ではないから申立権を有しないと考えられる（「類型別会社非訟」30頁，「注解非訟事件手続法」498頁）。

(3)　申立ての方式

　　書面によることを要する（会社876条，会社非訟規1条）。申立手数料は1,000円である（民訴費3条1項，別表第1の16項イ）。仮代表取締役等報酬相当額の予納金が必要である。

(4)　申立ての要件

　　ア　申立人が利害関係人であること（会社351条2項）。なお，上記(2)参照。

イ　代表取締役（代表清算人）が欠けた場合又は定款で定めた代表取締役（代表清算人）の員数が欠けた場合であること（会社351条1項，483条6項）。

ウ　選任の必要性が認められること（会社351条2項）。

　　通常，取締役が2名残っていれば株主総会を招集できるので選任の必性はなく仮代表取締役のみを選任することはない。また，法務局は旧法における運用では，取締役ではない者を代表取締役にはできないという理由で，取締役以外の者を仮代表取締役に選任しても，その登記嘱託を却下していたので，この運用を前提とすれば仮取締役兼代表取締役としての選任が必要である（「類型別会社非訟」32頁以下）。

(5)　添付書類

商業登記簿謄本（会社非訟規3条1項1号）等。後述書式参照。

(6)　事後の手続

ア　登記嘱託

　　仮代表取締役等を選任した場合には，裁判所書記官が会社の本店所在地等を管轄する登記所に登記嘱託をする必要がある（会社937条1項2号イ・ロ）。

イ　任務終了と報酬決定等

　　新たな代表取締役等が選任されるなど欠員の全部が補充されれば仮代表取締役等の任務は当然に終了する。この場合，任務終了報告書が提出された後，裁判所は仮代表取締役等に対する報酬を決定し（会社351条3項。裁判所は，決定前に会社及び報酬を受ける者の陳述を聴かなければならない（会社870条1項1号）。また，会社及び報酬を受ける者は決定に対して即時抗告することができる（会社872条4号）。），事件は終了する。仮代表取締役等の抹消登記は登記官が職権で行う（商登規68条1項）。

ウ　特別代理人選任との関係

　　代表取締役を欠く株式会社に対して訴えを提起しようとする者は，仮代表取締役の選任を求めることもできるし，特別代理人の選任を求めることもできる（民訴35条，37条。なお，最一小判昭和41年7月28日民集20巻6号1265頁は，代表取締役を欠く会社が訴えを提起しようとする場合にも特別代理人の

選任の申立てができるとする。)。仮代表取締役の任務は株主総会の招集，取締役会の開催等，広範囲に及ぶのに対し，特別代理人の任務は当該訴訟限りであること，前者の管轄は会社の本店所在地であるのに対し，後者の管轄は受訴裁判所であること等の違いがあり，要する時間や経費に照らして手続を選択する必要がある。

3 書式例

【書式62】仮代表取締役選任申立書

```
              仮代表取締役選任申立書

                                    平成○○年○月○日

○○地方裁判所民事第○部　御中

              申立人代理人弁護士　　吾　田　四　郎　㊞

   〒○○○-○○○○　東京都○○区○○町○丁目○番○号
              申　立　人　　　　甲野株式会社
              同代表者代表取締役　　甲　野　太　郎
   〒○○○-○○○○　東京都千代田区○○町○丁目○番○号
                    ○○○ビル○階　○○法律事務所
                    電　話　03（○○○○）○○○○
                    FAX　03（○○○○）○○○○
              同代理人弁護士　　吾　田　四　郎
   〒○○○-○○○○　東京都○○区○○町○丁目○番○号
              申立てに係る会社　　乙川株式会社
              同代表者代表取締役　　乙　川　花　子

                    申立ての趣旨
```

乙川株式会社（本店　東京都〇〇区〇〇町〇丁目〇番〇号）の仮代表取締役の職務を行うべき者の選任を求める。

申立ての理由

1　申立人は，主として〇〇の製造及び販売等を目的とする取締役会設置会社である。
2　申立人は，平成〇〇年〇月〇日，〇〇を乙川株式会社（以下「本件会社」という。）に金〇〇〇万円で売り渡し（甲2），申立人は本件会社に対し，同額の売掛債権を有していたが，今般，同売掛債権を丙山株式会社に債権譲渡した（甲3）。
　申立人は，本件会社に対し，同債権譲渡の通知をする必要があるが，本件会社の代表取締役である乙川花子は，平成〇〇年〇月〇日死亡しており（甲4），その後，本件会社の代表取締役は選任されておらず欠員のままである。
3　よって，申立人は，会社法351条2項に基づき，本件会社の仮代表取締役の選任を求める。

疎　明　方　法

甲第1号証　　　定　款
甲第2号証　　　納品書兼請求書
甲第3号証　　　債権譲渡契約書
甲第4号証　　　除籍謄本

添　付　書　類

商業登記事項証明書　　　2通
委任状　　　　　　　　　1通
甲号各証写し　　　　　　各1部

第2節　仮役員等に関する事件

【書式63】仮代表清算人選任申立書

仮代表清算人選任申立書

|収入印紙|

平成○○年○月○日

○○地方裁判所　御中

　　　　　　　　申立人代理人弁護士　　　吾　田　四　郎　㊞

　　　　　〒○○○-○○○○　東京都港区○○町○丁目○番○号
　　　　　　申　立　人　　　　　株式会社○○興産
　　　　　　上記代表者代表取締役　　　　甲　野　太　郎
　　　　　〒○○○-○○○○　東京都○○区○○町○丁目○番○号
　　　　　　　　　　　　　　　　○○法律事務所（送達場所）
　　　　　　上記申立人代理人弁護士　　　吾　田　四　郎
　　　　　　　　　　　　　　電　話　○○-○○○○-○○○○
　　　　　　　　　　　　　　FAX　○○-○○○○-○○○○

申立ての趣旨

　乙川株式会社（本店　東京都○○区○○町○丁目○番○号）の仮代表清算人の職務を行うべき者の選任を求める。

申立ての理由

1　申立人は，不動産賃貸を業とする株式会社であり，申立てに係る乙川株式会社（以下「本件会社」という。）の本社事務所（以下「本件物件」という。）の賃貸人である。
2　本件会社は，平成○年○月○日，株主総会の決議により解散し，同日，同株主総会決議により，山川太郎，川野二郎及び野原三郎の3名を清算人に選任し，かつ，同決議により，山川太郎を代表清算人に選任し，清算事務を開

281

始した。
3 申立人と本件会社とは,本件物件の明渡しについて交渉を行ってきたが,平成〇年〇月〇日,代表清算人山川太郎が急逝した。
4 その後,本件会社は,代表清算人を選任しようとせず,前記3記載の明渡し交渉も中断したままである。
5 このままでは,本件物件の明渡しがいつになるか分からないため,申立人は本件会社に対し本件物件賃貸借の解約の申入れを行う必要があるが,上記のとおり代表清算人が選任される見込みはない。
6 よって,申立人は,会社法483条6項,351条2項に基づき,本件会社の仮代表清算人の選任を求める。

疎 明 方 法

甲第1号証	現在事項全部証明書(申立人)
甲第2号証	現在事項全部証明書(本件会社)
甲第3号証	定　款
甲第4号証	株主総会議事録
甲第5号証	賃貸借契約書
甲第6号証	戸籍謄本
甲第7号証	陳述書

添 付 書 類

現在事項全部証明書	各1通
甲号証写し	各1部
委任状	1通

第3 仮委員選任申立て，仮執行役選任申立て，仮代表執行役選任申立事件

1 制度の趣旨・目的

　各委員会（会社2条12号参照）の委員の員数（定款で4人以上の員数を定めたときはその員数）が欠けた場合には，任期の満了又は辞任により退任した委員は，新たに選定された委員（仮委員の職務を行うべき者を含む。）が就任するまで，なお委員としての権利義務を有するが（会社401条2項），例えば，委員が死亡したり重病であったりして委員としての職務を行うことができない場合等，必要があると認められる場合に，裁判所が利害関係人の申立てにより仮委員の職務を行うべき者を選任することができるようにしたものである（会社401条3項）。

　執行役（代表執行役）が欠けた場合又は定款で定めた執行役（代表執行役）の員数が欠けた場合についても同様である（会社403条3項，420条3項）。

2 申立て

(1) 管　轄

　会社の本店所在地の地方裁判所である（会社868条1項）。

(2) 申立人

　利害関係人である（会社401条3項）。

　会社自身は，選任の効果を直接受ける事実上の当事者であり利害関係人ではないから申立権を有しないと考えられる（「類型別会社非訟」30頁，「注解非訟事件手続法」498頁）。

(3) 申立ての方式

　書面によることを要する（会社876条，会社非訟規1条）。申立手数料は1,000円である（民訴費3条1項，別表第1の16項イ）。仮委員等報酬相当額の予納金が必要である。

(4) 申立ての要件

　ア　申立人が利害関係人であること（会社401条3項）。

イ　【仮委員】各委員会（会社2条12号参照）の委員の員数（定款で4人以上の員数を定めたときはその員数）が欠けた場合であること（会社401条2項）。
　　　　【仮執行役（代表執行役）】執行役（代表執行役）が欠けた場合又は定款で定めた執行役（代表執行役）の員数が欠けた場合であること（会社403条3項，420条3項）。
　　ウ　選任の必要性が認められること（会社401条3項）。
(5)　添付書類
　　商業登記簿謄本（会社非訟規3条1項1号）等。後述書式参照。
(6)　事後の手続
　　ア　登記嘱託
　　　仮委員等を選任した場合には，裁判所書記官が会社の本店所在地等を管轄する登記所に登記嘱託をする必要がある（会社937条1項2号イ）。
　　イ　任務終了と報酬決定等
　　　新たな委員等が選任されるなど欠員の全部が補充されれば仮委員等の任務は当然に終了する。この場合，任務終了報告書が提出された後，裁判所は仮委員等に対する報酬を決定し（会社401条4項。裁判所は，決定前に会社及び報酬を受ける者の陳述を聴かなければならない（会社870条1項1号）。また，会社及び報酬を受ける者は決定に対して即時抗告することができる（会社872条4号）。），事件は終了する。仮委員等の抹消登記は登記官が職権で行う（商登規68条1項）。

3 書式例

【書式64】 仮委員選任申立書

仮委員選任申立書

平成○○年○月○日

○○地方裁判所民事第○部　御中

申立人代理人弁護士　　吾　田　四　郎　㊞

〒○○○-○○○○　東京都○○区○○町○丁目○番○号
　　　　　　　　　申　立　人　　甲　野　太　郎
〒○○○-○○○○　東京都千代田区○○町○丁目○番○号
　　　　　　　　　○○○ビル○階　○○法律事務所
　　　　　　　　　電話　03（○○○○）○○○○
　　　　　　　　　FAX　03（○○○○）○○○○
　　　　　　　　同代理人弁護士　　吾　田　四　郎
〒○○○-○○○○　東京都○○区○○町○丁目○番○号
　　　　　　　　申立てに係る会社　　乙川株式会社
　　　　　　　　同代表者代表取締役　　乙　川　花　子

申立ての趣旨

　乙川株式会社（本店　東京都○○区○○町○丁目○番○号）の仮委員の職務を行うべき者の選任を求める。

申立ての理由

1　申立人は，乙川株式会社（以下「本件会社」という。）の取締役である。
2　本件会社は，その定款において，「第○条　当会社は指名委員会，監査委員会，報酬委員会を置く。第○条　委員会は3名以上とし，委員長は委員の

互選により，委員の中から選任する。第○条　委員会の決議は，委員の過半数が出席し，その過半数をもって行う。」と定めている（甲1）。
3　本件会社は，平成○○年○月○日開催の取締役会において，監査委員会委員として，取締役乙川花子，丙山次郎，丁原松子の3名を選定した（甲2）。ところが，取締役乙川花子は，平成○○年○月○日死亡し（甲3），取締役丙川次郎も，平成○○年○月より所在不明であるため（甲4），定款で定めた委員の員数が欠けており，平成○○年○月○日開催の株主総会にて承認を得る予定の決算手続の遂行に支障が生じている。
4　よって，申立人は，会社法401条3項に基づき，本件会社の仮委員の選任を求める。

疎　明　方　法

甲第1号証	定　款
甲第2号証	取締役会議事録
甲第3号証	戸籍謄本
甲第4号証	報告書

添　付　書　類

商業登記事項証明書	1通
委任状	1通
甲号各証写し	各1部

第3節 職務代行者に関する事件

第1 職務代行役員等の常務外行為許可申立事件

1 制度の趣旨・目的

　取締役選任決議取消しの訴えや取締役解任の訴えを本案訴訟として，民事保全法23条2項の仮の地位を定める仮処分により取締役又は代表取締役の職務執行を停止し，職務代行者を選任する仮処分が認められているところ（民保56条），この仮処分により選任された取締役又は代表取締役の職務代行者は，仮処分命令に別段の定めがある場合を除き，会社の常務に属しない行為をするには裁判所の許可を得なければならないものとして（会社352条1項），会社における業務決定及び執行の機動性の要請とその適正の要請との調和を図ったものである。

　上記仮処分により選任された執行役又は代表執行役の職務代行者，上記仮処分により選任された清算人又は代表清算人の職務代行者についても同様である（会社420条3項，483条6項，352条1項）。

2 申立て

(1) 管　轄

　　会社の本店所在地の地方裁判所である（会社868条1項）。

(2) 申立人

　　職務代行者である（会社352条1項）。

(3) 申立ての方式

　　書面によることを要する（会社876条，会社非訟規1条）。

申立手数料は1,000円である（民訴費3条1項，別表第1の16項イ）。
(4) **申立ての要件（会社352条1項）**
　ア　職務代行者として選任されていること。
　イ　「会社の常務に属しない行為をする」場合であること。会社の常務とは，会社運営上，日常なされるべき行為である。代表取締役の場合，仕入れ，生産，販売，財務に関して通常行われる行為は，常務である。代表権を有しない取締役の場合，取締役会における議決権の行使については，常務に当たるとする説と議決権行使の対象となる議題が日常なされるべき行為であるか否かによって定まるとする説がある（東京地裁商事研究会『商事非訟・保全事件の実務』（判例時報社，1991年）357頁）。
　ウ　仮処分命令に別段の定めがないこと。
　　なお，申立ての原因となる事実の疎明が必要とされている（会社869条）。
(5) **添付書類**
　商業登記簿謄本（会社非訟規3条1項1号）等。後述書式参照。

3　書式例

【書式65】常務外行為許可申立書（株主総会の招集）

　　　　　　　　　　常務外行為許可申立書

　　　　　　　　　　　　　　　　　　　　　　平成〇〇年〇月〇日

〇〇地方裁判所民事第〇部　御中

　　　　　　　　　　申立人代理人弁護士　　吾　田　四　郎　㊞

　　　　〒〇〇〇－〇〇〇〇　東京都〇〇区〇〇町〇丁目〇番〇号

申　立　人　　甲　野　太　郎
〒○○○-○○○○　東京都千代田区○○町○丁目○番○号
　　　　　　　　　　○○○ビル○階　○○法律事務所
　　　　　　　　　　電　話　03（○○○○）○○○○
　　　　　　　　　　FAX　03（○○○○）○○○○
　　　　　同代理人弁護士　　吾　田　四　郎
〒○○○-○○○○　東京都○○区○○町○丁目○番○号
　　　　　申立てに係る会社　　乙　川　株　式　会　社
　　　　　同代表者代表取締役　　乙　川　花　子

　　　　　　　　　　申立ての趣旨

　乙川株式会社（本店　東京都○○区○○町○丁目○番○号）について，取締役選任のための株主総会を招集することの許可を求める。

　　　　　　　　　　申立ての理由

1　申立人は，平成○○年○月○日，乙川株式会社（以下「本件会社」という。）の代表取締役兼取締役職務代行者に選任された（甲1）。
2　本件会社は，その定款において，「第○条　当会社は取締役会を置く。第○条　取締役は3名以上とし，代表取締役は取締役の互選により，取締役の中から選任する。第○条　株主総会を招集するときは，取締役会の決議によらなければならない。第○条　取締役会の決議は，取締役の過半数が出席し，その過半数をもって行う。」と定めている（甲2）。
3　本件会社は，平成○○年○月○日開催の定時株主総会において，取締役乙川花子，同丙山次郎，同丁原松子の3名を選任し，同日付で同人らが取締役に就任し，同月○日，定款第○条に従い乙川花子が代表取締役に選任されていた（甲3）。ところが，取締役（代表取締役）乙川花子は，平成○○年○月○日死亡し（甲4），取締役丙川次郎も，平成○○年○月より所在不明であるため（甲5），定款で定めた役員の員数が欠けており，取締役会決議による株主総会の招集ができない。
4　よって，取締役を補充するべく取締役選任の臨時株主総会を招集するため，申立人は，会社法352条1項に基づき，本申立てに及ぶ次第である。

　　　　　　　　　　疎　明　方　法

第7章　会社組織に関する事件

甲第1号証　　　仮処分決定書
甲第2号証　　　定　款
甲第3号証　　　株主総会議事録
甲第4号証　　　戸籍謄本
甲第5号証　　　報告書

　　　　　　　添　付　書　類

商業登記事項証明書　　　1通
委任状　　　　　　　　　1通
甲号各証写し　　　　　　各1部

【書式66】常務外行為許可申立書（重要な財産の処分）

　　　　　　　　　　常務外行為許可申立書

　　　　　　　　　　　　　　　　　　　　平成○○年○月○日

○○地方裁判所民事第○部　御中

　　　　　　　　申立人代理人弁護士　　吾　田　四　郎　㊞

　　〒○○○-○○○○　東京都○○区○○町○丁目○番○号
　　　　　　　　　　　申　立　人　　甲　野　太　郎
　　〒○○○-○○○○　東京都千代田区○○町○丁目○番○号
　　　　　　　　　　　○○○ビル○階　○○法律事務所
　　　　　　　　　　　電話　03（○○○○）○○○○
　　　　　　　　　　　FAX　03（○○○○）○○○○
　　　　　　　　　　　同代理人弁護士　　吾　田　四　郎
　　〒○○○-○○○○　東京都○○区○○町○丁目○番○号
　　　　　　　　　　　申立てに係る会社　　乙川株式会社
　　　　　　　　　　　同代表者代表取締役　　乙　川　花　子

第3節 職務代行者に関する事件

申立ての趣旨

　乙川株式会社（本店　東京都○○区○○町○丁目○番○号）の重要な財産である○○を処分することの許可を求める。

申立ての理由

1　申立人は，平成○○年○月○日，乙川株式会社（以下「本件会社」という。）の代表執行役兼執行役職務代行者に選任された（甲1）。
2　本件会社は，○○を目的とする株式会社であるところ（甲2），本件会社の業務執行において，今般，○○○○の必要から，会社の重要な財産である○○を処分する必要が生じ，（以下，省略）。
3　よって，申立人は，会社法352条1項に基づき，本申立てに及ぶ次第である。

疎　明　方　法

甲第1号証　　　仮処分決定書
甲第2号証　　　定　款
甲第3号証　　　陳述書

添　付　書　類

商業登記事項証明書　　　1通
委任状　　　　　　　　　1通
甲号各証写し　　　　　　各1部

【書式67】 常務外行為許可申立書（和解）

常務外行為許可申立書

収入
印紙

平成〇〇年〇月〇日

〇〇地方裁判所　御中

申立人代理人弁護士　　吾　田　四　郎　㊞

〒〇〇〇-〇〇〇〇　東京都港区〇〇町〇丁目〇番〇号
　　　　　　　　　株式会社〇〇興産代表清算人職務代行者
　　　　申　立　人　　　　　　甲　野　太　郎
〒〇〇〇-〇〇〇〇　東京都〇〇区〇町〇丁目〇番〇号
　　　　　　　　　〇〇法律事務所（送達場所）
　　　　上記申立人代理人弁護士　　吾　田　四　郎
　　　　　　　　　電　話　〇〇-〇〇〇〇-〇〇〇〇
　　　　　　　　　FAX　〇〇-〇〇〇〇-〇〇〇〇

申立ての趣旨

　株式会社〇〇興産を原告とし，乙川株式会社を被告とする売掛金請求訴訟事件（御庁平成〇年（〇）第〇号）につき別紙「和解条項」（案）にて和解することの許可を求める。

申立ての理由

1　申立人は，平成〇年〇月〇日，申立会社の代表清算人職務代行者に選任された者である。
2　申立会社は乙川株式会社に対し，平成〇年〇月〇日，申立会社が乙川株式会社に有する売掛金の請求訴訟を提起し係争中であるが（御庁平成〇年（〇）第〇号），今般，別紙「和解条項」（案）のとおり和解すること検討し

ている。
3 本件和解をしないとすれば，○○○の理由により敗訴のおそれがあり，かつ，本件訴訟が長期に及び清算業務の迅速処理を害する結果となる。
4 よって，申立人は，会社法483条6項，352条1項に基づき，別紙「和解条項」（案）にて和解することの許可を求める。

疎 明 方 法

甲第1号証　　　　仮処分決定
甲第2号証　　　　第○回弁論準備手続調書

添 付 書 類

現在事項全部証明書　　各1通
甲号証写し　　　　　　各1部
委任状　　　　　　　　1通

第2 職務代行社員の常務外行為許可申立事件

1 制度の趣旨・目的

社員除名の訴え等を本案訴訟として，民事保全法23条2項の仮の地位を定める仮処分により持分会社社員の職務執行を停止し，職務代行者を選任する仮処分が認められているところ（民保56条），この仮処分により選任された業務を執行する社員又は持分会社を代表する社員の職務代行者は，仮処分命令に別段の定めがある場合を除き，持分会社の常務に属しない行為をするには，裁判所の許可を得なければならないものとして（会社603条1項），会社における業務決定及び執行の機動性の要請とその適正の要請との調和を図ったものである。

2 申立て

(1) 管　轄

会社の本店所在地の地方裁判所である（会社868条1項）。

(2) 申立人

職務代行者である（会社603条1項）。

(3) 申立ての方式

書面によることを要する（会社876条，会社非訟規1条）。

申立手数料は1,000円である（民訴費3条1項，別表第1の16項イ）。

(4) 申立ての要件（会社603条1項）

ア　職務代行者として選任されていること。

イ　「持分会社の常務に属しない行為をする」場合であること。会社の常務の意義につき，第1の2(4)イ（288頁）参照。

ウ　仮処分命令に別段の定めがないこと。

なお，申立ての原因となる事実の疎明が必要とされている（会社869条）。

(5) 添付書類

商業登記簿謄本（会社非訟規3条1項1号）等。後述書式参照。

3 書式例

【書式68】 常務外行為許可申立書

常務外行為許可申立書

平成○○年○月○日

○○地方裁判所民事第○部　御中

申立人代理人弁護士　　吾　田　四　郎　㊞

〒○○○-○○○○　東京都○○区○○町○丁目○番○号
申　立　人　　甲　野　太　郎
〒○○○-○○○○　東京都千代田区○○町○丁目○番○号
○○○ビル○階　○○法律事務所
電　話　03（○○○○）○○○○
FAX　03（○○○○）○○○○
同代理人弁護士　　吾　田　四　郎
〒○○○-○○○○　東京都○○区○○町○丁目○番○号
申立てに係る会社　　乙川合資会社
同代表者代表社員　　乙　川　花　子

申立ての趣旨

　乙川合資会社（本店　東京都○○区○○町○丁目○番○号）と，丙山株式会社（本店　東京都○○区○○町○丁目○番○号）との間における，○○地方裁判所平成○○年（ワ）第○○○号売買代金請求訴訟につき，裁判上の和解をすることの許可を求める。

申立ての理由

1　申立人は，平成○○年○月○日，乙川合資会社（以下「本件会社」とい

第7章　会社組織に関する事件

う。）の代表社員職務代行者に選任された（甲2）。
2　本件会社は，丙山株式会社（本店　東京都○○区○○町○丁目○番○号）より，売買代金請求訴訟を提起され，現在，○○地方裁判所民事第○部に係属中であるところ（平成○○年（ワ）第○○○号），今般，○○○○等の事情により，裁判所和解案を受諾することとなり，（以下，省略）。
3　よって，申立人は，会社法603条1項に基づき，本申立てに及ぶ次第である。

疎　明　方　法

甲第1号証　　　定　款
甲第2号証　　　仮処分決定書
甲第3号証　　　陳述書

添　付　書　類

商業登記事項証明書　　　1通
委任状　　　　　　　　　1通
甲号各証写し　　　　　　各1部

第8章
清算に関する事件

第1節 清算人等の選任・解任に関する事件

第1 株式会社の清算人選任申立事件

1 制度の趣旨・目的
(1) 清　算

　清算とは，会社の法人格の消滅前に，会社業務の中止・後始末を行い（現務の結了），債権の取立て及び債務の弁済等をして，株主に残余財産の分配をする手続である（会社481条）。

　株式会社は，次に掲げる場合には清算をしなければならない（会社475条）。

① 解散した場合（合併によって解散した場合，破産手続開始の決定により解散した場合であって当該破産手続が終了していない場合を除く[1]。会社475条1号）

② 設立の無効の訴えに係る請求を認容する判決が確定した場合（会社475条2号）

③ 株式移転の無効の訴えに係る請求を認容する判決が確定した場合（会社475条3号）

　清算をする株式会社（清算株式会社）（会社476条）の現務の結了，債権の取立て及び債務の弁済，残余財産の分配等の清算事務は清算人が行う（会社481条）。清算株式会社には，1人又は2人以上の清算人を置かなければならない（会社477条1項）。

---

1) 合併の場合は法人格が消滅し，破産の場合は破産手続が開始される。

(2) 清算人の就任

ア 解散の場合（後記イの事由による解散を除く。）

定款で定めてある場合又は株主総会において他の者を清算人に選任した場合を除き，取締役全員（ただし，監査等委員会設置会社の場合には，監査等委員である取締役以外の取締役，指名委員会等設置会社の場合には監査委員以外の取締役）が清算人になる（会社478条1項・5項，以下「法定清算人」という。）。

しかし，例えば，定款に清算人の定めのない株式会社が破産手続開始の決定を受けたような場合，取締役は破産開始決定により当然に地位を失っているので（最二小判昭和43年3月15日民集22巻3号625頁），このような場合に担保権者が，破産管財人が財団から放棄した担保権付不動産を競売ではなく任意売却で処理しようとしても，当該会社を代表する者（清算人）がいない状態となっている。このような上記所定の選任方法により清算人となる者がいない場合には，利害関係人の申立てにより，裁判所が清算人を選任することとされている（会社478条2項）。

イ 解散を命ずる裁判による解散の場合

解散命令や解散判決によって解散した清算株式会社については，清算の公正を期するため，裁判所が利害関係人若しくは法務大臣の申立てにより又は職権で清算人を選任する（会社478条3項，471条6号，824条1項，833条1項）。

ウ 設立無効の訴え等の場合

設立無効の訴え又は株式移転無効の訴えの認容判決の確定により清算すべき場合は，清算の公正を期するため，裁判所が利害関係人の申立てにより清算人を選任する（会社478条4項）。

2 申立て

(1) 管 轄

会社の本店所在地の地方裁判所である（会社868条1項）。

(2) 申立人等

① 上記1(2)アの場合

利害関係人が申立人である（会社478条2項）。

株主，債権者，担保権者等が利害関係人である。

② 上記1(2)イの場合

利害関係人若しくは法務大臣が申立人となるか，又は裁判所の職権により選任する（会社478条3項）。

③ 上記1(2)ウの場合

利害関係人が申立人である（会社478条4項）。

(3) 申立ての方式，申立書の記載事項

申立ては書面でしなければならない（会社876条，会社非訟規1条）。

申立書には，次に掲げる事項を記載し，申立人又は代理人が記名押印しなければならない（会社非訟規2条1項・2項）。

①申立ての趣旨及び原因並びに申立てを理由づける事実（会社非訟規2条本文）

②当事者の氏名又は名称及び住所並びに法定代理人の氏名及び住所（会社非訟規2条1項1号）

③申立てに係る会社の商号及び本店の所在地並びに代表者の氏名（会社非訟規2条1項2号）

④代理人による申立ての場合は，代理人の氏名及び住所（会社非訟規2条2項1号）

⑤申立てに係る会社が外国会社であるときは，当該外国会社の日本における営業所の所在地（日本に営業所を設けていない場合にあっては，日本における代表者の住所地）（会社非訟規2条2項2号）――本申立てでは，不要である。

⑥申立てを理由づける具体的な事実ごとの証拠（会社非訟規2条2項3号）

⑦事件の表示（会社非訟規2条2項4号）（申立書には不要である。）

⑧附属書類の表示（会社非訟規2条2項5号）

⑨年月日（会社非訟規2条2項6号）

⑩裁判所の表示（会社非訟規2条2項7号）

⑪申立人又は代理人の郵便番号及び電話番号（ファクシミリの番号を含

む。）（会社非訟規2条2項8号）
⑫その他裁判所が定める事項（会社非訟規2条2項9号）
(4) **申立手数料，予納金等**
・申立手数料1,000円（民訴費3条1項，別表第1の16項イ）
・選任される清算人の報酬及び費用に相当する額の予納金
・郵券（不要の場合もあり，裁判所で確認すること）
(5) **申立ての趣旨**
「○○株式会社（本店○○）の清算人の選任を求める。」
(6) **申立ての要件**
① 上記1(2)アの場合
　i 申立人が利害関係人であること（会社478条2項）
　ii 取締役が存在しないこと（会社478条1項1号）
　iii 定款に清算人となる者の定めがないこと（会社478条1項2号）
　iv 株主総会で清算人を選任していないこと（会社478条1項3号）
② 上記1(2)イの場合
　i 申立人が利害関係人であること（会社478条3項）
　ii 会社の解散命令（会社824条1項）又は解散判決（会社833条1項）によって解散したこと（会社478条3項，471条6号）
③ 上記1(2)ウの場合
　i 申立人が利害関係人であること（会社478条4項）
　ii 設立の無効の訴えに係る請求を認容する判決が確定した場合，又は株式移転の無効の訴えに係る請求を認容する判決が確定した場合であること（会社478条4項，475条2号・3号）。
(7) **添付書類ほか**（会社非訟規3条，4条）
① 上記1(2)アの場合
　i 申立てに係る会社の登記事項証明書（会社非訟規3条1項1号）
　ii 申立人が利害関係人であることを疎明する資料
　iii 定款（上記(6)①iii記載の要件充足を確認するために必要となる。）
　iv 清算人となる者がいないことが分かる資料

第1節　清算人等の選任・解任に関する事件

　　ⅴ　申立てに係る会社に財産があることを疎明する資料
　　　　破産手続終結決定，破産手続廃止決定確定，清算結了又は特別清算結了による特別清算終結があり登記記録が閉鎖されている場合（商登規80条1項5号・6号，同条2項，117条3項）に必要となる。このような場合には，清算すべき財産は存在していないのが通常であるからである。
　　ⅵ　清算人が行うべき事務を疎明する資料
　　　　清算人が行うべき事務を明らかにし，清算人及び予納金を適切に決定するために必要となる。
　　ⅶ　申立人において清算人を推薦する場合には，推薦された者の就任承諾書及び経歴書
　　　　申立人の推薦する者を清算人に選任することは，推薦された者が弁護士である場合でも，利益相反のおそれがあるため原則としてしない運用としている。しかし，担保権者が破産財団から放棄された不動産の任意売却をするために清算人選任の申立てをする場合のように申立人と会社の利害が一致するときや，債権者が債権譲渡の通知を受領してもらうためだけに清算人選任の申立てをした場合のように清算人に裁量の余地がないときなど，事案によっては，例外的に，申立人が推薦する者（弁護士に限る。）を清算人として選任することがある（「類型別会社非訟」50頁）。
　　ⅷ　委任状（非訟規16条1項）
　②　上記1(2)イの場合
　　ⅰ　申立てに係る会社の登記事項証明書（会社非訟規3条1項1号）
　　ⅱ　申立人が利害関係人であることを疎明する資料
　　ⅲ　定　款
　　ⅳ　会社の解散命令又は解散判決によって解散したことを疎明する資料
　　ⅴ　清算人が行うべき事務を疎明する資料
　　　　清算人が行うべき事務を明らかにし，清算人及び予納金を適切に

303

vi　申立人において清算人を推薦する場合には，推薦された者の就任承諾書及び経歴書

　　申立人において清算人を推薦する場合は，利益相反のおそれがないことが必要である。

　vii　委任状（非訟規16条1項）

③　上記1(2)ウの場合

　i　申立てに係る会社の登記事項証明書（会社非訟規3条1項1号）

　ii　申立人が利害関係人であることを疎明する資料

　iii　定　款

　iv　設立の無効の訴えに係る請求を認容する判決が確定したこと，又は株式移転の無効の訴えに係る請求を認容する判決が確定したことを疎明する資料

　v　清算人が行うべき事務を疎明する資料

　　清算人が行うべき事務を明らかにし，清算人及び予納金を適切に決定するために必要となる。

　vi　申立人において清算人を推薦する場合には，推薦された者の就任承諾書及び経歴書

　　申立人において清算人を推薦する場合は，利益相反のおそれがないことが必要である。

　vii　委任状（非訟規16条1項）

3　手続のポイント

(1)　審　理

　清算人選任については，関係者の陳述を聴くことは要求されていない（会社870条1項）。

　実務上は，申立人と会社の取締役ないし監査役を審尋して審理している。

(2)　裁　判

　清算人選任は終局決定で裁判をする（非訟54条，55条）。

決定に理由を付すことは要求されていない（会社871条2号，874条1号）。

清算人選任の裁判は，申立人と清算人に選任された者に告知され（非訟56条1項），清算人の就任承諾によって効力を生ずる。

なお，非訟事件手続法は，決定を終局決定（非訟55条1項）と終局決定以外の裁判（非訟62条1項）に分け，即時抗告の可否（非訟66条1項，79条）や即時抗告期間に違いを設ける（非訟67条1項，81条）等，前者の手続保証を手厚くしている。

選任決定に対しては，不服申立てをすることはできない（会社874条1号）。したがって，必要があるときは裁判所に対して清算人選任の裁判の取消し又は変更を求めることとなる（非訟59条1項）。

却下決定に対しては，申立人に限り即時抗告ができる（非訟66条2項）。

(3) 報　酬

清算人の報酬は，会社及び清算人の陳述を聴いた上で裁判所が決定する（会社870条1項1号）。この決定については理由を付することを要しない（会社871条1号）。

この決定に対しては，会社及び清算人は即時抗告をすることができる（会社872条4号）。

4　書式例

【書式69】清算人選任申立書（破産財団放棄不動産処理の場合）

清算人選任申立書

収入
印紙

平成〇〇年〇月〇日

〇〇地方裁判所　御中

　　　　　　　　　　申立人代理人弁護士　　　吾　田　四　郎　㊞

　　　　　　　〒〇〇〇－〇〇〇〇　東京都港区〇〇町〇丁目〇番〇号
　　　　　　　　　　申　立　人　　　　株式会社〇〇信販
　　　　　　　　　　同代表者代表取締役　　甲　野　太　郎
　　　　　　　〒〇〇〇－〇〇〇〇　東京都〇〇区〇町〇丁目〇番〇号
　　　　　　　　　　　　〇〇法律事務所（送達場所）
　　　　　　　　　　上記申立人代理人弁護士　　吾　田　四　郎
　　　　　　　　　　　　　　電　話　03－〇〇〇〇－〇〇〇〇
　　　　　　　　　　　　　　FAX　03－〇〇〇〇－〇〇〇〇

申立ての趣旨

　株式会社〇〇企画（本店　東京都〇〇区〇〇町〇丁目〇番地）の清算人の選任を求める。

申立ての理由

1　株式会社〇〇企画（以下「本件会社」という。）は，平成〇〇年〇月〇日，東京地方裁判所において破産手続開始決定（東京地裁平成〇〇年（フ）第〇号）を受け，弁護士〇〇〇〇が破産管財人に選任された。
2　破産管財人は，別紙物件目録記載の不動産（以下「本件不動産」とい

う。）につき，破産裁判所の許可を得て，平成○○年○○月○日，破産財団から放棄した。
3　本件会社は，平成○○年○○月○○日，破産終結の決定を受け，上記破産手続は終結している。
4　申立人は，本件不動産の抵当権者である。
5　今般，本件不動産につき購入希望者が現れ，購入希望者の買付希望価格は相当である。
6　本件不動産が売却された場合，申立人及び他の担保権者は，売却代金からそれぞれ○○万円，○○万円の支払を受けることと引き換えに，本件不動産の担保権を抹消することについて同意している。
7　よって，会社法478条2項に基づき本件会社の清算人の選任を求める。

疎　明　方　法

甲第1号証	破産手続開始決定写し	1通
甲第2号証	不動産放棄許可証明書写し	1通
甲第3号証	破産手続終結決定証明書写し	1通
甲第4号証	閉鎖事項全部証明書	1通
甲第5号証	不動産登記事項証明書	1通
甲第6号証	買付証明書	1通
甲第7号証	査定書	1通
甲第8号証	担保権者同意書	1通
甲第9号証	定款写し	1通

添　付　書　類

閉鎖事項全部証明書（本件会社）	1通
現在事項全部証明書（申立人）	1通
甲号証写し	各1通
委任状	1通

【書式70】 清算人選任申立書（解散判決の場合）

申立ての趣旨

　株式会社○○企画（本店　東京都○○区○○町○丁目○番地）の清算人の選任を求める。

申立ての理由

1　株式会社○○企画（以下「本件会社」という。）は，平成○○年○月○日，解散請求事件の判決確定により同日解散した。
2　申立人は，本件会社の株主である。
3　本件会社の資産及び負債の状況は別紙「財産目録」のとおりである。
4　よって，会社法478条３項に基づき本件会社の清算人の選任を求める。

疎　明　方　法

甲第１号証　　　定款写し　　　　　　　１通
甲第２号証　　　判決正本　　　　　　　１通
甲第３号証　　　判決確定証明　　　　　１通
甲第４号証　　　現在事項全部証明書　　１通
甲第５号証　　　株主名簿　　　　　　　１通

添　付　書　類

現在事項全部証明書　　　１通
甲号証写し　　　　　　　各１通
委任状　　　　　　　　　１通

別紙「財産目録」（省略）

第2　持分会社の清算人選任申立事件

1　制度の趣旨・目的
(1)　清　算

　清算とは，会社の法人格の消滅前に，会社業務の中止・後始末を行い（現務の結了），債権の取立て及び債務の弁済等をして，株主に残余財産の分配をする手続である（会社649条）。

　持分会社は，次に掲げる場合には，清算をしなければならない（会社644条）。

　① 　解散した場合（合併によって解散した場合，破産手続開始の決定により解散した場合であって当該破産手続が終了していない場合を除く[2]。会社644条1号）

　② 　設立の無効の訴えに係る請求を認容する判決が確定した場合（会社644条2号）

　③ 　設立の取消しの訴えに係る請求を認容する判決が確定した場合（会社644条3号）

　清算をする持分会社（清算持分会社）（会社645条）の現務の結了，債権の取立て及び債務の弁済，残余財産の分配等の清算事務は清算人が行う（会社649条）。清算持分会社には，1人又は2人以上の清算人を置かなければならない（会社646条）。

(2)　清算人の就任

　ア　解散の場合（後記イの事由による解散を除く。）

　定款で定めてある場合又は社員の過半数の同意によって他の者を清算人に選任した場合を除き，業務執行社員が清算人になる（会社647条1項，以下「法定清算人」という。）。

　上記所定の選任方法により清算人となる者がいない場合には，利害関係人の申立てにより，裁判所が清算人を選任することとされている（会

---

[2] 合併の場合は，法人格が消滅し，破産の場合は破産手続が開始される。

社647条2項)。

　イ　社員が欠けた場合又は解散を命ずる裁判による解散の場合

　社員が欠けた場合には，上記アの適用の余地がないため，また，解散命令や解散判決によって解散した場合には清算の公正を期するため，裁判所が利害関係人若しくは法務大臣の申立てにより又は職権で清算人を選任する（会社647条3項，641条4号・7号，824条1項，833条2項）。

　ウ　設立無効の訴え又は設立の取消しの訴えの場合

　設立無効の訴え又は設立取消しの訴えの認容判決の確定により清算すべき場合は，清算の公正を期するため，裁判所が利害関係人の申立てにより清算人を選任する（会社647条4項）。

2　申立て

(1)　管　轄

　会社の本店所在地の地方裁判所である（会社868条1項）。

(2)　申立人等

　①　上記1(2)アの場合

　利害関係人が申立人である（会社647条2項）。

　社員，債権者，担保権者等が利害関係人である。

　②　上記1(2)イの場合

　利害関係人若しくは法務大臣が申立人となるか，又は裁判所の職権により選任する（会社647条3項）。

　③　上記1(2)ウの場合

　利害関係人が申立人である（会社647条4項）。

(3)　申立ての方式，申立書の記載事項

　申立ては書面でしなければならない（会社876条，会社非訟規1条）。

　申立書には，次に掲げる事項を記載し，申立人又は代理人が記名押印しなければならない（会社非訟規2条1項・2項）。

　①申立ての趣旨及び原因並びに申立てを理由づける事実（会社非訟規2条本文）

第1節　清算人等の選任・解任に関する事件

②当事者の氏名又は名称及び住所並びに法定代理人の氏名及び住所（会社非訟規2条1項1号）
③申立てに係る会社の商号及び本店の所在地並びに代表者の氏名（会社非訟規2条1項2号）
④代理人による申立ての場合は，代理人の氏名及び住所（会社非訟規2条2項1号）
⑤申立てに係る会社が外国会社であるときは，当該外国会社の日本における営業所の所在地（日本に営業所を設けていない場合にあっては，日本における代表者の住所地）（会社非訟規2条2項2号）──本申立てでは，不要である。
⑥申立てを理由づける具体的な事実ごとの証拠（会社非訟規2条2項3号）
⑦事件の表示（会社非訟規2条2項4号）（申立書には不要である。）
⑧附属書類の表示（会社非訟規2条2項5号）
⑨年月日（会社非訟規2条2項6号）
⑩裁判所の表示（会社非訟規2条2項7号）
⑪申立人又は代理人の郵便番号及び電話番号（ファクシミリの番号を含む。）（会社非訟規2条2項8号）
⑫その他裁判所が定める事項（会社非訟規2条2項9号）

(4) **申立手数料，予納金等**
・申立手数料1,000円（民訴費3条1項，別表第1の16項イ）
・選任される清算人の報酬及び費用に相当する額の予納金
・郵券（不要の場合もあり，裁判所で確認すること）

(5) **申立ての趣旨**
「○○合同（合名，合資）会社（本店○○）の清算人の選任を求める。」

(6) **申立ての要件**
①　上記1(2)アの場合
ⅰ　申立人が利害関係人であること（会社647条2項）
ⅱ　業務執行社員が存在しないこと（会社647条1項1号）
ⅲ　定款に清算人となる者の定めがないこと（会社647条1項2号）

311

　　　　iv　社員の過半数の同意によって清算人を選任していないこと（会社647条1項3号）
　②　上記1(2)イの場合
　　　i　申立人が利害関係人であること（会社647条3項）
　　　ii　会社の解散命令（会社824条1項）又は解散判決（会社833条1項）によって解散したこと（会社647条3項，641条7号）
　　　　又は，
　　　iii　社員が欠けたこと（会社641条4号）
　③　上記1(2)ウの場合
　　　i　申立人が利害関係人であること（会社647条4項）
　　　ii　設立の無効の訴えに係る請求を認容する判決が確定した場合，又は設立取消しの訴えに係る請求を認容する判決が確定した場合であること（会社647条4項，644条2号・3号）。

(7)　**添付書類ほか**（会社非訟規3条，4条）
　①　上記1(2)アの場合
　　　i　申立てに係る会社の登記事項証明書（会社非訟規3条1項1号）
　　　ii　申立人が利害関係人であることを疎明する資料
　　　iii　定款（上記(6)①iii記載の要件充足を確認するために必要となる。）
　　　iv　清算人となる者がいないことが分かる資料
　　　v　清算人が行うべき事務を疎明する資料
　　　vi　申立人において清算人を推薦する場合には，推薦された者の就任承諾書及び経歴書
　　　vii　委任状（非訟規16条1項）
　②　上記1(2)イの場合
　　　i　申立てに係る会社の登記事項証明書（会社非訟規3条1項1号）
　　　ii　申立人が利害関係人であることを疎明する資料
　　　iii　定　款
　　　iv　会社の解散命令又は解散判決によって解散したことを疎明する資料

又は,
- v 社員が欠けたことを疎明する資料
- vi 清算人が行うべき事務を疎明する資料
- vii 申立人において清算人を推薦する場合には,推薦された者の就任承諾書及び経歴書
- viii 委任状（非訟規16条1項）
③ 上記1(2)ウの場合
- i 申立てに係る会社の登記事項証明書（会社非訟規3条1項1号）
- ii 申立人が利害関係人であることを疎明する資料
- iii 定款
- iv 設立の無効の訴えに係る請求を認容する判決が確定したこと,又は設立の取消しの訴えに係る請求を認容する判決が確定したことを疎明する資料
- v 清算人が行うべき事務を疎明する資料
- vi 申立人において清算人を推薦する場合には,推薦された者の就任承諾書及び経歴書
- vii 委任状（非訟規16条1項）

3 手続のポイント

(1) 審 理

清算人選任については,関係者の陳述を聴くことは要求されていない（会社870条1項）。

(2) 裁 判

清算人選任は終局決定で裁判をする（非訟54条,55条）。

決定に理由を付すことは要求されていない（会社871条2号,874条1号）。

清算人選任の裁判は,申立人と清算人に選任された者に告知され（非訟56条1項）,清算人の就任承諾によって効力を生ずる。

なお,非訟事件手続法は,決定を終局決定（非訟55条1項）と終局決定以外の裁判（非訟62条1項）に分け,即時抗告の可否（非訟66条1項,79条）や

即時抗告期間に違いを設ける（非訟67条1項，81条）等，前者の手続保証を手厚くしている。

選任決定に対しては，不服申立てをすることはできない（会社874条1号）。したがって，必要があるときは裁判所に対して清算人選任の裁判の取消し又は変更を求めることとなる（非訟59条1項）。

却下決定に対しては，申立人に限り即時抗告ができる（非訟66条2項）。

(3) 報　酬

清算人の報酬は，会社及び清算人の陳述を聴いた上で裁判所が決定する（会社870条1項1号）。この決定については理由を付することを要しない（会社871条1号）。この決定に対しては，会社及び清算人は即時抗告をすることができる（会社872条4号）。

4　書式例

【書式71】清算人選任申立書（社員が欠けた場合）

```
                    清算人選任申立書

 収入
 印紙
                                          平成○○年○月○日

 ○○地方裁判所　御中

                    申立人代理人弁護士　　吾　田　四　郎　㊞

              〒○○○－○○○○　東京都港区○○町○丁目○番○号
                     申　立　人　　　　　　　甲　野　太　郎
              〒○○○－○○○○　東京都○○区○町○丁目○番○号
                              ○○法律事務所（送達場所）
                     上記申立人代理人弁護士　　吾　田　四　郎
```

314

第1節　清算人等の選任・解任に関する事件

電　話　○○-○○○○-○○○○
FAX　○○-○○○○-○○○○

申立ての趣旨

　○○合名会社（本店　東京都○○区○○町○丁目○番地）の清算人の選任を求める。

申立ての理由

1　○○合名会社の唯一の社員であった○○○○は平成○年○月○日死亡した。
2　同社定款には，死亡した社員の相続人等が当該社員の持分を承継する旨の定めはない。
3　申立人は，当該社員の相続人である。
4　よって，○○合名会社は社員が欠けたことによって解散となったため，会社法647条3項に基づき本件会社の清算人の選任を求める。

疎　明　方　法

甲第1号証	現在事項全部証明書	1通
甲第2号証	定款写し	1通
甲第3号証	除籍謄本	1通
甲第4号証	戸籍謄本	1通

添　付　書　類

現在事項全部証明書　　　1通
甲号証写し　　　　　　各1通
委任状　　　　　　　　　1通

第3　株式会社の清算人解任申立事件

1　制度の趣旨・目的

重要な事由のある場合には，裁判所は清算人を解任することができる（会社479条2項）。

「重要な事由」とは，清算人の行為が清算の目的に照らして著しく背離し又は清算人がその事務遂行に著しく不適格である場合などが該当する（上柳克郎ほか編『新版注釈会社法(13)』〔中西正明〕（有斐閣，1990年）312頁）。

2　申立て

(1)　管　轄

会社の本店所在地の地方裁判所である（会社868条1項）。

(2)　申立人等

以下のいずれかの持株要件を満たす株主である（会社479条2項）。

① 　総株主（清算人を解任する旨の議案について議決権を行使することができない株主や当該申立てに係る清算人である株主を除く。）の議決権の100分の3（これを下回る割合を定款で定めた場合にあっては，その割合）以上の議決権を6か月（これを下回る期間を定款で定めた場合にあっては，その期間）前から引き続き有する株主（清算人を解任する旨の議案について議決権を行使することができない株主や当該申立てに係る清算人である株主を除く。）

② 　発行済株式（当該清算株式会社である株主や当該申立てに係る清算人である株主の有する株式を除く。）の100分の3（これを下回る割合を定款で定めた場合にあっては，その割合）以上の数の株式を6か月（これを下回る期間を定款で定めた場合にあっては，その期間）前から引き続き有する株主（当該清算株式会社である株主や当該申立てに係る清算人である株主を除く。）

ただし，公開会社でない清算株式会社については，株式の保有期間の制限はない（会社479条3項）。

(3) 申立ての方式，申立書の記載事項

申立ては書面でしなければならない（会社876条，会社非訟規1条）。

申立書には，次に掲げる事項を記載し，申立人又は代理人が記名押印しなければならない（会社非訟規2条1項・2項）。

① 申立ての趣旨及び原因並びに申立てを理由づける事実（会社非訟規2条本文）

② 当事者の氏名又は名称及び住所並びに法定代理人の氏名及び住所（会社非訟規2条1項1号）

③ 申立てに係る会社の商号及び本店の所在地並びに代表者の氏名（会社非訟規2条1項2号）

④ 代理人による申立ての場合は，代理人の氏名及び住所（会社非訟規2条2項1号）

⑤ 申立てに係る会社が外国会社であるときは，当該外国会社の日本における営業所の所在地（日本に営業所を設けていない場合にあっては，日本における代表者の住所地）（会社非訟規2条2項2号）

⑥ 申立てを理由づける具体的な事実ごとの証拠（会社非訟規2条2項3号）

⑦ 事件の表示（会社非訟規2条2項4号）（申立書には不要である。）

⑧ 附属書類の表示（会社非訟規2条2項5号）

⑨ 年月日（会社非訟規2条2項6号）

⑩ 裁判所の表示（会社非訟規2条2項7号）

⑪ 申立人又は代理人の郵便番号及び電話番号（ファクシミリの番号を含む。）（会社非訟規2条2項8号）

⑫ その他裁判所が定める事項（会社非訟規2条2項9号）

(4) 申立手数料，予納金等

・申立手数料1,000円（民訴費3条1項，別表第1の16項イ）

・郵券（不要の場合もあり，裁判所で確認すること）

(5) 申立ての趣旨

「○○株式会社（本店○○）の清算人○○の解任を求める。」

第8章 清算に関する事件

(6) 添付書類ほか（会社非訟規3条，4条）
①申立てに係る会社の登記事項証明書（会社非訟規3条1項1号）
②申立人が持株要件を充足していることを示す資料
③定　款
④清算人を解任すべき重要な事由のあることを疎明する資料
⑤委任状（非訟規16条1項）

3　手続のポイント

(1) 審　理

清算人の解任は当該清算人の陳述を聴いた上で裁判所が決定する（会社870条1項2号）。この決定については理由を付さなければならない（会社871条本文）。

この決定に対しては，申立人及び当該清算人は即時抗告をすることができる（会社872条4号）。

(2) 裁　判

清算人解任は終局決定で裁判をする（非訟54条，55条）。

なお，非訟事件手続法は，決定を終局決定（非訟55条1項）と終局決定以外の裁判（非訟62条1項）に分け，即時抗告の可否（非訟66条1項，79条）や即時抗告期間に違いを設ける（非訟67条1項，81条）等，前者の手続保証を手厚くしている。

(3) 仮清算人

清算人を解任し清算人が1人もいなくなった場合は，仮清算人の選任が必要となるから，通常は，仮清算人選任申立てが同時になされる（会社479条4項，346条2項）。

第1節　清算人等の選任・解任に関する事件

4　書式例

【書式72】清算人解任申立書

清算人解任申立書

収入
印紙

平成〇〇年〇月〇日

〇〇地方裁判所　御中

　　　　　　　　　　　申立人代理人弁護士　　吾　田　四　郎　㊞

　　　　　　　　　　〒〇〇〇－〇〇〇〇　東京都港区〇〇町〇丁目〇番〇号
　　　　　　　　　　　　申　立　人　　　　　　甲　野　太　郎
　　　　　　　　　　〒〇〇〇－〇〇〇〇　東京都〇〇区〇〇町〇丁目〇番〇号
　　　　　　　　　　　　　　　　〇〇法律事務所（送達場所）
　　　　　　　　　　　　上記申立人代理人弁護士　　吾　田　四　郎
　　　　　　　　　　　　　　　電　話　〇〇－〇〇〇〇－〇〇〇〇
　　　　　　　　　　　　　　　FAX　〇〇－〇〇〇〇－〇〇〇〇
　　　　　　　　　　〒〇〇〇－〇〇〇〇　東京都港区〇〇町〇丁目〇番〇号
　　　　　　　　　　　　　　　　株式会社〇〇企画　清算人
　　　　　　　　　　　　被　申　立　人　　　　　乙　川　二　郎

申立ての趣旨

　株式会社〇〇企画（本店　東京都〇〇区〇〇町〇丁目〇番地）の清算人乙川二郎の解任を求める。

申立ての理由

1　申立人は株式会社〇〇企画（以下「本件会社」という。）の総株主の議決権の15％である30,000個を6か月以上前から引き続いて所有する株主である。

第8章　清算に関する事件

2　本件会社は，平成○○年○月○日，株主総会の決議により解散し，同日，同株主総会決議により，被申立人が清算人に選任され，就任した。
3　ところが（清算人を解任すべき重要な事由）があり，かかる清算人の行為は清算の目的に著しく背離している。
4　よって，会社法479条2項に基づき被申立人の解任を求める。

疎　明　方　法

甲第1号証	現在事項全部証明書	1通
甲第2号証	定款写し	1通
甲第3号証	株主名簿	1通
甲第4号証	○○	1通

添　付　書　類

現在事項全部証明書	1通
甲号証写し	各1通
委任状	1通

第4　持分会社の清算人解任申立事件

1　制度の趣旨・目的等

　重要な事由のある場合には，裁判所は清算人を解任することができる（会社648条3項）。

　「重要な事由があるとき」とは，清算人が清算に関する職務を懈怠し，あるいは，清算事務の公正を欠き，会社・社員及び債権者の利益を害し，その他清算の遂行に支障を生ずる重大な事情がある場合である（上柳克郎ほか編『新版注釈会社法(1)』〔米沢明〕（有斐閣，1990年）527頁）。

2　申立て

(1)　管　轄

　会社の本店所在地の地方裁判所である（会社868条1項）。

(2)　申立人等

　社員その他の利害関係人である（会社648条3項）。

(3)　申立ての方式，申立書の記載事項

　申立ては書面でしなければならない（会社876条，会社非訟規1条）。

　申立書には，次に掲げる事項を記載し，申立人又は代理人が記名押印しなければならない（会社非訟規2条1項・2項）。

①申立ての趣旨及び原因並びに申立てを理由づける事実（会社非訟規2条本文）

②当事者の氏名又は名称及び住所並びに法定代理人の氏名及び住所（会社非訟規2条1項1号）

③申立てに係る会社の商号及び本店の所在地並びに代表者の氏名（会社非訟規2条1項2号）

④代理人による申立ての場合は，代理人の氏名及び住所（会社非訟規2条2項1号）

⑤申立てに係る会社が外国会社であるときは，当該外国会社の日本にお

ける営業所の所在地（日本に営業所を設けていない場合にあっては，日本における代表者の住所地）（会社非訟規2条2項2号）——本申立てでは，不要である。

⑥申立てを理由づける具体的な事実ごとの証拠（会社非訟規2条2項3号）

⑦事件の表示（会社非訟規2条2項4号）（申立書には不要である。）

⑧附属書類の表示（会社非訟規2条2項5号）

⑨年月日（会社非訟規2条2項6号）

⑩裁判所の表示（会社非訟規2条2項7号）

⑪申立人又は代理人の郵便番号及び電話番号（ファクシミリの番号を含む。）（会社非訟規2条2項8号）

⑫その他裁判所が定める事項（会社非訟規2条2項9号）

(4) 申立手数料，予納金等

・申立手数料1,000円（民訴費3条1項，別表第1の16項イ）

・郵券（不要の場合もあり，裁判所で確認すること）

(5) 申立ての趣旨

「〇〇合同（合名，合資）会社（本店〇〇）の清算人〇〇の解任を求める。」

(6) 添付書類ほか（会社非訟規3条，4条）

①申立てに係る会社の登記事項証明書（会社非訟規3条1項1号）

②申立人が社員その他の利害関係人であることを示す資料

③清算人を解任すべき重要な事由のあることを疎明する資料

④委任状（非訟規16条1項）

3　手続のポイント

(1) 審　理

清算人の解任は，当該清算人の陳述を聴いた上で裁判所が決定する（会社870条1項2号）。この決定については，理由を付さなければならない（会社871条本文）。

この決定に対しては，申立人及び当該清算人は即時抗告をすることができる（会社872条4号）。

第1節　清算人等の選任・解任に関する事件

(2) 裁　判

　清算人解任は終局決定で裁判をする（非訟54条，55条）。

　なお，非訟事件手続法は，決定を終局決定（非訟55条1項）と終局決定以外の裁判（非訟62条1項）に分け，即時抗告の可否（非訟66条1項，79条）や即時抗告期間に違いを設ける（非訟67条1項，81条）等，前者の手続保証を手厚くしている。

第8章　清算に関する事件

第5　株式会社の仮清算人選任申立事件

　清算人に欠員を生じた場合の仮清算人の選任申立てについては，役員に欠員を生じた場合の手続を準用しているので（会社479条4項，346条1項ないし3項），第7章第2節第1（271頁〜276頁）の解説・書式例を参照されたい。

第6　株式会社の仮代表清算人選任申立事件

　代表清算人に欠員を生じた場合の仮代表清算人の選任申立てについては，代表取締役に欠員を生じた場合の手続を準用しているので（会社483条6項，351条2項），第7章第2節第2（277頁〜282頁）の解説・書式例を参照されたい。

第7　株式会社の清算人等の職務代行者の常務外行為許可申立事件

　株式会社の清算人等の職務代行者の常務外行為許可の申立てについては，取締役等の職務代行者の常務外行為許可の申立ての手続を準用しているので（会社483条6項，352条1項），第7章第3節第1（287頁〜293頁）の解説・書式例を参照されたい。

第2節　債権評価の鑑定人選任申立事件

1　制度の趣旨・目的

　清算の結了のためには，債務を完済することが必要である。そこで，条件付債権，存続期間が不確定な債権，その他その額が不確定な債権に係る債務の弁済については，債権の評価のため裁判所に鑑定人選任の申立てを行い，鑑定人の鑑定評価に従って弁済できるとした（会社501条1項，662条1項）。

2　申立て

(1)　管　轄

　会社の本店所在地の地方裁判所である（会社868条1項）。

(2)　申立人

　清算株式会社又は清算持分会社である（会社501条1項，662条1項）。

(3)　申立ての方式，申立書の記載事項

　申立ては書面でしなければならない（会社876条，会社非訟規1条）。

　申立書には，次に掲げる事項を記載し，申立人又は代理人が記名押印しなければならない（会社非訟規2条1項・2項）。

　①申立ての趣旨及び原因並びに申立てを理由づける事実（会社非訟規2条本文）

　②当事者の氏名又は名称及び住所並びに法定代理人の氏名及び住所（会社非訟規2条1項1号）

　③申立てに係る会社の商号及び本店の所在地並びに代表者の氏名（会社非訟規2条1項2号）――本申立てでは不要である。

　④代理人による申立ての場合は，代理人の氏名及び住所（会社非訟規2条2項1号）

⑤申立てに係る会社が外国会社であるときは，当該外国会社の日本における営業所の所在地（日本に営業所を設けていない場合にあっては，日本における代表者の住所地）（会社非訟規2条2項2号）――本申立てでは不要である。

⑥申立てを理由づける具体的な事実ごとの証拠（会社非訟規2条2項3号）

⑦事件の表示（会社非訟規2条2項4号）（申立書には不要である。）

⑧附属書類の表示（会社非訟規2条2項5号）

⑨年月日（会社非訟規2条2項6号）

⑩裁判所の表示（会社非訟規2条2項7号）

⑪申立人又は代理人の郵便番号及び電話番号（ファクシミリの番号を含む。）（会社非訟規2条2項8号）

⑫その他裁判所が定める事項（会社非訟規2条2項9号）

(4) **申立手数料，予納金等**
　・申立手数料1,000円（民訴費3条1項，別表第1の16項イ）
　・郵券

(5) **申立ての趣旨**
「別紙債権目録記載の債権を評価させるため鑑定人の選任を求める。」

(6) **添付書類ほか**（会社非訟規3条，4条）
①申立てに係る会社の登記事項証明書（会社非訟規3条1項1号）
②評価すべき債権についての資料
③委任状（非訟規16条1項）

3　手続のポイント

選任決定には理由を付す必要はないが（会社871条2号，874条1号），却下決定には理由を付す必要がある（会社871条本文）。選任決定に対しては不服を申し立てることができないが（会社874条1号），却下決定に対しては，申立人のみが即時抗告をすることができる（非訟66条2項）。

4　書式例

【書式73】債権評価のための鑑定人選任申立書

債権評価のための鑑定人選任申立書

収入
印紙

平成○○年○月○日

○○地方裁判所　御中

　　　　　　　　　　　　申立人代理人弁護士　　吾　田　四　郎　㊞

　　　　　〒○○○－○○○○　東京都○○区○○町○丁目○番○号
　　　　　　　　　申　立　人　清算株式会社○○企画株式会社
　　　　　　　　　上記代表者清算人　　　　　甲　野　太　郎
　　　　　〒○○○－○○○○　東京都○○区○町○丁目○番○号
　　　　　　　　　　　　　　　○○法律事務所（送達場所）
　　　　　　　　　上記申立人代理人弁護士　　吾　田　四　郎
　　　　　　　　　　　　　　　電　話　03-○○○○-○○○○
　　　　　　　　　　　　　　　FAX　03-○○○○-○○○○

申立ての趣旨

別紙債権目録記載の債権を評価させるため鑑定人の選任を求める。

申立ての理由

1　申立人は，平成○○年○月○日臨時株主総会の決議（甲1）により解散し，同総会において，甲野太郎が清算人に選任され就任した（甲1,2）。
2　申立人は，株式会社○○に対して別紙債権目録記載の○○債権にかかる不確定債務（甲3,4）を負担しているところ，清算事務の迅速な結了のためにその弁済を行うことを予定している。

第8章　清算に関する事件

　よって，申立人は，別紙債権目録記載の○○債権について鑑定人の評価を得るため，本件を申し立てる次第である。

疎　明　方　法

甲1号証	臨時株主総会議事録	1通
甲2号証	現在事項全部証明書	1通
甲3号証	契約書	1通
甲4号証	債権明細書	1通
甲5号証	貸借対照表（平成○○年○月○日現在）	1通
甲6号証	財産目録（平成○○年○月○日現在）	1通

添　付　書　類

甲号証写し	各1通
登記事項証明書	1通
委任状	1通

別紙「債権目録」（省略）

第3節 少額債権等弁済許可申立事件（株式会社又は合同会社）

1 制度の趣旨・目的

　株式会社や合同会社においては，会社財産だけが会社債権者への責任財産となるため，2か月以上の債権申出期間を設け，それを官報に公告し，かつ，知れている債権者には各別に催告した上で（会社499条，660条），その期間後でなければ原則として債務の弁済ができない（会社500条1項，661条1項）。

　例外として，債権申出期間内であっても，少額債権，清算株式会社又は清算持分会社（合同会社）の財産につき存する担保権等によって担保される債権，その他これを弁済しても他の債権者を害するおそれがない債権に係る債務は，裁判所の許可を得て弁済することが認められている（会社500条2項，661条2項）。

2 申立て

(1) 管　轄

　会社の本店所在地の地方裁判所である（会社868条1項）。

(2) 申立人

　清算株式会社又は清算持分会社である（会社500条2項，661条2項）。

　清算人が2人以上あるときは，その全員の同意によって申し立てなければならない（会社500条2項，661条2項）。

(3) 申立ての方式，申立書の記載事項

　申立ては書面でしなければならない（会社876条，会社非訟規1条）。

　申立書には，次に掲げる事項を記載し，申立人又は代理人が記名押印しなければならない（会社非訟規2条1項・2項）。

　①申立ての趣旨及び原因並びに申立てを理由づける事実（会社非訟規2条

本文）

② 当事者の氏名又は名称及び住所並びに法定代理人の氏名及び住所（会社非訟規2条1項1号）

③ 申立てに係る会社の商号及び本店の所在地並びに代表者の氏名（会社非訟規2条1項2号）――本申立てでは不要である。

④ 代理人による申立ての場合は，代理人の氏名及び住所（会社非訟規2条2項1号）

⑤ 申立てに係る会社が外国会社であるときは，当該外国会社の日本における営業所の所在地（日本に営業所を設けていない場合にあっては，日本における代表者の住所地）（会社非訟規2条2項2号）――本申立てでは不要である。

⑥ 申立てを理由づける具体的な事実ごとの証拠（会社非訟規2条2項3号）

⑦ 事件の表示（会社非訟規2条2項4号）（申立書には不要である。）

⑧ 附属書類の表示（会社非訟規2条2項5号）

⑨ 年月日（会社非訟規2条2項6号）

⑩ 裁判所の表示（会社非訟規2条2項7号）

⑪ 申立人又は代理人の郵便番号及び電話番号（ファクシミリの番号を含む。）（会社非訟規2条2項8号）

⑫ その他裁判所が定める事項（会社非訟規2条2項9号）

(4) **申立手数料，予納金等**

・申立手数料1,000円（民訴費3条1項，別表第1の16項イ）

・郵券

(5) **申立ての趣旨**

「別紙債権目録記載の債権者に対し，同目録記載の債権額を弁済することを許可する。」

(6) **申立ての要件**

ア　申立人が，債権申出期間を官報に公告し，かつ，知れている債権者には各別に催告したこと

イ　上記アの期間内にあること

第3節　少額債権等弁済許可申立事件（株式会社又は合同会社）

　　ウ　弁済の許可を求める債権が，①少額債権，②清算株式会社又は清算持分会社の財産につき存する担保権によって担保される債権，③その他これを弁済しても他の債権者を害するおそれがない債権であること
　　エ　弁済の許可を求める債権の弁済期が，既に到来しているか，又は債権申出期間内に到来すること
　　　（注）弁済が禁止される債権申出期間中に例外的に支払うものであるから，この要件が必要である。
(7)　**添付書類ほか（会社非訟規3条，4条）**
　　①申立てに係る会社の登記事項証明書（会社非訟規3条1項1号）
　　②清算人が複数いる場合は，申立書に記載された代表清算人以外の清算人全員の申立てについての同意書（会社500条2項，661条2項）
　　③解散の公告
　　④申立人の資産状況についての資料
　　⑤弁済すべき債権についての資料（請求書等）
　　⑥申立時の預金残高を証明するもの（預金通帳，残高証明等）
　　⑦委任状（非訟規16条1項）

3　手続のポイント

　許可決定には理由を付す必要はないが（会社871条2号，874条4号），却下決定には理由を付す必要がある（会社871条本文）。許可決定に対しては不服を申し立てることができないが（会社874条4号），却下決定に対しては，申立人のみが即時抗告をすることができる（非訟66条2項）。

4　書式例

【書式74】債務弁済許可申立書

債務弁済許可申立書

収入
印紙

平成○○年○月○日

○○地方裁判所　御中

　　　　　　　　　申立人代理人弁護士　　吾　田　四　郎　㊞

　　　　　　〒○○○－○○○○　東京都○○区○○町○丁目○番○号
　　　　　　　申　立　人　清算株式会社○○企画株式会社
　　　　　　　上記代表者代表清算人　　甲　野　太　郎
　　　　　　〒○○○－○○○○　東京都○○区○町○丁目○番○号
　　　　　　　　　　　○○法律事務所（送達場所）
　　　　　　　上記申立人代理人弁護士　　吾　田　四　郎
　　　　　　　　　　　電　話　03－○○○○－○○○○
　　　　　　　　　　　FAX　03－○○○○－○○○○

申立ての趣旨

「別紙債権目録記載の債権者に対し，同目録記載の債権額を弁済することを許可する。」との裁判を求める。

申立ての理由

1　申立人は，平成○○年○月○日臨時株主総会の決議（甲1）により解散し，同総会において，○○○○，○○○○，○○○○の3名が清算人に就任した（甲1，2）。
　　清算人は，同月○○日付官報に解散の公告をなし，債権申出期間は同年○

月○日までである(甲3)。
　　清算人は,就任後直ちに会社財産を調査の上,財産目録(甲4)及び貸借対照表(甲5)を作成して株主総会に提出して承認を受けた(甲6)。
　　これによれば,申立人の資産は金○○○○円,負債は金○○○円である。
2　別紙債権目録1の債権は,租税債権であり,優先的に弁済されるものである(甲7)。
　　同目録2の債権は,申立人が解散直前に事務用品等を購入した購入先であり,もともと解散前に代金の支払をすべきものであったにもかかわらず(甲8),失念により,未払いとなったものである。
　　同目録3の債権は,清算業務を円滑に遂行する上で必要なものである(甲9)。
3　一方,申立人が本件債権者以外の債権者に対して負担している債務は,いずれも金融機関に対する借入金債務であるところ(甲10),本件債権者への弁済後の預金の総額は,上記借入債務の総額を十分上回っており(甲11),今後,申立人の知れたる債権者以外の債権者から債権の申出があっても,十分対応できるだけの資産があり,かつ,別紙債権目録1の債権は優先的に弁済するものであるので,他の債権者を害するおそれはない。
4　よって,清算人全員の同意を得て(甲12),本件を申し立てる次第である。

　　　　　　　　　　疎　明　方　法

　　甲第1号証　　臨時株主総会議事録　　　　　　1通
　　甲第2号証　　現在事項全部証明書　　　　　　1通
　　甲第3号証　　解散公告(写し)　　　　　　　1通
　　甲第4号証　　財産目録　　　　　　　　　　　1通
　　甲第5号証　　貸借対照表　　　　　　　　　　1通
　　甲第6号証　　清算第1回株主総会議事録　　　1通
　　甲第7号証　　法人都民税納付書　　　　　　　1通
　　甲第8号証　　請求書　　　　　　　　　　　　1通
　　甲第9号証　　電気料金納付書　　　　　　　　1通
　　甲第10号証　　債権者一覧表　　　　　　　　　1通
　　甲第11号証　　預金残高証明書　　　　　　　　1通
　　甲第12号証　　清算人会議事録　　　　　　　　1通

第8章 清算に関する事件

```
             添 付 書 類

 甲号証写し      各1通
 登記事項証明書    1通
 委任状        1通
```

(別紙債権目録)

(別紙)

債権目録

No.	債権者名	項目	金額	支払期限
1	東京都(〇〇都税事務所)	法人都民税	〇〇円	平成〇〇年〇月〇日
2	〇〇商店	仕入代金	〇〇円	平成〇〇年〇月〇日
3	〇〇電力	電気料金	〇〇円	平成〇〇年〇月〇日

第4節 帳簿資料保存者選任申立事件

1 制度の趣旨・目的

　清算人（清算人会設置会社にあっては，代表清算人又は業務執行清算人（会社489条7項），合名会社又は合資会社が任意清算した場合にあっては，当該会社を代表する社員（会社672条1項））又は，清算持分会社において定款で又は社員の過半数をもって保存者と定められた者は，清算株式会社又は清算持分会社の本店の所在地における清算結了の登記の時から10年間，清算株式会社又は清算持分会社の帳簿並びにその事業及び清算に関する重要な資料（以下「帳簿資料」という。）を保存しなければならない（会社508条1項，672条1項・2項）。

　しかし，清算人等が10年間適切に帳簿資料を保存することが困難な事情が生ずる等，帳簿資料保存者を清算人等以外の者にする必要がある場合には，利害関係人の申立てにより，清算人に代わって帳簿資料を保存する者を裁判所が選任することができる（会社508条2項，672条3項）。

2 申立て

(1) 管　轄

　会社の本店所在地の地方裁判所である（会社868条1項）。

(2) 申立人

　利害関係人が申立人である（会社508条2項，672条3項）。

　清算人，株主（親会社），社員，債権者等が利害関係人である。

(3) 申立ての方式，申立書の記載事項

　申立ては書面でしなければならない（会社876条，会社非訟規1条）。

　申立書には，次に掲げる事項を記載し，申立人又は代理人が記名押印しなければならない（会社非訟規2条1項・2項）。

①申立ての趣旨及び原因並びに申立てを理由づける事実（会社非訟規2条本文）

②当事者の氏名又は名称及び住所並びに法定代理人の氏名及び住所（会社非訟規2条1項1号）

③申立てに係る会社の商号及び本店の所在地並びに代表者の氏名（会社非訟規2条1項2号）

④代理人による申立ての場合は，代理人の氏名及び住所（会社非訟規2条2項1号）

⑤申立てに係る会社が外国会社であるときは，当該外国会社の日本における営業所の所在地（日本に営業所を設けていない場合にあっては，日本における代表者の住所地）（会社非訟規2条2項2号）

⑥申立てを理由づける具体的な事実ごとの証拠（会社非訟規2条2項3号）

⑦事件の表示（会社非訟規2条2項4号）（申立書には不要である。）

⑧附属書類の表示（会社非訟規2条2項5号）

⑨年月日（会社非訟規2条2項6号）

⑩裁判所の表示（会社非訟規2条2項7号）

⑪申立人又は代理人の郵便番号及び電話番号（ファクシミリの番号を含む。）（会社非訟規2条2項8号）

⑫その他裁判所が定める事項（会社非訟規2条2項9号）

(4) **申立手数料，予納金等**
  ・申立手数料1,000円（民訴費3条1項，別表第1の16項イ）
  ・郵券

(5) **申立ての趣旨**
「清算人に代わって（定款で定めた帳簿資料保存者に代わって等），株式会社○○（○○合同会社等）の帳簿並びにその事業及び清算に関する重要な資料を保存する者の選任を求める。」

(6) **申立ての要件**
  ① 清算が結了していること。
  ② 帳簿資料の保存義務を負う清算人等において当該義務を履行するの

に具体的な支障があること（保存者選任の必要性）。

　具体例として，清算人の死亡，行方不明，海外転居，高齢，重病等により帳簿資料の保存者としての義務を適正に遂行するのが困難であること，親会社から出向してきている社員が清算人となっていて，業務終了により親会社に戻るような場合（この場合，親会社を帳簿資料保存者に選任することが多い）等である。

　なお，清算人会非設置会社の場合，清算人が各自保存義務を負っているので，代表清算人に支障があっても他の清算人全員に支障がなければ申立ての要件は満たさない。

③　清算人等に代わって帳簿資料を適切に保存することが期待できる者が存在すること（保存者としての相当性）。

　候補者が選任に同意していることを前提とし，10年間の長期にわたり適切な保存を期待できるか否かの観点から，一般的に適格性があると認められるのは，清算人等に準ずる立場の者，又は客観的に見て適切な保存を期待できる第三者であり，具体的には次の者である。

　㋐　解散会社の解散前における「取締役」「監査役」等の元役員
　㋑　清算株式会社の「親会社」（持株比率50パーセント以上の会社），清算株式会社を孫会社とする親会社，清算株式会社と共通の親会社を持つ別会社
　㋒　客観的に見て適切な保存を期待できる第三者（例えば，清算株式会社の顧問であった公認会計士，弁護士等，清算株式会社と特別の関係にあった公益性の高い有資格者，清算株式会社の株主である銀行等を社員とする銀行協会等）

(7)　添付書類ほか（会社非訟規3条，4条）
　①申立てに係る会社の登記事項証明書（会社非訟規3条1項1号）
　②申立人が利害関係人であることを疎明する資料
　③清算人等が保存者として適切に資料を保存することが困難な事情の疎明資料
　　・死亡の場合：戸籍の全部事項証明（附票の付いているもの）等

337

・重病の場合：診断書等
④保存者候補の就任承諾書
⑤保存者候補が個人の場合：住民票
⑥保存者候補が法人の場合：登記事項証明書又は代表事項証明書
⑦清算株式会社又は清算持分会社と保存者候補の関係を証する書面（清算人作成の上申書，株主名簿等）
⑧保存者候補が保存者として相当であることを裏付ける資料（上申書等）
⑨特別清算による清算結了の場合には終結決定の写し
⑩代理人による申立ての場合には委任状

3　手続のポイント

(1)　審　理

関係者の陳述を聴くことは要求されていない（会社870条1項）。

(2)　裁　判

終局決定で裁判をする（非訟54条，55条）。

決定に理由を付すことは要求されていない（会社871条2号，874条1号）。

なお，非訟事件手続法は，決定を終局決定（非訟55条1項）と終局決定以外の裁判（非訟62条1項）に分け，即時抗告の可否（非訟66条1項，79条）や即時抗告期間に違いを設ける（非訟67条1項，81条）等，前者の手続保証を手厚くしている。

選任決定に対しては，不服申立てをすることはできない（会社874条1号）。却下決定に対しては，申立人に限り，即時抗告ができる（非訟66条2項）。

4 書式例

【書式75】帳簿資料保存者選任申立書

帳簿資料保存者選任申立書

収入
印紙

平成○○年○月○日

○○地方裁判所　御中

　　　　　　　　　申立人代理人弁護士　　吾　田　四　郎　㊞

　　　　　〒○○○－○○○○　神奈川県○○区○○町○丁目○番○号
　　　　　　　　　申　立　人　　　　　　甲　野　太　郎
　　　　　（清算株式会社の表示）　東京都○○区○○町○丁目○番○号
　　　　　　　　　　　　　　　　　　○○企画株式会社
　　　　　〒○○○－○○○○　東京都○○区○町○丁目○番○号
　　　　　　　　　　　　　　　　　○○法律事務所（送達場所）
　　　　　　　　　上記申立人代理人弁護士　　吾　田　四　郎
　　　　　　　　　　　　　電　話　03－○○○○－○○○○
　　　　　　　　　　　　　FAX　03－○○○○－○○○○

申立ての趣旨

　清算人に代わって○○企画株式会社の帳簿並びにその事業及び清算に関する重要な資料を保存する者の選任を求める。

申立ての理由

1　申立人は，上記清算会社の代表清算人であるが，同社は平成○○年○月○日解散，平成○○年○月○日清算結了，同月○日その旨の登記を完了した。
2　代表清算人は，○○病に罹患し，今後長期入院加療の必要があるため，帳

第8章　清算に関する事件

簿資料の保存の任に就くことができない。また，清算会社のその他の清算人は既に死亡しているため保存業務を行える状況にはなく，清算会社の帳簿資料の保存者としては，解散時の代表取締役である下記の者が適任である。
3　よって，会社法508条2項に基づき，清算人に代わって同会社の帳簿並びにその事業及び清算に関する重要資料を保存する者の選任を求める。

記

　　　　　（住所）　東京都〇〇区〇〇町〇丁目〇番〇号
　　　　　（氏名）　乙　川　次　郎

疎　明　方　法

甲第1号証　　　登記事項証明書（清算会社）
甲第2号証　　　診断書
甲第3号証　　　除籍事項証明書（死亡した他の清算人）
甲第4号証　　　就任承諾書
甲第5号証　　　住民票（候補者）

添　付　書　類

登記事項証明書　　　　1通
甲号証写し　　　　　　各1通
委任状　　　　　　　　1通

【書式76】就任承諾書

就任承諾書

　私は，裁判所に選任された場合は，下記清算会社の帳簿並びにその事業及び清算に関する重要な資料の保存者に就任することを承諾します。

記

　東京都〇〇区〇〇町〇丁目〇番〇号

第4節　帳簿資料保存者選任申立事件

○○企画株式会社

平成○○年○月○日

　　　　　　　　　　　　　　　東京都○○区○○町○丁目○番○号
　　　　　　　　　　　　　　　　　乙　川　次　郎　㊞

神奈川県○○区○○町○丁目○番○号
○○企画株式会社代表清算人　甲　野　太　郎　殿

第8章　清算に関する事件

第5節　会社解散命令申立事件

1　制度の趣旨・目的等

(1) 趣旨・目的

　株式会社及び持分会社の存立が公益上許されないとされるとき，公益確保の要請から，その法人格を全面的に剥奪する制度として，利害関係人等の申立てにより，裁判所が解散命令をなし得ることが認められている（会社824条1項）。

(2) 保全処分

　解散命令の申立てがあった後，解散命令が発せられ清算人が就任されるまでの間に，会社財産の隠匿その他不正行為が行われるおそれがあるときは，裁判所は，法務大臣若しくは株主，社員，債権者その他の利害関係人の申立てにより又は職権で，会社の財産に関し，管理人による管理を命ずる処分（「管理命令」という。）その他の必要な保全処分を命ずることができる（会社825条1項）。

　この裁判について利害関係人は，即時抗告することができ（会社872条1号），即時抗告は執行停止の効力を有する（会社873条）。

　裁判所は，管理命令をする場合には，管理人を選任しなければならない（会社825条2項）。

　管理人の職務が不当な場合は，裁判所は，法務大臣若しくは株主，社員，債権者その他の利害関係人の申立てにより又は職権で，管理人を解任することができる（会社825条3項）。管理人の選任及び解任の裁判については不服を申し立てることはできない（会社874条2号）。管理人を選任したときは，会社が管理人に対して支払う報酬の額を定めることができる（会社825条4項）。

保全処分をした場合には，非訟事件手続の費用は，会社の負担とする。当該保全処分について必要な費用も，同様である（会社905条1項）。

2 申立て

(1) 管　轄

会社の本店所在地の地方裁判所である（会社868条1項）。

(2) 申立人

法務大臣又は株主，社員，債権者その他の利害関係人である（会社824条1項）。

(3) 申立ての方式，申立書の記載事項

申立ては書面でしなければならない（会社876条，会社非訟規1条）。

申立書には，次に掲げる事項を記載し，申立人又は代理人が記名押印しなければならない（会社非訟規2条1項・2項）。

①申立ての趣旨及び原因並びに申立てを理由づける事実（会社非訟規2条本文）

②当事者の氏名又は名称及び住所並びに法定代理人の氏名及び住所（会社非訟規2条1項1号）

③申立てに係る会社の商号及び本店の所在地並びに代表者の氏名（会社非訟規2条1項2号）

④代理人による申立ての場合は，代理人の氏名及び住所（会社非訟規2条2項1号）

⑤申立てに係る会社が外国会社であるときは，当該外国会社の日本における営業所の所在地（日本に営業所を設けていない場合にあっては，日本における代表者の住所地）（会社非訟規2条2項2号）――本申立てでは，不要である。

⑥申立てを理由づける具体的な事実ごとの証拠（会社非訟規2条2項3号）

⑦事件の表示（会社非訟規2条2項4号）（申立書には不要である。）

⑧附属書類の表示（会社非訟規2条2項5号）

⑨年月日（会社非訟規2条2項6号）

⑩裁判所の表示（会社非訟規2条2項7号）

⑪申立人又は代理人の郵便番号及び電話番号（ファクシミリの番号を含む。）（会社非訟規2条2項8号）

⑫その他裁判所が定める事項（会社非訟規2条2項9号）

(4) **申立手数料，予納金等**
- 申立手数料1,000円（民訴費3条1項，別表第1の16項イ）
- 郵券

(5) **申立ての要件**
① 会社の設立が不法な目的に基づいてされたとき。
② 会社が正当な理由がないのにその成立の日から1年以内にその事業を開始せず，又は引き続き1年以上その事業を休止したとき。
③ 業務執行取締役，執行役又は業務を執行する社員が，法令若しくは定款で定める会社の権限を逸脱し若しくは濫用する行為又は刑罰法令に触れる行為をした場合において，法務大臣から書面による警告を受けたにもかかわらず，なお継続的に又は反覆して当該行為をしたとき。
のいずれかに該当する場合であって，かつ，
④ 公益維持のため，会社の存立を許すべからざるものと認められるとき。

(6) **申立ての趣旨**
「相手方会社の解散を命じるとの裁判を求める。」

(7) **添付書類ほか**（会社非訟規3条，4条）
①申立てに係る会社の登記事項証明書（会社非訟規3条1項1号）
②申立てを理由づける事実についての証拠書類の写し（非訟規37条3項）
③委任状（非訟規16条1項）

3 手続のポイント

(1) **法務大臣に対する通知**

解散命令の申立てがあったときは，裁判所は法務大臣に対し，その旨及び審問するときは審問期日を通知しなければならない（会社826条，904条3

項)。法務大臣は，当該審問に立ち会うことができる（会社904条2項)。

(2) 立担保

会社は，解散命令の申立てが悪意に出たものであることを疎明して，担保提供の申立てをしたときには，裁判所は，解散命令の申立てをした者に対し，相当の担保を立てるべきことを命ずることができる（会社824条2項・3項)。この手続等については，民事訴訟法の訴訟費用の担保の規定が準用される（同条4項)。

(3) 審　理

裁判所は，審理に際して，会社の陳述を聴かなければならない（会社870条1項10号)。また，法務大臣の意見を聞かなければならない（会社904条1項)。

(4) 裁　判

理由を付した終局決定で裁判をする（非訟54条，55条，会社871条本文)。終局決定は，申立人と会社に告知される（非訟56条1項)。

なお，非訟事件手続法は，決定を終局決定（非訟55条1項）と終局決定以外の裁判（非訟62条1項）に分け，即時抗告の可否（非訟66条1項，79条）や即時抗告期間に違いを設ける（非訟67条1項，81条）等，前者の手続保証を手厚くしている。

申立人及び会社は，解散命令，却下の裁判いずれについても即時抗告をすることができる（会社872条4号)。法務大臣は却下の裁判について即時抗告をすることができる（会社904条4項)。

即時抗告は，執行停止の効力を有する（会社873条)。

第8章　清算に関する事件

4　書式例

【書式77】会社解散命令申立書

会社解散命令申立書

収入 印紙

平成○○年○月○日

○○地方裁判所　御中

　　　　　　　　　申立人代理人弁護士　　吾　田　四　郎　㊞

　　　〒○○○－○○○○　東京都○○区○○町○丁目○番○号
　　　　　　申　立　人　　　　　○○興産株式会社
　　　　　　上記代表者代表取締役　　甲　野　太　郎
　　　〒○○○－○○○○　東京都○○区○町○丁目○番○号
　　　　　　　　　　○○法律事務所（送達場所）
　　　　　　上記申立人代理人弁護士　　吾　田　四　郎
　　　　　　　　　　電　話　○○－○○○○－○○○○
　　　　　　　　　　FAX　○○－○○○○－○○○○
　　　〒○○○－○○○○　東京都○○区○○町○丁目○番○号
　　　　　　相　手　方　　　　　○○興産株式会社
　　　　　　上記代表者代表取締役　　乙　山　晃一郎

申立ての趣旨

「相手方会社の解散を命じる。」との裁判を求める。

申立ての理由

1　申立人会社は，昭和○年○月○日設立の○○を目的とする株式会社である。

2 相手方会社は，申立人会社と同一商号で平成〇〇年〇月〇日設立された資本金10万円の株式会社である。
3 申立人会社は，平成〇〇年〇月〇日，新社屋建設のため，現在，相手方会社の本店所在地となっている土地を購入し，平成〇〇年〇月〇日，新社屋を完成させ本社機能の移転を済ませ，同年〇月〇日，本店移転の登記申請をしたところ，同一住所に同一商号の相手方会社があるため，登記申請が却下され，申立人会社は初めて相手方会社の存在を知った。
4 相手方会社の本店所在地は現在申立人会社の社屋が存在しており，相手方の事務所がないことは明らかであり，その後の調査により，何の業務も行っていない会社であることが判明した。
5 そこで，申立人会社は相手方会社の代表取締役乙山晃一郎に会い折衝したところ，法外な買収金を要求して交渉は決裂した。
6 上記のとおり，相手方会社は，申立人会社の本店移転を妨害し，申立人会社から多額の金員を得ようとする不法の目的をもって設立されたことは明らかであり，また，会社成立後1年以上経過した今日に至るも，何ら正当な理由もなくその事業を開始しておらず，公益を確保するためその存立を許すことができない。
7 よって，相手方会社は会社法824条1項1号及び2号に該当するため，本件を申し立てる次第である。

疎 明 方 法

甲第1号証	現在事項全部証明書（申立人）	1通
甲第2号証	現在事項全部証明書（相手方）	1通
甲第3号証	調査報告書	1通
甲第4号証	不動産登記簿謄本	1通

添 付 書 類

現在事項全部証明書（申立人）	1通
現在事項全部証明書（相手方）	1通
申立書副本	1通
甲号証写し	各1通
委任状	1通

第8章　清算に関する事件

【書式78】担保提供の申立書

平成○○年（　）○○号　会社解散命令申立事件
申　立　人　　○○興産株式会社
相　手　方　　○○企画株式会社

担保提供の申立書

| 収入 |（注1）|
| 印紙 | |

平成○○年○月○日

○○地方裁判所　御中

　　　　　　　　　相手方代理人弁護士　　山　川　三　郎　㊞

　　　　　　〒○○○－○○○○　東京都○○区○○町○丁目○番○号
　　　　　　　　相　手　方　　　　○○企画株式会社
　　　　　　　　上記代表者代表取締役　　乙　山　二　郎
　　　　　　〒○○○－○○○○　東京都○○区○町○丁目○番○号
　　　　　　　　　　　　○○法律事務所（送達場所）
　　　　　　　　上記相手方代理人弁護士　　山　川　三　郎
　　　　　　　　　　　　電　話　○○－○○○○－○○○○
　　　　　　　　　　　　FAX　○○－○○○○－○○○○

　申立人は，相手方会社の設立が不法な目的に基づいてされた旨るる主張するが，いずれも申立人の憶測，曲解に基づくものであり，何ら具体的裏付けを欠き，その疎明は不可能であることは明らかである。かつ，申立人は上記事情を十分認識していながら，あえて本件申立てに及んでいる。
　したがって，本件申立ては悪意による申立てである。
　よって，相手方は，会社法824条2項により，申立人に対し担保の提供を命ぜられたく，本件申立てをする。

第5節　会社解散命令申立事件

　　　　　　　　　疎　明　方　法

乙第1号証　　○○　　　　1通
乙第2号証　　○○　　　　1通

　　　　　　　　　添　付　書　類

申立書副本(注2)　　　　　1通
乙号証写し　　　　　　各1通
委任状　　　　　　　　　1通

（注1）申立手数料1,000円（民訴費3条1項，別表第1の16項イ）

（注2）申立書は正副各1通提出する。

第8章　清算に関する事件

第6節　外国会社に関する事件

第1　外国会社の取引継続禁止又は営業所閉鎖の命令

1　制度の趣旨・目的等

(1)　趣旨・目的

　外国会社の我が国における営業活動が公益上許されないとされるときは，公益確保の要請から，裁判所は，法務大臣又は株主，社員，債権者その他の利害関係人の申立てにより，我が国における継続取引の禁止又は在日営業所の営業所の閉鎖命令を発することができる（会社827条1項）。内国会社の解散命令（会社824条1項）と同様の制度である。

(2)　保全処分

　営業所閉鎖命令等の申立てがあった後，同命令が発せられるまでの間に，会社財産の隠匿その他不正行為が行われるおそれがあるときは，裁判所は，法務大臣若しくは株主，社員，債権者その他の利害関係人の申立てにより，又は職権で会社の財産に関し，管理人による管理を命ずる処分（「管理命令」という。）その他の必要な保全処分を命ずることができる（会社827条2項，825条1項）。

　この裁判について利害関係人は，即時抗告することができ（会社872条1号），即時抗告は執行停止の効力を有する（会社873条）。

　裁判所は，管理命令をする場合には，管理人を選任しなければならない（会社827条2項，825条2項）。

　管理人の職務が不当な場合は，裁判所は，法務大臣若しくは株主，社員，債権者その他の利害関係人の申立てにより又は職権で，管理人を解任することができる（会社827条2項，825条3項）。 管理人の選任及び解任の裁判に

ついては不服を申し立てることはできない（会社874条2号）。管理人を選任したときは，会社が管理人に対して支払う報酬の額を定めることができる（会社827条2項，825条4項）。

保全処分をした場合には，非訟事件手続の費用は，外国会社の負担とする。当該保全処分について必要な費用も，同様である（会社905条1項）。

2 申立て

(1) 管　轄

外国会社の日本における営業所の所在地（日本に営業所を設けていない場合にあっては，日本における代表者の住所地）を管轄する地方裁判所である（会社868条4項）。

(2) 申立人

法務大臣又は株主，社員，債権者その他の利害関係人である（会社827条1項）。

(3) 申立ての方式，申立書の記載事項

申立ては書面でしなければならない（会社876条，会社非訟規1条）。

申立書には，次に掲げる事項を記載し，申立人又は代理人が記名押印しなければならない（会社非訟規2条1項・2項）。

①申立ての趣旨及び原因並びに申立てを理由づける事実（会社非訟規2条本文）

②当事者の氏名又は名称及び住所並びに法定代理人の氏名及び住所（会社非訟規2条1項1号）

③申立てに係る会社の商号及び本店の所在地並びに代表者の氏名（会社非訟規2条1項2号）

④代理人による申立ての場合は，代理人の氏名及び住所（会社非訟規2条2項1号）

⑤申立てに係る会社が外国会社であるときは，当該外国会社の日本における営業所の所在地（日本に営業所を設けていない場合にあっては，日本における代表者の住所地）（会社非訟規2条2項2号）

第8章 清算に関する事件

　⑥申立てを理由づける具体的な事実ごとの証拠（会社非訟規2条2項3号）
　⑦事件の表示（会社非訟規2条2項4号）（申立書には不要である。）
　⑧附属書類の表示（会社非訟規2条2項5号）
　⑨年月日（会社非訟規2条2項6号）
　⑩裁判所の表示（会社非訟規2条2項7号）
　⑪申立人又は代理人の郵便番号及び電話番号（ファクシミリの番号を含む。）（会社非訟規2条2項8号）
　⑫その他裁判所が定める事項（会社非訟規2条2項9号）

(4) **申立手数料，予納金等**
　・申立手数料1,000円（民訴費3条1項，別表第1第16項イ）
　・郵券

(5) **申立ての要件**
　以下のいずれかに該当する場合である（会社827条1項）。
　① 外国会社の事業が不法な目的に基づいて行われたとき。
　② 外国会社が正当な理由がないのに外国会社の登記の日から1年以内にその事業を開始せず，又は引き続き1年以上その事業を休止したとき。
　③ 外国会社が正当な理由がないのに支払を停止したとき。
　④ 外国会社の日本における代表者その他その業務を執行する者が，法令で定める外国会社の権限を逸脱し若しくは濫用する行為又は刑罰法令に触れる行為をした場合において，法務大臣から書面による警告を受けたにもかかわらず，なお継続的に又は反覆して当該行為をしたとき。

(6) **添付書類ほか**（会社非訟規3条，4条）
　①申立てに係る会社の登記事項証明書（会社非訟規3条1項1号）
　②申立てを理由づける事実についての証拠書類の写し（非訟規37条3項）
　③委任状（非訟規16条1項）

352

3 手続のポイント

(1) 法務大臣に対する通知

営業所閉鎖命令等の申立てがあったときは，裁判所は法務大臣に対し，その旨及び審問するときは審問期日を通知しなければならない（会社826条，904条3項）。法務大臣は，当該審問に立ち会うことができる（会社904条2項）。

(2) 立担保

外国会社が営業所閉鎖命令等の申立てが悪意に出たものであることを疎明して，担保提供の申立てをしたときには，裁判所は，営業所閉鎖命令等の申立てをした者に対し，相当の担保を立てるべきことを命ずることができる（会社827条2項，824条2項・3項）。この手続等については，民事訴訟法の訴訟費用の担保の規定が準用される（会社827条2項，824条4項）。

(3) 審理

裁判所は，審理に際して，外国会社の陳述を聴かなければならない（会社870条1項11号）。また，法務大臣の意見を求めなければならない（会社904条1項）。

(4) 裁判

理由を付した終局決定で裁判をする（非訟54条，55条，会社871条本文）。終局決定は，申立人と外国会社に告知される（非訟56条1項）。

なお，非訟事件手続法は，決定を終局決定（非訟55条1項）と終局決定以外の裁判（非訟62条1項）に分け，即時抗告の可否（非訟66条1項，79条）や即時抗告期間に違いを設ける（非訟67条1項，81条）等，前者の手続保証を手厚くしている。

申立人及び外国会社は，営業所閉鎖命令，却下の裁判いずれについても即時抗告をすることができる（会社872条4号）。法務大臣は却下の裁判について即時抗告をすることができる（会社904条4項）。

即時抗告は執行停止の効力を有する（会社873条）。

第8章 清算に関する事件

4 書式例

【書式79】外国会社の営業所閉鎖命令申立書

外国会社の営業所閉鎖命令申立書

収入
印紙

平成○○年○月○日

○○地方裁判所 御中

申立人代理人弁護士　吾　田　四　郎　㊞

〒○○○-○○○○　東京都○○区○○町○丁目○番○号
申　立　人　　　　○○興産株式会社
上記代表者代表取締役　　甲　野　太　郎
〒○○○-○○○○　東京都○○区○町○丁目○番○号
　　　　　　　　○○法律事務所（送達場所）
上記申立人代理人弁護士　吾　田　四　郎
電話 03-○○○○-○○○○
FAX 03-○○○○-○○○○
本店　　アメリカ合衆国○○州○○市○○
日本における営業所
〒○○○-○○○○　東京都○○区○○町○丁目○番○号
相　手　方　　　　ＡＢＣ・リミテッド
〒○○○-○○○○　東京都○○市○○町○番○号
上記日本における代表者　乙　山　晃一郎

申立ての趣旨

「相手方会社の日本における営業所の閉鎖を命じる。」との裁判を求める。

申立ての理由

1 申立人会社は，○○を目的とする株式会社である。
2 相手方会社は，○年○月○日，アメリカ合衆国○○州○○市○○において設立されたアメリカ法人であり，我が国においては，平成○年○月○日，東京都○○区○○町○丁目○番○号に営業所を設置し，○○取引を開始した。
3 申立人会社と相手方会社とは，平成○○年○月○日，○○取引を行い，申立人会社は相手方会社に対し，金1,000万円の売掛債権を有しているところ，現在に至るまで全く弁済を受けていない。
4 相手方会社は，本国における経営危機の影響により，平成○年頃より事実上営業を廃止し，最近数年間は何らの営業活動も行っていない。
5 上記のとおり，相手方会社の我が国における営業所は正当な事由なく1年以上その営業を休止し，正当な事由なく支払を停止していることは明らかである。
6 よって，相手方会社は会社法827条1項2号に該当するため，本件を申し立てる次第である。

疎 明 方 法

甲第1号証　現在事項全部証明書（申立人）　　1通
甲第2号証　現在事項全部証明書（相手方）　　1通
甲第3号証　契約書　　　　　　　　　　　　　1通
甲第4号証　請求書　　　　　　　　　　　　　1通
甲第5号証　調査報告書　　　　　　　　　　　1通

添 付 書 類

現在事項全部証明書（申立人）　　1通
現在事項全部証明書（相手方）　　1通
甲号証写し　　　　　　　　　　　各1通
委任状　　　　　　　　　　　　　1通

第8章 清算に関する事件

第2 外国会社の在日財産の清算命令事件

1 制度の趣旨・目的

　外国会社が，自主的にあるいは裁判所の命令（会社827条1項）によって営業所を閉鎖等した場合，外国会社の在日財産の自由な流出を認めてしまうと，外国会社の在日財産を引当財産として信用を供与していた内国債権者は，国内において満足を受けることができず，外国における執行手続や訴訟を余儀なくされる等，不利益を被るおそれがある。

　そこで，内国債権者の保護と外国会社の内国での信用維持を図るため，裁判所が，外国会社の在日財産の全部につき，利害関係人の申立て又は職権により，特別清算手続をも流用した形での清算を命じ得る旨を定めた（会社822条1項）。

　裁判所が清算を命じたときは，裁判所は，清算人を選任する（会社822条2項）。

2 申立て

(1) 管　轄

　外国会社の日本における営業所の所在地（日本に営業所を設けていない場合にあっては，日本における代表者の住所地）を管轄する地方裁判所である（会社868条4項）。

(2) 申立人

　利害関係人である（会社822条1項）。

(3) 申立ての方式，申立書の記載事項

　申立ては書面でしなければならない（会社876条，会社非訟規1条）。

　申立書には，次に掲げる事項を記載し，申立人又は代理人が記名押印しなければならない（会社非訟規2条1項・2項）。

　①申立ての趣旨及び原因並びに申立てを理由づける事実（会社非訟規2条本文）

第6節　外国会社に関する事件

　　②当事者の氏名又は名称及び住所並びに法定代理人の氏名及び住所（会社非訟規2条1項1号）
　　③申立てに係る会社の商号及び本店の所在地並びに代表者の氏名（会社非訟規2条1項2号）
　　④代理人による申立ての場合は，代理人の氏名及び住所（会社非訟規2条2項1号）
　　⑤申立てに係る会社が外国会社であるときは，当該外国会社の日本における営業所の所在地（日本に営業所を設けていない場合にあっては，日本における代表者の住所地）（会社非訟規2条2項2号）
　　⑥申立てを理由づける具体的な事実ごとの証拠（会社非訟規2条2項3号）
　　⑦事件の表示（会社非訟規2条2項4号）（申立書には不要である。）
　　⑧附属書類の表示（会社非訟規2条2項5号）
　　⑨年月日（会社非訟規2条2項6号）
　　⑩裁判所の表示（会社非訟規2条2項7号）
　　⑪申立人又は代理人の郵便番号及び電話番号（ファクシミリの番号を含む。）（会社非訟規2条2項8号）
　　⑫その他裁判所が定める事項（会社非訟規2条2項9号）
(4)　**申立手数料，予納金等**
　　・申立手数料1,000円（民訴費3条1項，別表第1の16項イ）
　　・郵券
(5)　**申立ての要件**
　　①外国会社が取引継続禁止命令又は営業所閉鎖命令を受けた場合，
　　又は，
　　②外国会社が日本において取引を継続してすることをやめた場合
　　である。
(6)　**添付書類ほか**（会社非訟規3条，4条）
　　①申立てに係る会社の登記事項証明書（会社非訟規3条1項1号）
　　②申立てを理由づける事実についての証拠書類の写し（非訟37条3項）
　　③委任状（非訟16条1項）

3 書式例

【書式80】外国会社の在日財産の清算開始・清算人選任申立書

外国会社の在日財産の清算開始・清算人選任申立書

収入
印紙

平成〇〇年〇月〇日

〇〇地方裁判所　御中

　　　　　　　　　　　申立人代理人弁護士　　吾　田　四　郎　㊞

　　　　　〒〇〇〇－〇〇〇〇　東京都〇〇区〇〇町〇丁目〇番〇号
　　　　　　申　立　人　　　　〇〇興産株式会社
　　　　　　上記代表者代表取締役　　甲　野　太　郎
　　　　　〒〇〇〇－〇〇〇〇　東京都〇〇区〇町〇丁目〇番〇号
　　　　　　　　〇〇法律事務所（送達場所）
　　　　　　上記申立人代理人弁護士　　吾　田　四　郎
　　　　　　　　　　電話　03－〇〇〇〇－〇〇〇〇
　　　　　　　　　　FAX　03－〇〇〇〇－〇〇〇〇
　　　　　　本店　　アメリカ合衆国〇〇州〇〇市〇〇
　　　　　　日本における営業所
　　　　　〒〇〇〇－〇〇〇〇　東京都〇〇区〇〇町〇丁目〇番〇号
　　　　　　相　手　方　　　　ＡＢＣ・リミテッド
　　　　　〒〇〇〇－〇〇〇〇　東京都〇〇市〇〇町〇番〇号
　　　　　　上記日本における代表者　　乙　山　晃一郎

申立ての趣旨

相手方の日本における営業所につき，清算手続を開始し，清算人の選任を求

める。

申立ての理由

1　申立人会社は，○○を目的とする株式会社である。
2　相手方会社は，○○○○年○月○日，アメリカ合衆国○○州○○市○○において設立されたアメリカ法人であり，我が国においては，平成○○年○月○日，東京都○○区○○町○丁目○番○号に営業所を設置し，○○取引を開始した。
3　申立人会社と相手方会社とは，平成○○年○月○日，○○取引を行い，申立人会社は相手方会社に対し，金1,000万円の売掛債権を有しているところ，現在に至るまで全く弁済を受けていない。
4　相手方会社は，本国における経営危機の影響により，平成○○年頃より事実上営業を廃止し，最近数年間は何らの営業活動も行っていないため，申立人会社は，平成○○年○月○日，御庁に対して，相手方会社の営業所閉鎖命令の申立てをし，同○月○日，同閉鎖命令を得て，同○月○日，同閉鎖命令は確定した。
5　ところが，相手方会社は，我が国における財産について清算手続を行う様子は全くなく，全て換価して本国に持ち帰る動きすら認められる。
6　よって，申立人は，会社法822条1項に基づき，本申立てを行う。

疎　明　方　法

甲第1号証	現在事項全部証明書（申立人）	1通
甲第2号証	現在事項全部証明書（相手方）	1通
甲第3号証	契約書	1通
甲第4号証	請求書	1通
甲第5号証	営業所閉鎖命令正本	1通
甲第6号証	調査報告書	1通

添　付　書　類

現在事項全部証明書（申立人）	1通
現在事項全部証明書（相手方）	1通
甲号証写し	各1通
委任状	1通

事項索引

【あ行】

委員会議事録閲覧謄写許可申立……54
意見の聴取……115
売渡株主……215
営業所閉鎖……350
閲覧謄写……6, 39, 44, 48, 52, 53, 54, 57, 59, 64, 78, 83, 86, 87, 88, 89, 93, 95
　記録の——等（許可申立て）の制度
　……6
閲覧・謄抄本交付……73, 75, 77, 81
親会社社員……48, 53, 57, 64, 73, 75, 77, 81, 83, 86, 87, 88, 89, 93, 95

【か行】

会計帳簿等閲覧謄写許可申立……64
外国会社……350
　——の在日財産の清算命令……356
　——の取引継続禁止……350
解散……299, 309
　——を命ずる裁判による解散
　……300, 310
解散判決……300
解散命令……300
　——の申立て……342
　会社——……342
会社分割（分割）……165, 175, 268
買取価格決定の申立て……16
買取請求……153, 160, 165, 170, 174, 182

解任……316
合併……165, 175, 265, 299, 309
株式移転無効の訴え……299
　——の認容判決……300
株式買取価格の決定……153, 160, 165, 185
株式価格の決定……178, 182
株式交換……166, 175, 259
株主……335, 342, 350
株主総会議事録閲覧謄写許可申立……83
株主総会決議省略同意書面の閲覧謄写
　許可……86
株主総会招集通知……122
株主名簿閲覧謄写許可申立……89
仮委員……283
仮会計参与……271
仮監査役……271
仮執行役……283
仮清算人……271, 318, 324
仮代表執行役……283
仮代表清算人……277, 324
仮代表取締役……277
仮取締役……271
仮役員……271
管轄……22
監査役会議事録閲覧謄写許可申立……52
鑑定人……325
鑑定評価……325
管理人……342, 350

361

事項索引

管理命令 342, 350
業務執行社員 309
許可申立事件 23
計算書類 73, 75
　――等閲覧 73
検査の目的 28, 98, 120, 131
検査役 27, 97, 119, 129
　――の調査が不要の場合 27, 130
　――の報告 31, 101, 123, 134
　――の報酬 30, 100, 133
検査役選任
　業務・財産状況に関する―― 97
　――後の手続 30, 100
　――申立 27, 129
原始定款 27
現物出資 27, 129
　――による新株予約権の行使 129
　――による募集株式の発行 129
現務の結了 299
公開会社 119
公正な価格 153, 167
合同会社 329
個別株主通知受付票 99, 121

【さ行】

債権者 44, 104, 342, 350
債権の取立て 299
債権評価 325
債権申出期間 329
財産価額証明特例 28
財産引受 27

在日財産 356
債務の弁済 299
差押決定正本 106
参加制度 5
残余財産の分配 299
事業譲渡 160
事業譲受 160
事件類型 17
自己株式の処分 227
事実の調査 7
　――の通知 8
指定買取人 189
社員 104, 309, 321, 335, 342, 350
　――が欠けた場合 310
社債管理者 235
社債権者集会 253
社債原簿閲覧謄写許可申立 95
就任承諾 30, 100, 122, 133, 305, 313
重要な事由 316
取得財源規制 195
少額債権 329
　――等弁済許可 329
少額特例 27
証拠調べ 7
少数株主による株主総会招集許可申立
　... 111
譲渡制限株式 189
譲渡等承認請求者 189
譲渡不承認株式の売買価格決定 ... 189
常務外行為許可 287, 294
　職務代行者の―― 324

職務代行者 …………………………… 287, 294
　──の常務外行為許可 ………………… 324
所在不明株式 ……………………………… 137
所在不明株主 ……………………………… 137
職権探知主義 ……………………………… 12
新株発行 …………………………………… 227
新株予約権 ………………………………… 129
　──買取価格の決定 ……………… 170, 174
　──原簿閲覧謄写許可申立 …………… 93
　──の無効判決 ………………………… 227
信義誠実義務 ……………………………… 11
審問の期日 ………………………………… 7
清算 ………………………………………… 299
清算株式会社 ……… 299, 316, 325, 329, 335
清算事務 …………………………………… 299
清算人 …………………………… 299, 335, 356
　──会議事録閲覧謄写許可申立 …… 59
　──解任 …………………………… 316, 321
　──選任 …………………………… 299, 309
　──の報酬 ………………………… 305, 314
清算命令 …………………………………… 356
清算持分会社 ……………… 309, 325, 329, 335
設立 ………………………………………… 299
　──の取消しの訴え …………………… 310
　──の無効の訴え ……………………… 299
設立費用 …………………………………… 27
全部取得条項付種類株式 ………………… 178
専門委員 …………………………………… 141
専門委員制度 ………………………… 9, 148, 197
総会検査役 ………………………………… 119
　──選任申立 …………………………… 119

相続人等に対する売渡しの請求 ………… 208
即時抗告 …………………………………… 13, 24
組織再編行為 ……………………………… 165
組織変更 …………………………… 175, 259
疎明 ………………………………………… 22

【た行】

退社予告 …………………………………… 104
単元未満株式 ……………………………… 182
担保提供の申立て ………………… 345, 353
調停 ………………………………………… 197
　──の制度 ……………………………… 10
帳簿資料 …………………………………… 335
帳簿資料保存者 …………………………… 335
帳簿資料保存者選任 ……………………… 335
陳述聴取 …………………………………… 8
　──の義務付け ………………………… 17
定款閲覧・謄抄本交付許可申立 ………… 81
定款変更 …………………………… 153, 170
手続保障 …………………………… 5, 15, 19
投下資本回収 ……………………………… 153
当事者参加 ………………………… 5, 197
　──制度 ………………………………… 228
謄抄本交付許可申立 ……………………… 73
特別支配株主の株式等売渡請求 ………… 215
特別清算手続 ……………………………… 356
特別代理人 ………………………… 238, 278
取締役会議事録閲覧謄写許可申立
　　………………………………… 39, 44, 48
取締役会設置会社 ………………………… 119
取締役会非設置会社 ……………………… 119

事項索引

取引継続禁止 …………………………… 350

【は行】

売買価格の決定の申立て ……………… 16
破産手続開始 ……………………… 299, 309
端数株式 ………………………………… 147
端数相当株式任意売却許可 …………… 145
払戻金増額申立
　無効判決による—— ……………… 227
払戻金増減 ……………………………… 227
非訟事件手続法 …………………………… 3
不服申立て ……………………………… 13
分割 …………………………… 165, 175, 268
平成26年会社法改正 …………………… 15
変態設立 ………………………………… 27
法務大臣に対する通知 …………… 344, 353
募集株式 ………………………………… 129
保全処分 …………………………… 342, 350
　持分差押債権者の—— …………… 104
発起人 …………………………………… 28
　——の報酬・特別利益 ……………… 27

【ま行】

持株要件 …………………………… 97, 120
持分会社 ………………………………… 309
持分差押債権者 ………………………… 104
　——の保全処分 …………………… 104

【や行】

有価証券特例 …………………………… 27

【ら行】

利害関係参加 ……………………… 5, 197
利害関係人 ……………………… 301, 343, 351
利害の対立する関係者 ……………… 196
利便性の向上 …………………………… 9
理由の付記 ……………………………… 24

【わ行】

和解の制度 ……………………………… 10

サンプル書式の無料ダウンロードについて

〈ダウンロードに当たって〉

【動作環境（推奨環境）】

　ダウンロードできるファイルは『Microsoft® Word®』（docx形式）で作成されています。

　※『Microsoft® Word®』は米国Microsoft Corporationの登録商標です

【登録方法】

　日本加除出版ウェブサイト（http://www.kajo.co.jp/）より，右のバナーからアクセスのうえ，「改訂　会社非訟申立ての実務＋申立書式集　書式ダウンロード」を選択してください。

書式ダウンロードページはこちら

仮ID：**kaisha-hisho**　／　仮パスワード：**7GhLkSmc**

　ユーザー登録ページが表示されますので，上記の仮ID・仮パスワードにてユーザー登録をしてください。

　ご登録いただいたメールアドレス宛に登録完了メールをお送りいたします。

【ダウンロード方法】

① 　登録完了メールでお知らせしたURLをクリックし，登録完了メールに記載されているユーザーID・パスワードを入力してダウンロードページにアクセスすると，本書の章目次及びダウンロードできるサンプル書式の一覧の画面が表示されます。

② 　「【書式1】検査役選任申立書（現物出資の場合）」から「【書式80】外国会社の在日財産の清算開始・清算人選任申立書」までが表示されますので，書籍をご覧になりながら，ダウンロードしたい書式をクリックし，ファイルをダウンロードしてください。

サンプル書式の無料ダウンロードについて

【ダウンロードする際の注意事項】
・ダウンロードに当たっては，下記利用規約及び個人情報の取扱いについて，お客様の同意を得られたものとさせていただきますので，必ずご一読をお願い申し上げます。
・ダウンロード方法については，予告なしに変更する場合があります。
・ダウンロードの不具合が発生した場合は，まず，コンピューター環境やセキュリティ設定等をご確認ください。

〈利用規約〉
【著作権法上の注意】
・著作権は著者及び日本加除出版株式会社に帰属します。
・ダウンロードした文例等は，本書の購入者のみに対して公開するものです。本書購入者が自己のために利用する範囲内に限り，自由に利用していただいて構いません。ただし，利用者の責任のもとに行ってください。

【禁止事項】
・書籍に記載された仮ID，パスワード，及びユーザー登録後にお送りするURL等を有償又は無償で配布することを禁止します。
・ダウンロードした各ファイルをCD等の物理的媒体やネットワークを使用して販売及び再配布することを禁止します。

【利用上の注意点・免責】
・文例等は，実務上参考となるであろう例として紹介するものです。実際の利用の際には，個々の実情に応じて，適宜修正等を加えてください。
・文例等の解釈・適用を巡って具体的な紛争が生じた場合でも，著者及び発行者は一切の責任を負いかねますことをあらかじめご了承の上，ご利用ください。

【裁判管轄】
　本利用規約にかかわる紛争は，東京地方裁判所を管轄裁判所として解決するものとします。

〈個人情報の取扱い〉
【個人情報の利用】
　弊社にご提供いただいた全ての個人情報は，その全部又は一部を，下記の目的に使用させていただくことがあります。
1）本書のダウンロードサービスを提供するうえで，必要な情報の確認やご案内のため
2）弊社からの各種ご案内（DM，アンケート）のため

【個人情報の保守管理，開示・訂正等】
　個人情報の保守管理，個人情報の開示・訂正等につきましては，弊社プライバシーポリシー（http://www.kajo.co.jp/policy/）をご参照ください。

〈お問い合わせ〉
　商品に関するお問合せにつきましては，弊社ホームページ問合せフォーム又はEメール，お電話にてご連絡ください。

　問合せフォーム：https://www.kajo.co.jp/inquiry/
　Eメール：eigyo-kikaku@kajo.co.jp
　電話：03-3953-6422（日本加除出版 営業部）

執筆者紹介（50音順）

池田　浩一郎（いけだ　こういちろう）

東京弁護士会（2002年登録）。池田法律事務所。主な著作として，
- 『会社法実務マニュアル―株式会社運営の実務と書式4〔組織再編・事業承継〕』（ぎょうせい，第2版，2017年）
- 『会社法実務マニュアル―株式会社運営の実務と書式5〔コンプライアンス・リスク対策〕』（ぎょうせい，第2版，2017年）
- 『フロー＆チェック企業法務コンプライアンスの手引』（新日本法規，2016年，共著）
- 『詳解実務会社法』（ぎょうせい，2006年，共著）
- 『詳説新会社法の実務』（ぎょうせい，2005年，共著）などがある。

田伏　岳人（たぶせ　たけひと）

東京弁護士会（1997年登録）。隼あすか法律事務所所属。主な著作として，
- 『会社法実務マニュアル―株式会社運営の実務と書式3〔株式・種類株式・新株予約権〕』（ぎょうせい，第2版，2017年）
- 『会社法実務マニュアル―株式会社運営の実務と書式5〔コンプライアンス・リスク対策〕』（ぎょうせい，第2版，2017年）
- 『詳解実務会社法』（ぎょうせい，2006年，共著）
- 『最新実用契約書全書』（日本法令，1999年，共著）などがある。

西谷　昌樹（にしたに　まさき）

東京弁護士会（2008年登録）。隼あすか法律事務所所属。主な著作として，
- 『会社法実務マニュアル―株式会社運営の実務と書式5〔コンプライアンス・リスク対策〕』（ぎょうせい，第2版，2017年）がある。

深山　徹（みやま　とおる）

東京弁護士会（1998年登録）。深山法律事務所。東京弁護士会研修センター運営委員会副委員長（2002年4月～2006年3月），東京弁護士会金融ADR斡旋・仲裁人候補者（2010年10月～現在），東京弁護士会中小企業法律支援センター相談員（2012年1月～現在）。主な著作・論文として，

執筆者紹介

- 『会社法実務マニュアル―株式会社運営の実務と書式 2〔株主総会・取締役〕』（ぎょうせい，第 2 版，2017年）
- 「個別株主通知」石山卓磨監修『検証判例会社法』（財経詳報社，2017年）
- 「企業集団の業務の適正を確保するために必要な体制の整備」豊泉貫太郎責任編集『会社法の実務とコーポレートガバナンス・コードの考え方』（弁護士会館ブックセンター出版部LABO，2016年）
- 『新・取締役会ガイドライン』（商事法務，第 2 版，2016年，共同執筆）
- 『新・株主総会ガイドライン』（商事法務，第 2 版，2015年，共同執筆）
- 『非上場会社の法務と税務』（新日本法規，2011年，共同執筆）
- 「株式買取請求権」江頭憲治郎＝門口正人編集代表『会社法大系第 2 巻〔株式・新株予約権・社債〕』（青林書院，2008年）

本井　克樹（もとい　かつき）

東京弁護士会（2000年登録）。本井総合法律事務所・代表弁護士。東京商工会議所登録エキスパート（2016年 3 月〜現在），東京弁護士会紛争解決センターあっせん・仲裁人（2009年 7 月〜現在）。主な著作・論文として，

- 『会社法実務マニュアル―株式会社運営の実務と書式 1〔設立・解散・清算〕』（ぎょうせい，第 2 版，2017年）
- 『会社法実務マニュアル―株式会社運営の実務と書式 3〔株式・種類株式・新株予約権〕』（ぎょうせい，第 2 版，2017年）
- 『会社法実務マニュアル―株式会社運営の実務と書式 5〔コンプライアンス・リスク対策〕』（ぎょうせい，第 2 版，2017年）
- 『検証判例会社法』（財経詳報社，2017年，共著）
- 『フロー＆チェック企業法務コンプライアンスの手引』（新日本法規，2016年，共著）
- 『新・取締役会ガイドライン』（商事法務，第 2 版，2016年，共著）
- 『新・株主総会ガイドライン』（商事法務，第 2 版，2015年，共著）
- 『平成26年改正会社法のポイントと実務』（財経詳報社，2015年，共著）
- 『企業のための契約条項有利変更の手引』（新日本法規，2014年，共著）
- 『Q＆Aインターネットの法的論点と実務対応』（ぎょうせい，第 2 版，2014年，共著）
- 『非上場会社の法務と税務』（新日本法規，2011年，共著）
- 『新会社法による特例有限会社の法律実務』（新日本法規，2006年，共著）
- 『詳解実務会社法』（ぎょうせい，2006年，共著）
- 『詳説新会社法の実務』（ぎょうせい，2005年，共著）
- 「電子契約法に関する課題と考察」法律実務研究第16号182〜135頁（東京弁護士会編，共同執筆）
- 「改正商法における会社運営の電子化について」法律実務研究17号 5 〜36頁（東京弁護士会編）

改訂 会社非訟申立ての実務＋申立書式集

定価：本体3,800円（税別）

平成25年1月17日　初版発行
平成30年4月27日　改訂版発行

著者	池田 浩一郎
	田伏 岳人
	西谷 昌樹
	深山 徹
	本井 克樹

発行者　和田 裕

発行所　日本加除出版株式会社

本社　郵便番号 171-8516
東京都豊島区南長崎3丁目16番6号
TEL（03）3953-5757（代表）
　　（03）3952-5759（編集）
FAX（03）3953-5772
URL http://www.kajo.co.jp/

営業部　郵便番号 171-8516
東京都豊島区南長崎3丁目16番6号
TEL（03）3953-5642
FAX（03）3953-2061

組版・印刷・製本　(株)倉田印刷

落丁本・乱丁本は本社でお取替えいたします。
© K. Ikeda, T. Tabuse, M. Nishitani,
T. Miyama, K. Motoi 2018
Printed in Japan
ISBN978-4-8178-4474-3 C2032 ¥3800E

JCOPY 〈出版者著作権管理機構　委託出版物〉

本書を無断で複写複製（電子化を含む）することは、著作権法上の例外を除き、禁じられています。複写される場合は、そのつど事前に出版者著作権管理機構（JCOPY）の許諾を得てください。
また本書を代行業者等の第三者に依頼してスキャンやデジタル化することは、たとえ個人や家庭内での利用であっても一切認められておりません。

〈JCOPY〉HP：http://www.jcopy.or.jp/, e-mail：info@jcopy.or.jp
電話：03-3513-6969, FAX：03-3513-6979

有期契約社員の無期転換制度 実務対応のすべて

村林俊行・中田成徳・鳥井玲子 編著
芝野彰一・髙木健至・中村仁恒・結城優 著
2018年3月刊 A5判 208頁 本体2,200円＋税 978-4-8178-4461-3

- 2018年4月から本格化する無期転換申込みへの対応の実務を、関連する判例、文例と併せて詳細に解説。
- 就業規則の改定・作成については、具体的事例をベースにした実践的な文例を掲載。関連する労働法上の問題についても詳細に解説。

商品番号：40709
略　号：有社

AI時代の雇用・労働と 法律実務Q&A

クラウドソーシング／HRテック／ライドシェア／テレワーク／働き方改革

水谷英夫 著
2018年3月刊 A5判 282頁 本体2,700円＋税 978-4-8178-4453-8

- AI時代に起こりうる（既に起きている）法律問題について、43問の法律相談形式で、やさしく、わかりやすく解説。
- 第4次産業革命から現在の日本のAI・ICTの雇用環境に至るまでの基礎知識についても解説。

商品番号：40706
略　号：AI雇

経営権争奪紛争の 法律と実務Q&A

経営紛争研究会 著
2017年5月刊 A5判 376頁 本体3,500円＋税 978-4-8178-4394-4

- 企業法務、倒産・再生の実務に精通した弁護士が、経営権奪取を狙う「攻める側」と維持しようとする「守る側」の双方に役立つように、極めて実務的な視点で解説。会社の株主権や役員の地位等をめぐる争いのほか、会社以外の特殊法人についても言及。実務に役立つ書式例も多数収録。

商品番号：40674
略　号：経争

Q&A 社外取締役・ 社外監査役ハンドブック

岩田合同法律事務所 編　田子真也 編著
2015年3月刊 A5判 456頁 本体4,000円＋税 978-4-8178-4217-6

- 社外取締役・社外監査役が実務において遭遇し得る場面を具体的・網羅的に設定した全146問を収録。
- 岩田合同法律事務所の弁護士23名が実務的・具体的に回答。
- 改正会社法の成立による機関設計の変更にも対応。

商品番号：40580
略　号：取監

日本加除出版

〒171-8516　東京都豊島区南長崎3丁目16番6号
TEL（03）3953-5642　FAX（03）3953-2061（営業部）
http://www.kajo.co.jp/